MICHAEL PAUEN | HARALD WELZER

AUTONOMIE

EINE VERTEIDIGUNG

S. FISCHER

Erschienen bei S. FISCHER

© S. Fischer Verlag GmbH, Frankfurt am Main 2015

Satz: Dörlemann Satz, Lemförde
Druck und Bindung: CPI books GmbH, Leck
Printed in Germany
ISBN 978-3-10-002250-9

INHALT

EINLEITUNG

I.

Sarah O., eine Schülerin aus Konstanz. Ihr Vater ist Algerier, ihre Mutter Deutsche. Sarah besuchte nach der Grundschule das Gymnasium, ihre Leistungen waren mittelmäßig bis gut, sie ging mit Freundinnen ins Schwimmbad, hatte Spaß und entwickelte sich völlig normal. Eine ganz gewöhnliche junge Muslima in Deutschland eben. Doch mit fünfzehn entschließt sie sich, nach Syrien in den Dschihad zu ziehen; drei Wochen vor ihrem 16. Geburtstag heiratet sie einen deutschen Salafisten türkischer Herkunft, der den Behörden durch seine Straftaten mit extremistischem Hintergrund gut bekannt ist.

»Ihre Freundinnen bekamen bald Nachricht von ihr – über WhatsApp, Facebook und andere soziale Netzwerke. Ein Foto zeigte sie in ihrem langen lila Gewand, verschleiert und mit schwarzen Handschuhen. Sie hielt eine Maschinenpistole im Anschlag. Über ihren Tagesablauf schrieb sie: ›Schlafen, Essen, Schießen, Lernen, Vorträge anhören.‹ Mitte November schickte sie ein Foto, das eine Pistole zeigt, die auf ihrem Handschuh glänzt. ›Meine neue Perle‹, schrieb sie. Eine Nachricht lautete: ›Bin jetzt übrigens bei Al Qaida.‹«[1]

II.

Anfang Juli 2012 sprang die siebenunddreißigjährige Erzieherin Ina K. im Osterwald in Niedersachsen bei einem Ausflug in einen 25 Meter tiefen Bergwerksschacht. Zuvor war dort einer ihrer Schützlinge, ein dreijähriger Junge, auf einer morschen

Abdeckung eingebrochen und in die Tiefe gestürzt. Ina K. sprang ihm, ohne zu zögern, hinterher, konnte das Kind in der Dunkelheit des Schachts finden und zwei Stunden lang im fünf Grad kalten Wasser oben halten, bis die Feuerwehr beide retten konnte. Der Junge wie auch Ina K. wurden nur leicht verletzt.

Die Wahrscheinlichkeit, dass die Erzieherin beim Sprung in die Dunkelheit selbst ums Leben kommen würde, war extrem hoch; die Aussicht, das Kind zu finden und zu retten, äußerst niedrig. Ina K. wusste nicht einmal, wie tief der Schacht war, in den sie sprang. Sie wusste auch nicht, wie sie aus ihm jemals wieder herauskommen würde. Ina K. schien es einfach selbstverständlich, dass das Kind gerettet werden müsse.

III.

Ende 2014 befinden sich mindestens eine Million Menschen aus Syrien und aus dem Nordirak auf der Flucht vor einem außerordentlich brutalen Bürgerkrieg, vor der Bombardierung durch das Assad-Regime, vor Mord und Vergewaltigung durch IS-Milizen. Wer ihnen warum jeweils nach dem Leben trachtet, ist undurchschaubar. Die Menschen, die auf der Flucht sind, tragen keine Schuld. Sie kommen, wenn sie Glück haben, notdürftig in Flüchtlingslagern unter, in überfüllten, ungeheizten Zelten, meist ohne medizinische Betreuung. Viele versuchen, nach Europa zu kommen, dort Asyl zu beantragen. Die EU beschließt zum selben Zeitpunkt, das Programm »Mare Nostrum« einzustellen, in dessen Rahmen Italien zuvor mehr als 100 000 Flüchtlinge aus unterschiedlichen Ländern vor dem Ertrinken im Mittelmeer gerettet hat. Die Rettung von Flüchtlingen, die bei ihrem Weg über das Mittelmeer in Seenot geraten, wird jetzt der Grenzsicherungsagentur Frontex übertragen. Frontex' eigentliche Aufgabe besteht in der Sicherung der europäischen Außengrenzen, nicht in der Rettung von Flüchtlingen aus Seenot.

Außerdem steht erheblich weniger Geld zur Verfügung, und Frontex rettet nur in Küstennähe. Der deutsche Innenminister Thomas de Maizière hat laut »Deutsche Welle« unlängst behauptet, dass die Seenotrettung der europäischen Staaten die Flüchtlinge ja erst ermutige, die gefährliche Reise zu wagen.[2] Der Münchener Kabarettist Christian Springer und sein Freiwilligenteam fahren dagegen seit Dezember 2011 regelmäßig nach Syrien, nach Jordanien und in den Libanon, um syrischen Flüchtlingen zu helfen. Ihr Ziel: schnell, effektiv und professionell vor Ort Hilfe zu leisten. Dafür hat Springer den gemeinnützigen Verein *Orienthelfer e. V.* gegründet. Die Orienthelfer organisieren Schulunterricht für Flüchtlingskinder, stellen Krankenwagen und Müllwagen zur Verfügung, aber auch Kuscheltiere für Kinder. Was eben nötig ist.

IV.

Der österreichische Schuhfabrikant Heini Staudinger, der sich unter anderem dadurch auszeichnet, dass er in seinem eigenen Unternehmen das niedrigste Gehalt bezieht, ist von der österreichischen Finanzmarktaufsichtsbehörde verklagt worden, weil er eine neue Lagerhalle mit Kleinkrediten von Kunden finanziert hat, die er mit 4 Prozent jährlich verzinst. Dabei handele es sich um ein illegales Bankgeschäft. Zum Schutz der Kreditgeber wurde Staudinger ein Zwangsgeld in sechsstelliger Höhe angedroht, falls er die Kreditgeber nicht sofort auszahle. Staudinger, der sich weigerte, dem nachzukommen, wurde Gefängnis angedroht (Staudinger: »Sehr gern, da komme ich endlich mal zum Lesen!«). Der Fall erfuhr große Aufmerksamkeit in den Medien, Proteste gegen die Finanzmarktaufsichtsbehörde wurden organisiert, es gab Petitionen für eine Gesetzesänderung. Anfang 2014 verliert Staudinger den Prozess. Schon im September 2013 hatte er eine neue Aktivität angekündigt, um die alleinerziehenden Mütter in seinem Unternehmen besser entlohnen zu können, ohne Gerechtigkeitsprinzipien zu verletzen. Da der österreichische Milliardär Dietrich Mateschitz (»Red Bull«) die Ausgaben für seinen Formel-1-Rennstall als Marketing-Aufwendungen von der Steuer absetzen kann, gründete Staudinger die »Formel Z«, in der Kleinkinder in Bobby-Cars gegeneinander antreten. Mit dem Steuervorteil finanziert er die höhere Entlohnung der alleinerziehenden Mütter.

Würden wir sagen: Alle erwähnten Personen handeln autonom? Vermutlich ja, obwohl Sarah O., Ina K., Thomas de Maizière, Christian Springer und Heini Staudinger höchst unterschiedliche Dinge tun. Sarah O. entscheidet sich autonom für die Aufgabe ihrer Freiheit und für die Unterordnung unter ein repressives Regime. Ina K. riskiert ihr Leben, um ein anderes zu retten. Thomas de Maizière folgt als Bundesinnenminister seiner Verpflichtung, »Schaden vom deutschen Volk« abzuwenden, Christian Springer versucht den Schaden zu mildern, der dadurch anderen Völkern entsteht. Heini Staudinger bemüht sich, Ungerechtigkeit durch List zu überwinden. Wenn wir sagen, sie alle handeln autonom, bekommen wir aber sofort Schwierigkeiten zu entscheiden, ob sie nicht zugleich auch konform handeln: Sarah O. steigt zwar autonom aus dem für sie vorgesehenen Lebensweg aus, aber nur, um sich radikaler Konformität zu unterwerfen. Ina K. würde ihr Verhalten gar nicht als »autonom« verstehen, sondern als sozial selbstverständliches, also konformes Verhalten. Der Bundesinnenminister ist in seinem Handeln ohnehin der Allgemeinheit verpflichtet, und Christian Springer genauso wie Heini Staudinger tun, was sie tun, um andere zu unterstützen. Kurz: In allen Fällen steht ein mehr oder weniger klar definiertes Kollektiv im Hintergrund, dem sich die Handelnden verpflichtet fühlen. Sind sie, so betrachtet, eigentlich autonom? Und kann es autonomes Handeln und Entscheiden sein, wenn man die eigene Autonomie preisgibt oder die Schädigung anderer durch seine autonome Entscheidung in Kauf nimmt?

Man sieht sofort: Es ist eine schwierige Sache mit der Autonomie. Und es wird noch schwieriger, wenn man sieht, dass niemand so richtig weiß, was Autonomie eigentlich ist, aber das Selbstverständnis moderner pluralistischer Demokratien trotzdem darauf baut, dass Menschen selbstbestimmt, also autonom, handeln und entscheiden können. Wir möchten in dem vorliegenden Buch dieser scheinbar so selbstverständlichen Eigenschaft nachspüren und klären, was das ist: Autonomie. Eine persönliche, unverlierbare Eigenschaft? Das wäre die idealistische Variante, die historisch betrachtet zur Entstehung moderner Staatsgesellschaften passen würde. Eine vor allem in bestimmten sozialen Situationen abrufbare Fähigkeit? Das wäre eine behavioristische Sicht, die den Einzelnen und seine Handlungen vor allem im Ensemble von Umweltreizen betrachtet. Eine nur unter bestimmten Bedingungen zur Entfaltung kommende menschliche Eigenschaft – also eine, philosophisch gesprochen, »dispositionelle Eigenschaft«, die als Potential immer vorhanden ist, aber spezifischer Voraussetzungen bedarf, um wirksam zu werden?

Und umgekehrt: Was sind die gesellschaftlichen Umstände, die Autonomie ermöglichen, einschränken oder blockieren? Hat Autonomie immer schon existiert, oder hat sie sich erst unter bestimmten historischen Bedingungen entwickelt? Was ist überhaupt die Rolle von Kultur und Gesellschaft bei der Entfaltung von Autonomie? Das sind Fragen, denen wir in diesem Buch nachgehen werden – nicht nur, weil wir es unbefriedigend finden, dass es keine klare Vorstellung von Autonomie gibt, obwohl niemand an ihrer zentralen Bedeutung zweifelt. Sondern vor allem auch, weil es gegenwärtig Entwicklungen gibt – in Gestalt von Überwachungstechnologien, Big Data, Transparenzidealen,

Shitstorms und Skandalisierungen –, die, sagen wir es zurückhaltend, unseren Vorstellungen von einem selbstbestimmten Leben in einer freien Gesellschaft stark widersprechen: Autonomie ist gefährdet. Und wir halten es, soviel vorweg, für dringend notwendig, diese Errungenschaft zu verteidigen.

Autonomie ist nämlich – zumindest aus heutiger europäischer Sicht – unverzichtbar für ein sinnvolles, selbstbestimmtes Leben. In einem gewissen Sinne kann man davon sprechen, dass Autonomie sowohl eine Tatsache als auch ein Wert ist: Sie ist eine Tatsache, weil Individuen Autonomie besitzen und moderne Staaten sie gewähren, doch sie ist gleichzeitig ein Wert: Wir gehen im Allgemeinen davon aus, dass Autonomie erstrebenswert ist. Das hat vor allem damit zu tun, dass Autonomie uns Freiheitsspielräume gewährt. Autonome Menschen können – in gewissen Grenzen – selbst entscheiden, welche Ausbildung sie machen, welchen Beruf sie wählen und mit welchem Partner sie ihr Leben oder Teile davon verbringen wollen. Doch Autonomie gibt es nicht umsonst: Entscheidungsspielräume können schnell zu Entscheidungszwängen werden, und Offenheit führt oft zu Unsicherheit. Dennoch gibt es eine Vielzahl von Gründen, Autonomie als eine zivilisatorische Errungenschaft zu bezeichnen.

Doch was heißt »Autonomie« eigentlich? Geht man dieser Frage nach, dann stellt sich schnell der Verdacht ein, dass Autonomie ihre Beliebtheit auch ein wenig ihrer Unbestimmtheit verdanken könnte. Das sieht man schon daran, was wir alles als autonom bezeichnen: Autonom können Menschen sein, aber auch Staaten und Teile von Staaten, autonom sind aber auch Kunstwerke und seit einiger Zeit sogar Roboter oder Autos.

Doch was haben Roboter schon mit Kunstwerken oder gar mit autonomen Individuen gemeinsam? Nicht viel, möchte man sagen, doch das wäre zu kurz gegriffen. Gemeinsam ist Staaten, Individuen und Robotern nämlich eine gewisse Unabhängigkeit von äußeren Einflüssen, die ihnen Spielraum lässt, eigenen Regeln und Prinzipien zu folgen. Autonome Roboter werden nicht ferngesteuert, autonome Kunstwerke dienen keinem direkten Zweck, autonome Staaten können ihre eigenen Gesetze erlassen und autonome Individuen – wir hatten das bereits gesehen – können weitgehend selbst bestimmen, was sie tun.

Das ist zunächst einmal eine gute Sache und einer der Gründe dafür, dass wir Autonomie als eine zivilisatorische Errungenschaft betrachten. Tatsächlich scheinen wir Autonomie um ihrer selbst willen zu schätzen, eben weil sie uns Freiheits- und Handlungsspielräume verschafft. Besonderen Respekt haben wir vor autonomen Individuen dann, wenn diese Widerstände überwinden. Darin scheint zumindest einer der Gründe für unsere besondere Wertschätzung von autonomen Personen wie Antigone, Martin Luther, Georg Elser oder den Geschwistern Scholl zu liegen.

Diese zivilisatorische Errungenschaft hat sich in einem vergleichsweise lang andauernden und recht komplexen historischen Prozess herausgebildet. Dieser Prozess vergrößert einerseits die Spielräume, die Gesellschaften ihren Mitgliedern lassen: Traditionelle Gesellschaften in vergangenen Epochen boten in der Regel wenige Alternativen, was Lebensführung, Beruf, die Wahl des Partners oder den Wohnort betraf – von Mode und Musikgeschmack ganz zu schweigen. Das hatte auch damit zu tun, dass viele Möglichkeiten gar nicht zur Verfügung standen: Man kann sich nicht zwischen einer Karriere als IT-Spezialist und einer Laufbahn als Mediendesigner entscheiden, wenn es weder Computer noch Mediendesign gibt.

Doch die Entwicklung erfasst nicht nur die objektiven Möglichkeiten für autonomes Handeln, vielmehr verändert sie auch die Erwartung, wie viel Autonomie einem Individuum zusteht und was man eigentlich unter Autonomie zu verstehen hat. Ablesen lässt sich das z. B. an Entwürfen für ideale Staaten, wie sie sich bei Platon, Thomas Morus, Tommaso Campanella und später bei Ernst Bloch finden. Ursprünglich lassen solche Staatsutopien den Individuen nur ein Minimum an persönlichem Spielraum: Kleidung, Familienstand, Aufenthaltsort und natürlich auch der Beruf werden von Staats wegen festgelegt. Vielfach mischt sich dieser Staat auch in die engste Intimsphäre ein, in Sexualität, Familie und Partnerschaft. Autonomie gilt hier nicht nur als unnötig, vielmehr ist sie ganz offenbar unerwünscht. Später, mit der Entwicklung moderner Gesellschaften, geraten solche Einschränkungen aber in Verruf: In den negativen Utopien von Aldous Huxley und George Orwell taugen solche Eingriffe nur noch als Schreckensszenarien – selbst wenn sie dem Glück der Mehrheit dienen.

In neueren positiven Utopien dagegen wird dem Einzelnen im Gegensatz zu den traditionellen Staatsutopien ein Maximum an Spielraum zugebilligt; Ernst Bloch erklärt einen Prozess der privaten Selbstbesinnung zur Bedingung von Autonomie, die gleichzeitig eine Voraussetzung für die Realisierung seines utopischen Entwurfes darstellt: Das Individuum hängt nicht mehr vom utopischen Staat, sondern der utopische Staat vom Individuum ab.

Immer wieder wird damit ein Zusammenhang sichtbar, der auch für unsere eigene Gegenwart von Bedeutung ist: Autonomie ist an Privatheit gebunden. Sie benötigt einen geschützten Raum, in dem sich individuelle Besonderheiten und Möglichkeiten erst entwickeln können. Wird die Privatsphäre gefährdet, so wie dies in den traditionellen Staatsutopien, in den negativen Utopien, vor allem aber in den totalitären Staaten des 20. Jahrhunderts geschieht, dann steht auch Autonomie auf dem Spiel. Soll diese dagegen gefördert werden, dann muss es auch einen Bereich von Privatheit geben, in dem sich individuelle Besonderheiten zuallererst entwickeln können.

Ernst Bloch liefert nur eines von vielen Beispielen dafür, dass es innerhalb dieser Entwicklung zu einer massiven Steigerung der Erwartungen kommt, wie viel Autonomie ein Staat seinen Bürgern zuzugestehen hat. Gleichzeitig ändert sich aber auch die qualitative Vorstellung davon, *was* Autonomie eigentlich bedeutet. So hatte z. B. Immanuel Kant, dessen Moralphilosophie zentrale Bedeutung für die Etablierung des Autonomiebegriffs hat, einen direkten Zusammenhang zwischen Autonomie, Moralität und Vernunft hergestellt. Wer moralisch handelt, der handelt in Kants Augen vernünftig, und weil er als Mensch ein vernünftiges Wesen ist, handelt er damit gleichzeitig auch selbstbestimmt. Lässt man sich dagegen von anderen Prinzipien leiten, dann handelt man in Kants Augen nicht nur irrational, sondern auch heteronom, also fremdbestimmt. Kant treibt damit die Emanzipation von sozialen und religiösen Konventionen voran, gleichzeitig grenzt er aber individuelle Merkmale als Bestandteile von Autonomie aus: Wer sich von seinen persönlichen Wünschen und Überzeugungen leiten lässt, der handelt in Kants Augen heteronom.

Doch die Entwicklung geht weiter. Spätestens seit der Mitte des 19. Jahrhunderts wird Autonomie mehr und mehr als *individuelle Autonomie* verstanden. Persönliche Wünsche und Bedürfnisse gelten nun nicht mehr als Einschränkungen, sondern umgekehrt als konstitutive Bestandteile von Autonomie; gleichzeitig wird die enge Bindung an die Vernunft aufgegeben. Eine wichtige Rolle spielen dabei Autoren wie Max Stirner, Friedrich Nietzsche und später der bereits erwähnte Ernst Bloch. Während Kant das Individuum praktisch vollständig auf die Rationalität verpflichtet hatte, macht Max Stirner die Ratio in einem nicht ganz ungefährlichen Gegenzug vom Individuum abhängig. Auch bei anderen Autoren treibt das Bemühen um Autonomie zuweilen merkwürdige Blüten. Vor allem die Grenzen, die die Natur dem individuellen Handlungsspielraum setzt, sollen beiseitegeräumt werden. Zu erkennen ist dies bereits bei Charles

Baudelaire und später in der Décadence; die russischen Utopisten wollen dann kurz nach der Wende zum 20. Jahrhundert gleich noch die Naturgesetze verändern, den Tod abschaffen und letztlich die totale Kontrolle über die Natur gewinnen.

Autonomie, so kann man hier sehen, hat offenbar auch ihre Schattenseiten. Wir werden uns ausführlich mit ihnen beschäftigen. Dennoch glauben wir, dass es sich insgesamt um eine wichtige Errungenschaft des zivilisatorischen Prozesses handelt. Eine Errungenschaft, die konstitutiv für Freiheits- und Entscheidungsspielräume ist, ohne die ein sinnvolles Leben aus heutiger Perspektive überhaupt nicht mehr vorstellbar wäre. Gleichzeitig ist Autonomie aber auch unverzichtbar für das Funktionieren moderner, hochdifferenzierter Gesellschaften.

Umso bedenklicher sind daher die zahlreichen Hinweise darauf, dass Autonomie heute in mehrfacher Hinsicht gefährdet ist. Zum einen weckt eine Vielzahl wissenschaftlicher Befunde Zweifel an unserer Fähigkeit zu autonomem Handeln. Sozialpsychologische Experimente zeigen beispielsweise, dass es mit unserer Widerstandskraft gegenüber äußeren Einflüssen längst nicht so weit her ist, wie wir das gerne annehmen. Gravierend sind diese Einschränkungen vor allem deshalb, weil sie großenteils unserer Kontrolle entzogen sind. Wir nehmen diese Einflüsse nicht wahr; sie werden unabhängig davon wirksam, ob wir uns selbst als autonom begreifen oder nicht, und in vielen Fällen können wir kaum etwas gegen sie tun: Stellen Sie sich einfach mal mit jemand anderem an eine belebte Straße und schauen Sie auffällig nach oben oder gähnen Sie in einer öffentlichen Veranstaltung. Nach kürzester Zeit werden Sie von Menschen umringt sein, die genau dasselbe tun.

Es kommt hinzu, dass sich unsere prinzipielle und oft auch gar nicht problematische Anfälligkeit für soziale Einflüsse durch die Entwicklung des Internets noch deutlich verstärken kann. Dies beginnt mit den sogenannten sozialen Netzwerken, in denen Menschen ihr Privatleben öffentlich ausbreiten, es setzt sich fort mit Medienkampagnen, die in kürzester Zeit ganze Gesellschaften in Aufruhr versetzen können, und es endet mit der Bespitzelung durch Geheimdienste und Internetkonzerne, die früher oder später zu ganz entscheidenden Einschränkungen unserer Spielräume für autonomes Handeln führen können.

Dass unsere Handlungsspielräume gefährdet werden, wenn unsere Privatsphäre in die Öffentlichkeit gezerrt wird oder wir zum Opfer von Überwachung und Medienkampagnen werden, ist nicht weiter überraschend. Wesentlich interessanter ist die Frage, ob nicht auch die aktive Beteiligung an solchen Aktivitäten unsere Autonomie einschränkt. Natürlich stellen wir unsere Privatfotos in der Regel selbst ins Netz. Doch entwickelt sich innerhalb solcher Netzwerke nicht ein regelrechter Druck, es den anderen gleichzutun? Vieldiskutiert ist inzwischen der soziale Druck, der entsteht, wenn man sichtbar online ist und nicht sofort auf eine Frage oder einen Kommentar antwortet. Deutlicher noch zeigen sich neue soziale Zwänge in Fällen von Cybermobbing und Shitstorms. Entwickelt sich hier nicht eine Eigendynamik des Mitmachens, die auch den »Tätern« die Kontrolle darüber entreißt, was hier passiert und eskaliert? In jedem Falle gehört es zur Komplexität von Autonomie, dass sie nicht nur durch offen sichtbaren Zwang gefährdet wird, vielmehr kann sie auch durch subtile, für den Einzelnen kaum erkennbare Einflüsse unterlaufen werden.

Die skizzierten Probleme sind gravierend, aber – so soll hier gezeigt werden – wir sind ihnen nicht einfach ausgeliefert. Die wissenschaftlichen Erkenntnisse, auf die wir uns stützen werden, verraten nicht nur etwas über die Einschränkungen unserer Autonomiefähigkeiten, sie geben auch Hinweise, wie wir diesen Einschränkungen begegnen können. Wenn wir die Mechanismen verstanden haben, die unsere Autonomie gefährden, dann gewinnen wir Mittel und Wege, uns dagegen zur Wehr zu setzen. Dies mag einfacher sein, wenn der Druck von den Mitgliedern des lokalen Fußballvereins ausgeht, und schwieriger, wenn irgendein Geheimdienst oder ein mächtiger Internetkonzern dahinterstecken, aber die Erkenntnis unserer Abhängigkeit gibt uns in jedem Falle bessere Chancen, etwas zu unternehmen, das intelligenter ist als die Kündigung unserer Mitgliedschaft bei Facebook. Obwohl auch die schon intelligent ist.[3]

TEIL I

DER BEGRIFF DER AUTONOMIE

AUTONOMIE ALS FÄHIGKEIT ZU SELBSTBESTIMMTEM HANDELN GEGEN WIDERSTÄNDE

Kommen wir zunächst noch einmal zurück auf den Begriff der Autonomie. Was heißt es also, wenn wir jemanden als »autonom« bezeichnen? Gemeint ist damit zunächst einmal, dass eine Person nach ihren eigenen Prinzipien handelt, und zwar auch dann, wenn sie dabei Widerstände überwinden oder Gefahren in Kauf nehmen muss. Autonom ist also, wer für seine Überzeugungen einsteht, obwohl diese gerade verpönt oder gar verboten sind, wer zu seinen Freunden steht, auch wenn die gerade nicht wohlgelitten sind, wer sich in Gefahr bringt, um jemandem zu helfen, oder wer ganz einfach seinen eigenen Kopf hat. Autonomie ist nicht gerade bequem. Das gilt für die autonome Person selbst; es gilt aber auch für deren Umwelt. Meist sprechen wir dann von Autonomie, wenn jemand gegen Widerstände für wichtige Werte eintritt, doch Autonomie kann auch darin bestehen, abwegige Überzeugungen gegen eine halbwegs vernünftige Mehrheit zu verteidigen.

Gefährdet werden kann Autonomie durch äußere Widerstände, durch innere Schwäche, aber sie kann auch durch Umstände unterlaufen werden, die uns völlig unbewusst sind. Nehmen wir an, ich sei fest davon überzeugt, dass Diebstahl verwerflich ist. Wenn ich mich dann trotzdem von einem Bekannten überreden oder gar zwingen lasse, eine Tafel Schokolade im örtlichen Supermarkt zu stehlen, dann handle ich offenbar heteronom. Dasselbe gilt, wenn die Schokoladenfirma mit einem ganz neuen Werbetrick dafür sorgt, dass ich der Verlockung nicht mehr widerstehen kann. Doch es kann auch sein, dass ich überhaupt keine festen Überzeugungen in Bezug auf Diebstahl habe und mal stehle, mal bezahle, so wie es gerade kommt. In diesem Falle bin ich nicht heteronom, sondern anom:[4] Mein Handeln ist weder selbst- noch fremdbestimmt, vielmehr ist es unbestimmt oder eben zufällig.

Erkennbar wird hier ein zentrales Merkmal des Autonomiebegriffs: Um beurteilen zu können, ob jemand oder etwas autonom ist, muss man erst einmal wissen, was dieser Jemand oder das Etwas seinem Wesen nach ist. Wenn wir nicht wissen, ob jemand wirklich die feste Überzeugung hegt, dass Diebstahl verwerflich ist, können wir nicht beurteilen, ob er selbstbestimmt handelt, wenn er im Sinne dieser Überzeugung handelt. Autonomie ist also ein Relationsbegriff, der direkt abhängig ist von den Eigenschaften, die wesentlich für eine Person oder Sache sind. Ist eine bestimmte Person vernünftig, dann ist sie autonom, solange sie vernünftig handelt – das entspricht im Übrigen der kantischen Vorstellung von Autonomie. Dagegen handelt eine stark emotionale Person autonom, wenn sie sich von ihren Emotionen leiten lässt.

SELBSTBESTIMMUNG

Es lohnt sich daher, etwas genauer darüber nachzudenken, was denn nun genau die eigenen Prinzipien, Wünsche und Überzeugungen sind. Sind es die Wünsche und Überzeugungen, die die Person gerade tatsächlich hat? Und sind es *alle* diese Wünsche und Überzeugungen? Wohl kaum! Auf der einen Seite hat jeder von uns eine Reihe von Wünschen und Überzeugungen, über die man lange nachgedacht hat und die man vorbehaltlos akzeptiert, ja die eine zentrale Rolle für das eigene Selbstverständnis besitzen: Gelten könnte dies z. B. für meine Überzeugung, dass Diebstahl verwerflich, dass Demokratie eine gute Sache ist, oder dass man die Umwelt schützen sollte. Wenn man nach solchen Wünschen und Überzeugungen handelt, dann handelt man offenbar selbstbestimmt.

Auf der anderen Seite hat jeder von uns aber auch ein paar Wünsche, Bedürfnisse oder Gewohnheiten, die man am liebsten loswerden würde und die man daher nicht wirklich als *eigene* Wünsche, Bedürfnisse oder Gewohnheiten akzeptiert. Ganz offensichtlich ist dies bei psychischen und physischen Abhängigkeiten, also z. B. bei Alkoholismus oder Rauschgiftabhängigkeit, aber auch bei psychischen Störungen, etwa bei einer Zwangsstörung. Eine Patientin mit einer Zwangsstörung hat immer wieder das Bedürfnis, sich die Hände zu waschen, aber sie empfindet dieses Bedürfnis im Allgemeinen nicht als ihr eigenes Bedürfnis: Sie würde es gerne loswerden, doch offenbar gelingt ihr das nicht. Auch aus der Außenperspektive wird man in einem solchen Fall wohl kaum von Selbstbestimmung sprechen: Was die Patientin tut, wird nicht von ihr, sondern von ihrer Krankheit bestimmt.

Doch wie kann man eine systematisch nachvollziehbare Unterscheidung treffen zwischen den Wünschen und Überzeugungen, die wir wirklich als unsere eigenen akzeptieren, und den anderen Wünschen und Überzeugungen, die uns fremd oder gar zwanghaft erscheinen? Hier kommen wir wieder auf das Problem zurück, das sich oben angesichts der eingangs erwähnten Beispiele von Sarah O., Ina K., Thomas de Maizière, Christian Springer und Heini Staudinger gestellt hatte.

Unsere Antwort lautet, dass Wünsche und Überzeugungen nur dann als die eigenen gelten können, wenn sie der eigenen Kontrolle unterliegen. Konkret heißt das, dass man sie aufgeben kann, sofern man sich dazu entschließt.[5] Meine Überzeugung, dass Diebstahl verwerflich ist, scheint dieses Kriterium zu erfüllen: Es ist durchaus vorstellbar, dass ich diese Überzeu-

PROTECT ME
FROM WHAT
I WANT

Fremdbestimmtes Wollen. Dieser Satz der Künstlerin Jenny Holzer erschien erstmals 1982 als Lichtinstallation am New Yorker Times Square.

gung aufgeben würde, sofern mir jemand gute Gründe dafür nennen würde, dass Diebstahl *nicht* verwerflich ist. Umgekehrt würde man zweifeln, dass es sich wirklich um *meine* Überzeugung handelt, wäre ich nicht dazu in der Lage, die Überzeugung aufzugeben. In diesem Fall würde sich der Verdacht einstellen, dass ich vielleicht gar nicht anders kann, als nicht zu stehlen; in Wirklichkeit ist hier gar nicht meine eigene Überzeugung wirksam, sondern allenfalls die rigorose Erziehung meiner Eltern.

Bei der Überzeugung scheint das Kriterium also zu funktionieren. Doch wie ist es mit der Zwangsstörung? Auch hier scheint die Sache klar: Wenn ich wirklich eine echte Zwangsstörung habe, dann wird der bloße Entschluss, mir nicht mehr die Hände zu waschen, wenig fruchten. Charakteristisch für eine Zwangsstörung ist es ja gerade, dass die entsprechenden Wünsche und Verhaltensweisen meiner Kontrolle entzogen sind.

Halten wir also fest, dass alle die Handlungen selbstbestimmt sind, die auf meine eigenen Wünsche und Überzeugungen zurückgehen. Das wiederum sind die Überzeugungen, die meiner Kontrolle unterliegen, so dass ich sie gegebenenfalls aufgeben kann.

Doch kommen wir zurück zum Autonomiebegriff selbst. Wie schon gezeigt, gerät Autonomie nicht nur dann in Gefahr, wenn die äußeren Einflüsse zu stark werden. Autonomie wird auch dann in Frage gestellt, wenn eine Person gar keine Wünsche und Überzeugungen hat, die ihr Handeln leiten könnten: Wer sich ziellos treiben lässt, ist weder autonom noch heteronom, sondern anom. Eine solche Person steht nicht nur nicht unter den eigenen Prinzipien, sondern unter gar keinen.

Autonomie setzt also voraus, dass man selbstbestimmt handeln kann, doch damit ist es nicht getan. Wir würden niemanden als wirklich autonom bezeichnen, der seinen eigenen Prinzipien nur folgt, sofern die Bedingungen optimal und keine Hindernisse vorhanden sind. Wer wirklich nach seinen eigenen Wünschen, Überzeugungen und Prinzipien leben will, der muss imstande sein, Widerstände zu überwinden. Man muss an den eigenen Prinzipien festhalten, wenn andere widersprechen, man muss in der Lage sein, sie durchzusetzen, wenn es Hindernisse gibt, und man darf sich nicht beirren lassen, wenn andere sich anders verhalten. Autonomie kann man daher genauer als Fähigkeit zu selbstbestimmtem Handeln gegen Widerstände bestimmen. Eine autonome Person hält an ihren Prinzipien fest, und sie tut es auch dann, wenn es schwierig wird.

Autonomie ist zudem keine Eigenschaft, die man entweder besitzt oder nicht, vielmehr scheint sie in unterschiedlichen Graden aufzutreten, so wie man mehr oder minder gut rechnen oder mehr oder minder gut Klavier spielen kann. Allerdings fällt es schon beim Rechnen und Klavierspielen oft schwer genug festzustellen, was besser und was weniger gut ist. Wenn es um Autonomie geht, ist das noch ein ganzes Stück schwieriger. Schwer zu sagen, ob meine Überzeugung, dass Diebstahl verwerflich ist, stärker ist als die entsprechende Überzeugung meiner Nachbarin oder meine eigene Überzeugung, dass die Umwelt geschützt werden muss. Aber so genau müssen wir das vielleicht auch gar nicht wissen. Wichtig ist nur, dass wir besonders starke und besonders schwache Überzeugungen voneinander unterscheiden können, und das erscheint machbar. Wer behauptet, er halte Diebstahl für verwerflich, aber dennoch stiehlt, scheint keine besonders gefestigte Überzeugung zu haben. Es mag sein, dass uns die Psychologie hier früher oder später zu genaueren Angaben verhelfen wird, aber auch so scheint die Unterscheidung sinnvoll, selbst wenn eine ganze Reihe von unklaren Fällen übrig bleibt.

Ähnliche Probleme treten auf, wenn es um die Frage geht, wie gut jemand mit Widerständen umgehen kann. Die Frage ist nicht ganz unabhängig von der nach der Stärke der Überzeugungen: Je stärker die Überzeugung ist, desto leichter dürfte im Allgemeinen auch die Überwindung von Widerständen sein. Doch das ist wohl nicht alles: Es scheint Menschen zu geben, die an Widerständen scheitern, egal wie fest ihre Überzeugungen sind, während andere sich auch dann durchsetzen, wenn sie ihrer Sache nicht völlig sicher sind. Offensichtlich können Widerstände unterschiedlich groß sein, auch wenn eine genaue Bestimmung im Einzelfall wieder schwerfallen mag. Im Alltag sind wir sehr wohl imstande, eine halbwegs sinnvolle Unterscheidung zwischen kleinen und großen Hindernissen zu machen. Wir können unterscheiden zwischen hartnäckigem Widerstand und vorsichtigen Einwänden, zwischen starkem Anpassungsdruck und einem dezenten Hinweis auf die Gepflogenheiten einer Gruppe.

Damit besitzen wir schon eine ganz gute Grundlage für die Unterscheidung zwischen verschiedenen Graden von Autonomie. Gleichzeitig wird damit sichtbar, dass es sinnvoll ist, Autonomie als eine Eigenschaft zu beschreiben, die mal mehr, mal weniger stark auftritt – auch wenn die genaue Bestimmung der Stärke ein eigenes Problem ist.

Das zeigt sich auch, wenn wir diese Kriterien auf die eingangs erwähnten Beispiele für autonomes Verhalten anwenden. Was Sarah O. betrifft, die Konstanzer Schülerin, die in den Dschihad geht, so sieht es so aus, als hätte sie eine autonome Entscheidung getroffen – auch wenn aus dem Bericht nicht hervorgeht, dass sie bei ihrer Entscheidung Widerstände überwinden musste. Dass es hier zu einer drastischen Wende in ihrem Leben kommt, spricht nicht gegen die Autonomie; vielmehr gehört die Fähigkeit, sein Leben zu ändern, gerade zu den Vermögen, die ein autonomes Individuum auszeichnen. Ob ihre Entscheidung sonderlich klug war, ist eine ganz andere Frage. Genauso wenig spricht es gegen die Autonomie dieser Entscheidung, dass sie letztlich zum Verlust von Autonomie führt. So etwas passiert häufiger: Auch die Entscheidung, ins Kloster zu gehen, kann autonom getroffen werden, selbst wenn sie zu einem Autonomieverlust führt. Fraglich ist allenfalls, ob Sarah O. nicht unter dem Einfluss ihres salafistischen Ehemanns gestanden hat – das könnte ihre Autonomie eingeschränkt oder gar aufgehoben haben. Aber dazu sagt der Bericht nichts.

Auch bei Ina K., der Erzieherin, liefert der Bericht uns nicht alle Fakten, die für eine eindeutige Antwort nötig wären. Doch soweit es zu erkennen ist, handelt sie ebenfalls autonom. Dafür spricht vor allem, dass ihr eigenes Handeln ihr im Nachhinein selbstverständlich erscheint – offenbar hat sie im Sinne ihrer eigenen Überzeugungen gehandelt. Zudem gibt es keine Indizien für irgendwelche Zwänge oder sozialen Druck, die sie zu ihrer Handlung veranlasst haben könnten. Ganz im Gegenteil müssen wir vielmehr annehmen, dass sie ihre Angst vor dem Sprung in die Tiefe überwinden musste. Insofern spricht hier alles für ein hohes Maß an Autonomie.

Was den deutschen Innenminister betrifft, so ist die Antwort schwieriger. Offenbar handelt er ganz so, wie es die Wähler und seine oberste Parteifreundin von ihm erwarten. Auch wenn er dazu sicher nicht seinen eigenen Überzeugungen untreu werden muss, so stellt sich doch ein gewisser Eindruck von Konformismus ein, zumal es für ihn zumindest in seinem näheren

Umfeld kaum größere Widerstände zu überwinden gab; letztlich ist die Sache jedoch nicht eindeutig zu entscheiden. Anders sieht es bei Christian Springer aus: Soweit man das sehen kann, handelt er nicht nur im Sinne eigener Überzeugungen, vielmehr scheint er dabei auch viele Widerstände zu überwinden und stellt sich schließlich auch gegen die mehrheitliche Meinung in seinem eigenen Land.

Noch klarer scheinen die Dinge im Falle des österreichischen Schuhfabrikanten zu liegen: Er handelt ganz offensichtlich im Sinne eigener Überzeugungen und wendet sich dabei gegen die Macht des Staates, ja er nimmt sogar einen Gefängnisaufenthalt in Kauf.

Obwohl diese Beispiele etwas anderes nahelegen, ist wichtig zu beachten, dass autonomes Handeln nicht automatisch moralisch verdienstvoll ist. Ein Verbrecher oder ein Diktator kann seine eigenen Überzeugungen und Wünsche gegen Widerstände durchsetzen. Er wäre dann autonom – und für seine Verbrechen verantwortlich.

Autonomes Handeln lässt sich zudem erklären, es kommt nur darauf an, dass es mit Bezug auf die Überzeugungen und Wünsche erklärt wird, die die Person selbst hat. So scheint Heini Staudinger der Ansicht zu sein, dass die sozial schwachen Angestellten seiner Firma seine Hilfe benötigen, und diese Überzeugung erklärt offenbar, warum er sich so und nicht anders verhält, wenn er autonom handelt. Wollte man derartige Erklärungen ausschließen, dann müsste man ja unsere Handlungen auch dann als selbstbestimmt und autonom bezeichnen, wenn sie nicht durch unsere eigenen Überzeugungen und Wünschen zu erklären wären, z. B. weil sie ihnen widersprechen. Das macht wenig Sinn!

Und was ist mit Wünschen, Prinzipien und Überzeugungen? Würden wir nicht zumindest hier größere Freiheitsspielräume mit der Forderung gewinnen, dass man sich voraussetzungslos für oder gegen die Annahme eines neuen Wunsches oder einer neuen Überzeugung entscheiden können muss?[6] Dies wäre offensichtlich nicht sinnvoll: Wenn wir vor der Frage stehen, ob wir eine bestimmte Auffassung oder einen Wunsch akzeptieren sollen oder nicht, dann müssen wir unsere bisherigen Erfahrungen, Überzeugungen und Wünsche zurate ziehen. Wie sonst sollten wir hier zu einer sinnvollen Antwort kommen? Eine Auffassung anzunehmen und dabei die bisherigen Erfahrungen und Einsichten zu ignorieren, wäre nicht nur widersinnig, es würde uns auch der Gefahr aussetzen, Auffassungen anzunehmen, die im Widerspruch zu unseren bisherigen Erkenntnissen stehen – mit Selbstbestimmung hätte all das sicher nichts zu tun. Abgesehen davon würde sich dann auch die Frage stellen, mit welchem Recht wir überhaupt noch von *unserer* Entscheidung für oder gegen die Präferenz sprechen – die Entscheidung für die fragliche Auffassung fand ja unabhängig von all unseren Wünschen und Überzeugungen statt. Es wäre nicht unsere Entscheidung gewesen, sondern ein reines Zufallsereignis. Halten wir also fest, dass es auch bei dem Erwerb von Überzeugungen und Wünschen auf Entscheidungen ankommt, die im Lichte unserer Wünsche und Überzeugungen getroffen werden.

Wenn wir also erfahren würden, dass die Erzieherin aus einer Familie stammt, in der solche Handlungen häufiger vorkommen, ja in der die Kinder von den Eltern in diesem Sinne erzogen werden, so würde dies ihr Handeln erklären. Ob es die Autonomie antasten würde, hinge davon ab, ob die Hilfsbereitschaft zwanghaft geworden ist und sich daher ihrer Kontrolle entzieht. Wenn die Erzieherin sie hätte überwinden können, sie aber aus voller Überzeugung beibehalten hat, handelt sie nach wie vor autonom.

Das Gleiche gilt für Martin Luther: Solange er im Sinne eigener Überzeugungen und gegen den Widerstand von Papst und

Kaiser gehandelt hat, erweist er sich als autonom – auch wenn es möglich wäre, sein Handeln zu erklären. Wichtig ist nur, dass in der Erklärung keine Tatsachen zum Vorschein kommen, die Luthers Kontrolle über sein Handeln in Frage stellen.

Die immer noch weit verbreitete Vorstellung, wir würden an Handlungsspielraum gewinnen, wenn wir uns voraussetzungslos und sozusagen völlig »frei« für oder gegen eine Handlungsmöglichkeit entscheiden würden, ist, wie schon gesagt, verfehlt: Eine voraussetzungslose Entscheidung wäre nicht nur unabhängig von äußeren Einflüssen, sondern eben auch von unseren eigenen Wünschen und Überzeugungen. Auch unsere Erfahrungen würden keine Rolle mehr spielen. Weder unser besseres Wissen noch unsere tiefverwurzelten Abneigungen würden uns mehr davor schützen, Dinge zu tun, von denen wir längst erkannt haben, dass sie schlecht für uns und andere sind. Wichtig ist dagegen, dass wir immer imstande sind, alte Gewohnheiten durch neugewonnene Erkenntnisse zu verändern. Genau das ist aber nach der hier vertretenen Vorstellung von Selbstbestimmung möglich, weil sie uns die Kontrolle über unsere eigenen Wünsche und Überzeugungen sichert.

AUTONOMIE, HETERONOMIE UND ANOMIE

Anomie

Wie bereits erwähnt, lässt sich Autonomie sowohl von Anomie wie auch von Heteronomie unterscheiden. Solche Gegenüberstellungen helfen dabei, den in Rede stehenden Begriff genauer zu bestimmen. Von Anomie kann man dann sprechen, wenn jemand nicht selbstbestimmt zu handeln vermag, weil ihm Wünsche und Überzeugungen entweder ganz fehlen oder aber nicht handlungswirksam werden können. Dies betrifft Patienten, die z. B. aufgrund einer Depression an schwerer Antriebslosigkeit leiden. Anomie kann aber auch dann vorliegen, wenn jemand zwar aktiv bleibt, aber völlig ziellos handelt. Solche Verhaltensweisen treten häufiger nach schwerwiegenden Schädigungen des Frontalhirns auf. Patienten mit dieser Störung haben Schwierigkeiten bei der Steuerung ihres eigenen Verhaltens. Ein Beispiel hierfür liefert Phineas Gage, ein amerikanischer Eisenbahnarbeiter, dessen Fall von Antonio und Hanna Damasio[7] ausführlich beschrieben worden ist. Nach einer schwerwiegenden Verletzung des Frontalhirns durch eine Eisenstange, die ihm bei einer Sprengung mitten durch den Schädel geschossen war, begann der ursprünglich sehr zielstrebige und zuverlässige Arbeiter ein völlig unstetes Leben zu führen. Auch Antonio Damasios andere Fallstudien sprechen insgesamt dafür, dass Patienten mit derartigen Verletzungen zwar durchaus sinnvolle *theoretische* Vorstellungen von ihren längerfristigen Zielen und Bedürfnissen haben können, aber *praktisch* nicht mehr imstande sind, im Sinne dieser Ziele zu handeln.

Heteronomie und Konformismus

Anomie wird im Folgenden allerdings keine entscheidende Rolle spielen. Wir möchten uns stattdessen auf die Einschränkung von Autonomie durch soziale Einflüsse und Zwänge konzentrieren. Damit kommt Heteronomie ins Spiel, der zweite Gegenbegriff zur Autonomie. Anders als anomes Handeln ist heteronomes Handeln zielgerichtet. Im Unterschied zur Autonomie sind hier aber nicht die eigenen Wünsche und Überzeugungen der handelnden Person relevant, entscheidend sind nun vielmehr externe Einflüsse. Dabei kann es sich um Einflüsse aus der Umwelt handeln, um die Gepflogenheiten einer Gruppe, aber auch um die Wünsche und Überzeugungen anderer. In den beiden zuletzt genannten Fällen kann man auch von Konformismus sprechen – vorausgesetzt, es wird dabei kein direkter Zwang ausgeübt.

Konformismus bedeutet also, dass man die eigenen Überzeugungen, Wünsche und Prinzipien denen anderer unterordnet. Wer konformistisch handelt, der trägt die Kleidung, die gerade in Mode ist, übernimmt die derzeit dominierenden politischen Vorstellungen oder orientiert sich am gängigen Musikgeschmack. Dies kann bewusst stattfinden, häufig geschieht es jedoch unbewusst. Konformistisches Handeln wird weder von direkten Zwängen noch von physischen Determinanten diktiert, vielmehr spielt der Wille der Person immer noch die entscheidende Rolle. Wer sich an den Musikgeschmack seiner Mitmenschen anpasst, *will* hören, was andere hören, und er handelt nach diesem Willen. Konformität ist jedoch nicht die einzige Form der Einschränkung von Autonomie. Psychische und physische Zwänge, aber auch die Grenzen, die uns die Natur setzt, schränken unsere Autonomie ebenfalls ein, ja es scheint so, als hätten wir es mit wesentlich gravierenderen Formen von Heteronomie zu tun.

In der Tat: Verglichen mit psychischem oder gar physischem Zwang, mit denen z. B. Diktaturen ihre Bürger zu politischem Wohlverhalten bringen wollen, erscheint reiner Konformismus, wie er auch in modernen Demokratien gang und gäbe ist, vergleichsweise harmlos. Doch das ist nur eine Seite der Medaille. Natürlich ist es viel schlimmer, physischen Zwang zu erleben, als dem Modegeschmack seiner Zeitgenossen hinterherzuhecheln. Doch auf der anderen Seite greift der Konformismus viel tiefer als physischer Zwang in unser Denken, ja in unsere Persönlichkeit ein: Konformismus verändert unsere eigenen Wünsche und Überzeugungen, und zwar – wie sich noch zeigen wird – oftmals, ohne dass uns das selbst überhaupt bewusst wird. Physischer Zwang mag imstande sein, uns von Protesten abzuhalten; der Konformismus dagegen kann dafür sorgen, dass wir zu Unterstützern der Diktatur werden, ja es kann passieren, dass wir uns als Mitglieder einer Gruppe zu Handlungen hinreißen lassen, die unseren tiefsten Überzeugungen widersprechen.

AUTONOMIE UND FREIHEIT

Wer sich ein wenig mit der Debatte über das Problem der Willensfreiheit auskennt, wird in der vorangegangenen Klärung des Autonomiebegriffs eine wichtige Parallele entdeckt haben: Auch Willensfreiheit lässt sich nämlich als Selbstbestimmung definieren. Ist also Autonomie nur ein anderes Wort für Willensfreiheit? Das ist aus einer ganzen Reihe von Gründen nicht der Fall. Tatsächlich gibt es wichtige Unterschiede zwischen Willensfreiheit und dem hier vorgestellten Begriff der Autonomie.

Freiheit als Eigenschaft von Handlungen, Autonomie als Eigenschaft von Personen

Der erste wesentliche Unterschied besteht darin, dass Freiheit eine Eigenschaft von einzelnen Handlungen, Autonomie dagegen eine Eigenschaft von Personen ist. Mal wieder so eine philosophische Haarspalterei? Nicht ganz! Weil Freiheit eine Eigenschaft einzelner Handlungen ist, können die unterschiedlichen Handlungen einer Person mal frei und mal unfrei sein, die Person dagegen kann autonom bleiben. Ich war frei, als ich mich dafür entschieden habe, mit dem Fahrrad und nicht mit der S-Bahn in die Uni zu fahren, aber ich war nicht frei, als ich den Zug genommen habe, um von Berlin nach Hamburg zu kommen: Ein Auto habe ich nicht, und mit dem Fahrrad ist es einfach zu weit. Mein Status als autonome Person muss dadurch nicht tangiert sein, sofern ich weiterhin in der Lage bin, gegen Widerstände selbstbestimmt zu handeln.

Um von Freiheit sprechen zu können, müssen wir nur die Umstände einer einzelnen Handlung kennen, die aber ganz genau. Was die Person vorher oder nachher getan hat, ob ihre früheren Handlungen frei waren oder nicht, spielt hier zunächst keine Rolle. Von Freiheit können wir auch bei einer Person sprechen, die in ihrem Leben nur ein einziges Mal frei gehandelt hat. Interpretiert man Freiheit als Selbstbestimmung, dann müsste die Person dieses eine Mal aufgrund ihrer eigenen Wünsche und Überzeugungen gehandelt haben – nicht aufgrund äußerer Umstände. Wer meint, dass Freiheit nicht mit Determination vereinbar ist, wird dazu noch verlangen, dass die Entscheidung nicht determiniert war: Die Person musste also in der Lage sein, unter genau denselben Umständen auch etwas anderes zu tun, und auch diese Bedingung kann bei einer Handlung erfüllt sein, bei der nächsten dagegen nicht.

Aber selbstverständlich wollen wir nicht nur wissen, ob eine einzelne Handlung frei ist. Natürlich ist es interessant, auch nach der Person selbst zu fragen. Offenbar gibt es Menschen, die häufig in der Lage sind, frei zu handeln. Andere dagegen vermögen dies nur selten. Der Autonomiebegriff, so wie er hier verstanden wird, dient dazu, diese Unterschiede zu erfassen. Es ist also keineswegs nur eine philosophische Haarspalterei, wenn Autonomie als eine Eigenschaft von Personen und nicht von Handlungen verstanden wird.

Doch *wie* hilft der Autonomiebegriff, die Unterschiede zwischen Personen zu erfassen, die häufig frei handeln, und solchen, die es nur selten vermögen? Hier kommt die oben bereits genannte Widerstandsfähigkeit ins Spiel. Sie bezeichnet einen zweiten wichtigen Unterschied zwischen Willensfreiheit und Autonomie, denn in der Willensfreiheitsdebatte spielt Widerstandsfähigkeit keine entscheidende Rolle.[8] Doch wer sehr widerstandfähig ist, der ist – unter sonst gleichen äußeren Umständen – häufiger in der Lage, selbstbestimmt zu handeln, als jemand, der weniger widerstandsfähig ist. Dies kann wie gesagt einerseits daran liegen, dass eine widerstandsfähige Person sehr feste Überzeugungen hat, es kann aber auch daran liegen, dass sie imstande ist, ihre Überzeugungen besonders gut und hartnäckig durchzusetzen.

Zieht man in Betracht, dass wir zur Durchsetzung unserer Wünsche und Überzeugungen fast immer irgendwelche Widerstände überwinden müssen, dann wird deutlich, dass Widerstandskraft unerlässlich ist, wenn Menschen selbstbestimmt handeln sollen. Wie oben bereits angedeutet, ist die Sache allerdings noch ein wenig komplizierter: Offenbar gibt es Umstände, die uns daran hindern können, von unserer Widerstandsfähigkeit Gebrauch zu machen, und damit unsere Autonomie untergraben. Wir werden darauf noch genauer eingehen (s. S. 115 ff.).

Ein dritter Unterschied wird deutlich durch einen Vergleich mit der klassischen Willensfreiheitsdebatte. In dieser Debatte geht es darum, einen möglichst anspruchsvollen Begriff von Freiheit zu bestimmen, um so einen Maßstab z. B. für die Zuschreibung von Verantwortung zu gewinnen. In diesem Zusammenhang ist es dann zu einer bis heute nicht abgeschlossenen Debatte gekommen, ob Freiheit mit Determination vereinbar ist: Während die sogenannten Kompatibilisten eine solche Vereinbarkeit behaupten, wird sie von Inkompatibilisten bestritten. In deren Augen sind nur nichtdeterminierte Handlungen frei.[9]

Es scheint jedoch wenig sinnvoll, diese alte Debatte hier wieder aufzunehmen, zumal eine Lösung in absehbarer Zeit kaum zu erwarten ist. Tatsächlich bleibt der Unterschied zwischen Menschen, die auch unter Widerständen an ihren eigenen Überzeugungen festhalten, und solchen, die hierzu nicht in der

Lage sind, auch dann erhalten, wenn man an der Existenz von Willensfreiheit in einem besonders starken Sinne zweifelt. Der Unterschied zwischen Martin Luther, der für seine Überzeugungen auch gegenüber Kaiser und Papst einsteht, und vielen anderen namenlosen Augustinermönchen, die an solche Auseinandersetzungen vermutlich noch nicht einmal gedacht haben, bleibt auch dann erhalten, wenn Luther – so wie er es selbst annahm – nicht wirklich frei war. Und genau dieser Unterschied ist es, der durch den Autonomiebegriff erfasst wird.

AUTONOMIE ALS NATÜRLICHE EIGENSCHAFT

Tatsächlich ist Autonomie eine Eigenschaft, die sich bei Menschen in der Regel im Verhalten zeigt. Natürlich könnte man sich Szenarien ausdenken, in denen jemand rein äußerlich autonomes Verhalten zu zeigen scheint, in Wirklichkeit jedoch nur ein bewusstloser Automat ist oder von Zwängen getrieben wird. In Ridley Scotts Film »Blade Runner« von 1982 werden sogenannten Replikanten, künstlich geschaffenen Menschen, autobiographische Erinnerungen implantiert, so dass sie nicht wissen, dass sie Replikanten sind. Würden wir sie als autonom bezeichnen? Nein. Autonomie setzt eben auch voraus, dass jemand sich von den *eigenen* Wünschen und Überzeugungen leiten lässt, und die besitzen die Replikanten ja nicht. Dann aber scheint Autonomie nicht zweifelsfrei am Verhalten ablesbar zu sein. Doch der Einwand verfängt nicht: Zum einen hatten wir ja vorausgesetzt, dass wir es mit dem Verhalten von Menschen zu tun haben. Wie man Menschen von Replikanten mit einem Scheingedächtnis oder von bewusstlosen Automaten unterscheidet, das muss in einer Theorie des Gedächtnisses oder einer Theorie des Bewusstseins geklärt werden, nicht in einer

Theorie der Autonomie. Auf der anderen Seite machen sich Zwänge selbstverständlich im Verhalten bemerkbar, egal ob sie von innen oder von außen kommen; es mag nur sein, dass man sich ein wenig Zeit nehmen muss, um sie zu entdecken.

Insofern bleibt es dabei: Autonomie ist von außen zu erkennen – auch wenn man, wie der Detektiv Rick Deckard, der Replikanten identifizieren kann, vielleicht mehrmals hinschauen muss, um echte Autonomie vom bloßen Anschein autonomen Verhaltens zu unterscheiden. Autonomie taucht zudem in unterschiedlichen Graden auf, manche Menschen sind in höherem Maße autonom als andere, und in einigen Fällen mag man zweifeln, ob jemand grundsätzlich überhaupt imstande ist, autonom zu handeln. Überdies ist anzunehmen, dass sich Autonomie über die Lebensspanne eines Individuums verändert: Babys sind noch nicht und sehr alte Menschen sind häufig nicht mehr autonom, und auch in der Zeit dazwischen gibt es eine Vielzahl von Veränderungen. Schließlich spricht alles dafür, dass Autonomie ihre Grundlage in bestimmten biologischen Prozessen im menschlichen Gehirn hat – auch wenn diese Prozesse derzeit noch zum großen Teil unbekannt und ihre Bedeutung für die Autonomie unverstanden sind.

So gesehen ist Autonomie eine natürliche Fähigkeit wie Lesen, Sprechen, Rechnen oder Schreiben. Wir entwickeln diese Fähigkeiten, die eine mehr, der andere weniger, sie haben natürliche, biologische Grundlagen, doch auch kulturelle Prozesse spielen eine wichtige Rolle – insbesondere beim Erwerb. Wie wir noch sehen werden, ist Autonomie eine komplexe Eigenschaft, die eine Reihe von Besonderheiten aufweist. Dennoch erfordert sie keine Ausnahmen von den Naturgesetzen, keine Lücke in den kausalen Zusammenhängen, und es erscheint prinzipiell möglich, sie mit den üblichen Methoden der empirischen Wissenschaften, insbesondere mit denen der Psychologie und der Neurowissenschaften, zu untersuchen – auch die Sozialwissenschaften können dabei eine wichtige Rolle spielen. Über die Erfolgsaussichten dieser Versuche ist damit natürlich noch nichts gesagt, doch die bisherigen Forschungen einschließlich unserer eigenen Untersuchungen sprechen dafür, dass es prinzipiell möglich ist, die natürlichen Grundlagen von Autonomie zu verstehen.

AUTONOMIE UND SOZIALITÄT

Es wäre jedoch verfehlt, Autonomie ausschließlich aus dem Blickwinkel des einzelnen Individuums zu betrachten. Autonomie und Heteronomie sind Eigenschaften, die wesentlich durch soziale und historische Umstände geprägt werden – nur deshalb kann man davon sprechen, dass Autonomie eine historische und soziale Errungenschaft ist; zudem handelt es sich um eine Errungenschaft, die historisch und sozial auch wieder verspielt werden kann.

Historische Aspekte

Konkret bedeutet dies, dass es neben den individuellen auch soziale Voraussetzungen von Autonomie bzw. Heteronomie gibt. Bestimmte gesellschaftliche Umstände können Autonomie fördern, andere dagegen beeinträchtigen sie mehr oder minder stark. Aufschluss hierüber liefern historische Studien ebenso wie neuere Experimente.

Historisch dürfte neben der Ausbildung von Privatheit die funktionale Differenzierung der Gesellschaft eine wichtige Rolle gespielt haben. So hat sich erstens die Zahl der Alternativen, beispielsweise bei der Berufswahl, der Wahl des Partners und des Wohnortes, in einer modernen, stark arbeitsteiligen Gesellschaft im Vergleich zu traditionellen, agrarischen Gesellschaften enorm erhöht. Zweitens liegt die Entscheidung zwischen diesen Alternativen in modernen Gesellschaften häufiger bei den Individuen als in traditionellen Lebensverhältnissen, wo Eltern, Clans oder soziale Konventionen nur wenig Platz für individuelle Entscheidungen z. B. bei der Berufs-, Partner- oder Ortswahl lassen. Schließlich kommt drittens hinzu, dass Privatheit heute in höherem Maße als früher Rückzugsräume bietet, in denen individuelle Unterschiede zu Bewusstsein kommen oder überhaupt erst entstehen können. Der Prozess der Individualisierung, der zu solchen Verlagerungen von Entscheidungen vom Kollektiv auf das Individuum führt, verläuft über mehrere Jahrhunderte und ist bis heute unabgeschlossen. Wie alles, was sich historisch ausgebildet hat, kann er sich aber auch wieder zurückentwickeln.

Empirische Fragen

Genaueren Aufschluss über die sozialpsychologischen Faktoren, die auf autonomes bzw. konformes Verhalten einwirken, geben empirische Untersuchungen und Experimente. Dabei wurde unter anderem untersucht, unter welchen Bedingungen Gruppen z. B. durch Konformitätsdruck die individuelle Autonomie ihrer Mitglieder beeinträchtigen. Die einzelnen Experimente werden weiter unten noch im Detail vorgestellt. Ganz generell wird sich dabei zeigen, dass Konformitätszwänge in homogenen Gruppen im Allgemeinen stärker sind als in heterogenen Gruppen und dass solche Zwänge durch Hierarchien, aber auch durch die Konfrontation mit konkurrierenden Gruppen verstärkt werden. Eine wichtige Rolle spielen zudem Rückkopplungsmechanismen, durch die sich die Gruppenmitglieder gegenseitig beeinflussen und damit zu einem Verhalten gelangen, das kein Mitglied, auf sich alleine gestellt, jemals gezeigt hätte. Wenn man unterstellen kann, dass die funktionale Differenzierung in modernen Gesellschaften eher zugenommen hat, Hierarchie und Konfrontation mit externen Gruppen aber rückläufig sind, dann würde dies die obigen Beobachtungen stützen, denen zufolge sich die Spielräume für autonomes Handeln bislang eher erweitert haben.

Man kommt aber nicht an der Einsicht vorbei, dass Gruppenstrukturen nach wie vor großen Einfluss auf unser Handeln ausüben. Bemerkenswert ist daran, dass die Einflüsse, die hier wirksam werden, häufig unbewusst bleiben. Unsere Entscheidungen können also von unseren Mitmenschen beeinflusst werden, ohne dass uns dies zu Bewusstsein käme. Damit sind auch unsere Möglichkeiten, uns solchen Konformitätszwängen zu entziehen, beschränkt.

DAS PARADOXON DER AUTONOMIE

Tatsächlich unterscheidet sich Autonomie in einer wichtigen Hinsicht von den meisten anderen menschlichen Fähigkeiten: Während Menschen im Allgemeinen ihre Fähigkeiten, z. B. Klavier zu spielen, halbwegs zuverlässig einschätzen können, scheint ihr Urteilsvermögen in Bezug auf Autonomie ziemlich miserabel zu sein. Dafür sprechen auch unsere eigenen Untersuchungen: Versuchspersonen, die sich als maximal autonom einschätzten, waren praktisch genauso leicht zu beeinflussen wie Probanden, die sich nur ein Mindestmaß dieser Fähigkeit zuschrieben. Doch was bedeutet das? Es könnte einfach nur heißen, dass wir selbst uns oft darüber täuschen, ob wir autonom sind oder nicht – obwohl diese Fähigkeit ansonsten ganz ähnlich funktioniert wie die Fähigkeit, Klavier zu spielen. Vielleicht geht es aber nicht nur um eine subjektive Täuschung, vielleicht zeigt sich hier vielmehr ein grundsätzlicher Unterschied zwischen Autonomie und der Fähigkeit, ein Instrument zu spielen. Es sind nicht nur unsere eigenen Resultate, die diese Interpretation aufdrängen, auch eine Reihe von Fallstudien z. B. aus dem Widerstand gegen den Nationalsozialismus sprechen dafür. Autonomie scheint eine Fähigkeit zu sein, von der man nicht einfach nach Belieben Gebrauch machen kann – so wie man praktisch jederzeit Klavier spielen oder Fahrrad fahren kann, sofern man die entsprechende Fähigkeit besitzt. Zweifellos fällt es uns im Alltag normalerweise nicht schwer, im Sinne unserer eigenen Wünsche und Überzeugungen zu handeln, auch wenn dabei gewisse Widerstände zu überwinden sind. Doch wenn es wirklich darauf ankommt, also in eher außergewöhnlichen Situationen, dann scheinen äußere Umstände eine größere Rolle dafür zu spielen, ob wir von unseren Autonomiefähigkeiten Gebrauch machen oder nicht. Unsere Fähigkeit, autonom zu handeln, kann von den Umständen unterlaufen werden. Wir handeln dann konform, ohne dass uns dies wirklich zu Bewusstsein käme.

Diese Beobachtung ist paradox. Wenn sie stimmt, dann ist ausgerechnet die Fähigkeit, die uns eine gewisse Unabhängigkeit von äußeren Einflüssen liefert, ihrerseits von äußeren Einflüssen abhängig. Und diese Abhängigkeit wird häufig auch noch unbewusst, hinter unserem Rücken, wirksam. Wohlgemerkt: Autonomie wird damit nicht beseitigt. Wir können auch in Extremfällen gegen Widerstände im Sinne eigener Wünsche und Überzeugungen handeln. Doch ob wir das tun oder nicht, hängt offenbar nicht einfach von uns ab. Vergleichen kann man das vielleicht mit einem Pianisten, der oft extremes Lampenfieber hat: Ob ihn das Lampenfieber nur vor dem Auftritt oder noch auf der Bühne packt, liegt nicht in seiner Hand. Aber wenn es ihn nicht packt, dann ist er zu großartigen Leistungen an seinem Instrument fähig.

Diese Paradoxie spielt auch eine wichtige Rolle, wenn es um die Gefährdung der Autonomie in unserer eigenen Gegenwart geht. Obwohl sich der Spielraum für autonomes Handeln in der Vergangenheit immer weiter ausgedehnt hat, gibt es in letzter Zeit zunehmend Entwicklungen, die Autonomie zu unterlaufen drohen. Und sie setzen an genau den Stellen an, die sich unserem Einfluss entziehen: an den unbewussten Voraussetzungen autonomen Handelns.

DER SINN DER KONFORMITÄT

Zunächst möchten wir uns aber mit der Bewertung von Autonomie und Konformismus befassen. Üblicherweise wird unterstellt, dass Autonomie eine im Wesentlichen positive, Konformismus dagegen eine negative Eigenschaft sei, und im Grund teilen wir diese Auffassung: Autonomie, so haben wir gezeigt, vergrößert den Handlungsspielraum jedes Einzelnen, und sie verschafft uns damit die Möglichkeit, die Dinge zu tun, die uns wichtig sind. Eine Schule z.B., die ankündigen würde, ihre Schüler zu Heteronomie oder Konformismus zu erziehen, würde gewiss wenig Zulauf haben, und das zu Recht. Aber es gibt eine Kehrseite. Zum einen existieren Extremformen von Autonomie, die in ihrem Versuch, die individuelle Herrschaft über die Natur oder andere Menschen zu etablieren, geradezu totalitäre Züge annehmen. Zum zweiten kann Autonomie zu Entscheidungszwängen führen, die den Einzelnen schlichtweg überfordern. Umgekehrt ist auch konformes Verhalten nicht an sich schlecht; in vielen Fällen wird es erst dadurch schlecht, dass die konform handelnden Personen sich an schlechten Beispielen oder Vorbildern orientieren – so wie dies auch in vielen sozialpsychologischen Experimenten der Fall ist. Natürlich fördert Konformismus in einer verbrecherischen Diktatur die Bereitschaft zur Anpassung an die Ziele dieser Diktatur. Auf der anderen Seite spricht aber nichts dagegen, dass dieselbe Einstellung in einer Gesellschaft, in der rechtliche und moralische Prinzipien einen großen Stellenwert haben, die Verbreitung dieser Prinzipien stützen kann – und tatsächlich verhält es sich auch so. Man kann aus Konformitätsgründen Demokrat oder Befürworter des Schutzes Andersdenkender sein oder sich für einen Verfechter der Autonomie halten, faktisch aber Konformität und Anpassung propagieren.

Zudem scheint ein gewisses Maß an Konformismus wichtig zu sein für das Funktionieren einer Gesellschaft. Sprachen, soziale Konventionen und kulturelle Traditionen könnten sich nur schwer ausbilden, wenn es nicht ein Minimum an Anpassungsbereitschaft der Individuen an die Regeln und Konventionen einer Gesellschaft gäbe. Es wäre illusorisch anzunehmen, all dies geschehe aus reiner Einsicht in den Sinn dieser Regeln – so schön das auch wäre. Vermutlich kann man sich die Funktion unserer konformistischen Neigungen so ähnlich vorstellen wie bestimmte Mechanismen unseres Wahrnehmungssystems, die uns z. B. die Abschätzung der Größe, Farbe oder Struktur von Objekten erlauben. Unter normalen Bedingungen funktionieren diese Mechanismen sehr gut und liefern uns Informationen, die anders nur schwer zu erlangen wären. Doch es gibt immer Situationen, unter denen sie versagen. Dann produzieren sie die bekannten Wahrnehmungsillusionen, die zu teilweise grotesken Fehlern bei der Farb- oder Größen- oder Strukturwahrnehmung führen oder zu »unmöglichen« Wahrnehmungen.

Genauso sind viele sozialpsychologische Mechanismen unter normalen Bedingungen sehr nützlich, führen aber unter Extrembedingungen zu Fehlern, Verwirrungen oder völlig unangemessenem Verhalten. So ließen sich die Versuchspersonen in einem Experiment von Solomon Asch über die Länge einer Linie täuschen, sofern eine hinreichend große Zahl anderer Personen einhellig eine falsche Längenangabe machte.

Unmöglich: Penrose-Dreieck.

Asch-Experiment: Welche der Vergleichslinien ist ebenso lang wie die einzelne Linie?

Auf den ersten Blick erscheint es erstaunlich, dass sich auf einer so simplen Basis so viele Versuchspersonen in die Irre führen ließen; auf der anderen Seite ist es alles andere als irrational, sein Urteil in Frage zu stellen, wenn es im Gegensatz zu der einmütigen Einschätzung von acht anderen Beobachtern steht: Warum sollten diese acht bei einer so einfachen Aufgabe einhellig zu einem falschen Urteil gekommen sein? Insofern ist es alles andere als unvernünftig, sich dem Urteil der überwältigenden Mehrheit anzuschließen.

KONFORMISMUS UND GRUPPENDYNAMIK

Halten wir also fest, dass Konformismus unter normalen Bedingungen eine sehr nützliche und sinnvolle Einstellung sein kann, die das Leben in einer Gruppe entscheidend zu erleichtern vermag. Das ändert nichts daran, dass konformistisches Verhalten unter anderen Bedingungen äußerst problematische Konsequenzen mit sich bringt. Eine besondere Rolle spielen dabei Rückkopplungsprozesse. Wenn sie auftreten, dann bleibt es nicht dabei, dass ich mich den Regeln einer Gruppe anpasse, vielmehr führt meine Anpassung dazu, dass sich die Regeln der Gruppe ändern, was zu weiteren Anpassungsprozessen bei mir und den anderen Gruppenmitgliedern führt, die dann wiederum die Gruppenregeln verändern etc. Hierdurch können Kettenreaktionen entstehen, die von den Beteiligten nur noch schwer zu kontrollieren sind, zumal sie oft unbewusst geschehen.

In der Anfälligkeit für solche kaum noch steuerbaren Kettenreaktionen liegt denn auch das eigentliche Problem des Konformismus. Beobachten lässt sich dies z. B. an dem »Stanford-Prison-Experiment« von Philip Zimbardo. Dort führten anfängliche kleine Grenzverletzungen durch Gefängniswärter, verstärkt durch die Gegenreaktionen der Gefangenen, zu einer allmählichen Veränderung der Spielregeln, bis die Wärter die Gefangenen schließlich in dramatischer Weise misshandelten. Neben dem Gegensatz zwischen Gefangenen und Wärtern scheint hier vor allem die wechselseitige Bestärkung innerhalb der Gruppe der Wärter eine wichtige Rolle gespielt zu haben (wir kommen auf dieses Experiment noch zurück, vgl. S. 142). Ähnliche Mechanismen lassen sich in den klassischen Massenhysterien beobachten, etwa der Tulpenmanie im Holland des 17. Jahrhunderts oder dem Südsee- und dem Mississippischwindel, die knapp 100 Jahre später England und Frankreich erschütterten.[10] In diesen Fällen kam es innerhalb kürzester Zeit zu einem Ansturm auf Tulpenzwiebeln bzw. Aktien. Dadurch setzten massive Preiserhöhungen ein, die ihrerseits die gehandelten Güter noch attraktiver zu machen schienen, konnte man als Besitzer damit doch große Gewinne erzielen. Kurz bevor die ganze Hysterie zusammenbrach, wurden Tulpenzwiebeln für das doppelte Jahresgehalt eines Handwerksmeisters verkauft; Aktienkurse verzehnfachten sich, ohne dass die Gesellschaften zuvor auch nur einen Cent Gewinn gemacht hätten.

Zu erklären sind diese Prozesse unter anderem durch einen Rückkopplungsmechanismus, der dazu führt, dass sich die potentiellen Käufer gegenseitig immer weiter in ihren Kaufrausch steigerten. Selbstverständlich wurden diese Rückkopplungsprozesse durch äußere Umstände begünstigt, z. B. durch die damaligen Regeln an der Börse, die solche Übertreibungen erleichterten: Weil man wusste, dass auch die anderen Marktteilnehmer von der gleichen Hysterie erfasst waren, konnte man erwarten, dass die Kurse auch weiterhin steigen würden und man selbst bei einem überhöhten Einstiegskurs noch einen Gewinn machen würde. Unglücklicherweise waren dieselben Rückkopplungsmechanismen auch am Werk, als die Spekulationen zusammenbrachen und sich das Vermögen vieler Teilnehmer in wenigen Tagen in Luft auflöste. In jedem Fall stellen solche wechselseitigen Verstärkungen eine wichtige Gemeinsamkeit der genannten Fälle dar und demonstrieren damit ein zentrales Problem von konformistischem Handeln.

Diese Beobachtungen sind vor allem deshalb von Bedeutung, weil es derartige Rückkopplungsprozesse auch heute noch gibt. Man braucht hier nur an den auf Krediten basierenden Bauboom in den USA und in vielen europäischen Ländern zu denken, der in dem Augenblick zum Zusammenbruch des internationalen Finanzsystems führte, als Institute begannen, ihre Forderungen einzutreiben. Aber solche Rückkopplungen gibt es häufig auch in sozialen Netzwerken, in Blogs oder auf den Online-Seiten von Zeitungen, und es spricht einiges dafür, dass sie auch immer noch ganz ähnliche Wirkungen haben und damit eine große Gefahr für autonomes Handeln in der Gegenwart darstellen.

AUTONOMIE UND GESELLSCHAFT

Umgekehrt bietet Autonomie einen gewissen Schutz vor derartigen Massenhysterien. Grund dafür ist vor allem, dass sie dem Einzelnen eine gewisse Unabhängigkeit von Zwängen, Konventionen und Erwartungen einer Gruppe gewährt. Geht man davon aus, dass solche Massenhysterien schädlich für eine Gesellschaft sind, dann könnte es umgekehrt im Sinne einer Gesellschaft sein, ihren Mitgliedern Autonomie zu gewähren.

Doch wie gewinnt man den notwendigen Abstand von den Zwängen einer Gesellschaft, der für autonomes Handeln erforderlich ist? Der entscheidende, zumindest auf den ersten Blick aber wiederum ein wenig paradox scheinende Punkt ist dabei, dass es letztlich die Gesellschaft selbst ist, der wir den Abstand zu und die Unabhängigkeit von gesellschaftlichen Zwängen verdanken. Doch hier lässt sich die Paradoxie auflösen. In Wirklichkeit gibt es nämlich gute und – wie wir meinen – auch bestens verständliche Gründe dafür, dass Gesellschaften ihren Mitgliedern Autonomie nicht nur zugestehen, sondern sie bei deren Erwerb unterstützen. So profitieren z. B. Gruppenentscheidungen von einem hohen Maß an Autonomie bei ihren Mitgliedern (vgl. S. 169).

Abgesehen davon ist Autonomie auch weniger problematisch für den Zusammenhalt einer Gesellschaft, als das auf den ersten Blick erscheinen mag. Dies liegt zum einen daran, dass Autonomie durchaus mit einem gewissen Maß an Konformismus vereinbar ist. Wer in der Regel nach seinen eigenen Wünschen und Überzeugungen handelt, kann sich ja in bestimmten Fällen ohne weiteres den Konventionen und Regeln seiner Gruppe anpassen – auch wer autonom ist, tut gut daran, sich an der Theaterkasse in die Schlange zu stellen, statt sich vorzudrängeln. Wichtiger noch ist zweitens, dass man gerade aus autonomer Einsicht im Sinne der Gemeinschaft handeln kann. Wer einsieht, dass das eigene Wohlergehen von dem der Gemeinschaft abhängt, der wird sich aus eigener Überzeugung für das Wohl des Ganzen engagieren. Auch Martin Luther King oder Sophie Scholl haben ihre Autonomie ja gerade im Sinne der Gemeinschaft eingesetzt. Autonomie kann also dem Zusammenhalt einer Gesellschaft nützen, doch unter welchen Bedingungen ist das so?

Eine wichtige Rolle spielt dabei die funktionale Differenzierung moderner Gesellschaften, die wir bereits erwähnt hatten. In vorstaatlichen, traditionellen Gesellschaften ist diese Differenzierung wesentlich geringer. Die meisten Mitglieder sind mit der Beschaffung von Nahrungsmitteln und der Verteidigung der Gruppe beschäftigt. Individuelle Auswahlmöglichkeiten sind sehr gering und vorhersehbar; Entscheidungen meist durch Tradition und Herkunft vorgegeben. Da sich auch die Lebenswirklichkeit der Mitglieder nur unwesentlich voneinander unterscheidet, kann das Zusammenleben mit vergleichsweise wenigen Regeln bewältigt werden: Wenn es keinen Straßenverkehr gibt, dann benötigt man auch keine Straßenverkehrsgesetze, und wenn keine Rechtsanwälte existieren, kann man sich auch die Anwaltsordnung sparen.

Mit steigender Ausdifferenzierung entsteht nicht nur eine wesentlich größere Zahl von Optionen, vielmehr kann die Wahl nun auch nicht mehr durch Traditionen vorgegeben werden: Hier ist es einfach sinnvoll, den Beruf nicht mehr vorzugeben, sondern den Individuen selbst die Wahl darüber zu lassen, wofür sie sich qualifizieren und in welchem Feld sie später arbeiten wollen. Die Gesellschaft hat schließlich wenig davon, wenn sie die Töchter von Ärztinnen zwingt, selbst wieder Ärztinnen zu werden, obwohl sie ganz andere Interessen und möglicherweise auch ganz andere Fähigkeiten besitzen. Weitere Beispiele sind leicht zu finden; sie betreffen insbesondere die Partnerwahl, aber auch den privaten Konsum, die Religionszugehörigkeit, moderne Personalführung sowie kulturelle und politische Präferenzen: In all diesen Bereichen haben sich die Wahlmöglichkeiten im Verlauf der vergangenen Jahrhunderte nicht nur de facto stark vergrößert, vielmehr scheint es auch im Interesse der Gesellschaft insgesamt zu sein, dass ihre Mitglieder sich im Sinne ihrer eigenen Interessen und Bedürfnisse entscheiden: Wer schlechte Produkte kauft, schadet der Produktion von guten; und wenn die Mehrheit Parteien wählt, die den eigenen Interessen schaden, dann wird damit offensichtlich auch das gesellschaftliche Interesse beeinträchtigt. Das aber bedeutet nichts anderes, als dass gerade komplexe, ausdifferenzierte Gesellschaften auf die Autonomie ihrer Mitglieder angewiesen sind. Andernfalls würde die Verlagerung der Entscheidungsverantwortung von der sozialen auf die individuelle Ebene, wie sie für diese Gesellschaften charakteristisch ist, scheitern.

FAZIT

Halten wir also fest, dass man Autonomie als die Fähigkeit bezeichnen kann, selbstbestimmt, also im Sinne eigener Wünsche und Überzeugungen zu handeln, und zwar auch dann, wenn dazu Widerstände zu überwinden sind. Autonomie steht damit im Gegensatz zu Heteronomie und Anomie, also fremdbestimmtem bzw. unbestimmtem Handeln.

Konformismus als eine bestimmte Form von Heteronomie ist nicht grundsätzlich schlecht, allerdings ist die Ausbildung von Autonomie wichtig für moderne, hochdifferenzierte Gesellschaften, weil nur so die Vielfalt komplexer Entscheidungsnotwendigkeiten bewältigt werden kann. Weil Autonomie überdies dem Einzelnen größere Freiheitsspielräume gewährt, stellt ihre Entwicklung, wie sie sich vor allem seit der Aufklärung beobachten lässt, eine zivilisatorische Errungenschaft, eine Fähigkeit zur Freiheit, dar – eine Errungenschaft allerdings, die heute gefährdet ist.

TEIL II

GESCHICHTE DER AUTONOMIE

Unser heutiges Verständnis von Autonomie ist das Produkt einer langen und komplexen historischen Entwicklung, die hier nur grob vereinfacht in ihren wichtigsten Stationen beschrieben werden kann. Generell möchten wir zeigen, wie Autonomie seit der Renaissance und dann verstärkt seit der Aufklärung ganz entschieden an Bedeutung gewonnen hat. Dabei spielt vor allem die zunehmende Individualisierung moderner Gesellschaften eine wichtige Rolle. Komplex ist die Entwicklung nicht nur wegen der vielen Rückschläge sowie der Widerstände gegen den Bedeutungsgewinn von Autonomie, sondern auch weil sie zu einer tiefgreifenden Veränderung der Autonomievorstellung selbst führt.

Wir werden diese Entwicklung zunächst anhand einer kurzen Skizze zu den sozialgeschichtlichen Hintergründen der Herausbildung von Autonomie seit der Renaissance beschreiben. Hier werden wir uns vor allem auf die Arbeiten von Norbert Elias stützen. Dabei gehen wir von der Annahme aus, dass ein unmittelbarer Zusammenhang zwischen dem Prozess der Individualisierung und dem Bedeutungszuwachs von Autonomie besteht: Eine Gesellschaft, in der die Individuen an starre Rollenmuster und Standesprinzipien gebunden sind, kann Freiräume für autonomes Handeln weder bieten noch benötigt sie diese. Anschließend werden wir die philosophischen und literarischen Auseinandersetzungen mit dem Problem der Autonomie verfolgen. Dabei lassen sich zwei unterschiedliche Stränge unterscheiden: zum einen eine explizite, in der Regel philosophische Beschäftigung mit dem Begriff der Autonomie bzw. mit engverwandten Vorstellungen. Daneben gibt es auch Texte, die sich de facto mit dem Phänomen der Autonomie befassen, auch wenn sie nicht ausdrücklich das Wort »Autonomie« verwenden. Dies ist z. B. in den klassischen Staatsutopien der Fall, aber auch in der Geschichtsphilosophie der Aufklärung. Diese Schriften geben vor allem Auskunft darüber, wie bestimmte Epochen bzw. Theorietraditionen das Verhältnis von Individuum und Ganzem bestimmen und in welchem Maße sie dabei dem Individuum Spielräume für autonomes Handeln zubilligen.

Wir werden zeigen, dass es hier vor allem in den letzten drei Jahrhunderten tiefgreifende Veränderungen gegeben hat. Sie betreffen zum einen die Autonomievorstellung selbst, die sich in dieser Zeit stark individualisiert hat. Autonomie wird also nicht nur als Eigenschaft von Individuen verstanden, vielmehr kommen als Grundlage von Autonomie in zunehmendem Maße auch individuelle Besonderheiten in Betracht. Die Texte reflektieren damit den historischen Prozess der Individualisierung. So beschränkt z. B. Kant, der noch am Beginn dieser Entwicklung steht, Autonomie im Wesentlichen auf moralisches und das heißt: vernünftiges Handeln. Grundlage von Autonomie bilden also Prinzipien, die alle Menschen gemein haben. Seit etwa der Mitte des 19. Jahrhunderts dagegen steht autonomes Handeln mehr und mehr für ein Handeln im Sinne jeweils individueller Wünsche und Bedürfnisse; es orientiert sich also an Präferenzen, die man in der Regel *nicht* mit anderen Menschen gemein hat.

Zweitens wird sich herausstellen, dass Autonomie als gesellschaftliches Phänomen an Bedeutung gewinnt, dass also die Spielräume für autonomes Handeln entweder faktisch ausgeweitet werden oder eine solche Ausweitung zumindest gefordert und begründet wird. Dabei kommt es zum Teil zu gewissen Extravaganzen, in denen der individuelle Handlungsspielraum z. B. gleich auch auf die Naturgesetze ausgedehnt wird. Schließlich möchten wir drittens zeigen, dass bereits in der Geschichte von Autonomie und Autonomievorstellungen der Zusammenhang von Privatheit und Autonomie eine zentrale Rolle spielt, wie er auch für unsere eigene Analyse des Autonomiebegriffs wichtig ist. So versuchen z. B. die klassischen Staatsutopien die Autonomie der Bürger einzuschränken, indem sie ihnen Privatheit vorenthalten.

DER PROZESS DER ZIVILISATION

Schauen wir uns also zunächst den historischen Prozess der Individualisierung an. Wachsende Individualisierung ist ein zentraler Aspekt im vielgestaltigen Prozess der Modernisierung von Staatsgesellschaften, den man aber auch unter der Perspektive der Demokratisierung, der Aufklärung, des Aufstiegs neuer Klassen und Sozialtypen, der Industrialisierung oder der Entstehung von Massengesellschaften beschreiben kann. Mit Norbert Elias gesprochen sind all das ungleichzeitige, aber interdependente, also wechselseitig voneinander abhängige und miteinander verflochtene Vorgänge. Sie haben den Prozess der Zivilisation vorangetrieben, aus dem letztlich die modernen Gesellschaften westlichen Typs entstehen. Ein wesentliches Merkmal dieses Prozesses, wie Elias ihn beschreibt, sind wiederholte Individualisierungsschübe – also psychosoziale Positionsveränderungen der Mitglieder einer Gesellschaft, die zu einem kontinuierlichen Zuwachs an Eigenständigkeit führen.

Besonders detailliert weist Elias dies in seinem Buch »Über den Prozeß der Zivilisation«[11] nach. Dabei zeigt er, wie es von der mittelalterlichen Gesellschaft und ihrer Vielzahl von lokalen Herrschaftsregimen mit eigenen Gerichtsbarkeiten spätestens im Absolutismus zu ersten Formen eines staatlichen Gewaltmonopols kommt. In der weiteren Entwicklung lassen sich immer stärkere Integrationsprozesse auf der wirtschaftlichen wie auf der politischen Ebene verzeichnen, die schließlich in die Gestalt des modernen demokratischen Rechtsstaats münden.

In diesem Prozess nimmt die Sicherheit der Individuen vor direkter Gewalt (z. B. durch den Lehnsherrn oder durch kriegerische Konflikte), aber auch der ökonomische Wohlstand kontinuierlich zu. Zugleich kommt es zu einer immer stärkeren Regulierung der individuellen Handlungsimpulse, zu einer »Versittlichung« des Alltags, wie Elias u. a. anhand der Entwicklung der Umgangsformen bei Tisch zeigt. So wird z. B. der Gebrauch des Messers, der ursprünglich auch in der feudalen Oberschicht völlig ungeregelt war, immer weiter eingeschränkt – weil es mehr und mehr als Symbol der direkten Anwendung von Gewalt aufgefasst wird. Dies erklärt, warum es verpönter wurde, Eier mit dem Messer zu köpfen oder Kartoffeln mit dem Messer zu schneiden. Und das hat Konsequenzen. Elias schreibt: »Menschen, die so miteinander essen, wie es im Mittelalter Brauch ist, Fleisch mit den Fingern aus der gleichen Schüssel, Wein aus dem gleichen Becher, Suppen aus dem gleichen Topf (...) standen in einer anderen Beziehung zueinander, als wir; und zwar nicht nur in der Schicht ihres klar und präzise begründeten Bewußtseins, sondern offenbar hatte ihr emotionales Leben eine andere Struktur und einen anderen Charakter.«[12]

Das ist die Pointe der Theorie von Elias: Der Gestaltwandel in den sozialen Beziehungen und Umgangsformen hat direkte Konsequenzen für die Psyche der Individuen. Auch diese verändert sich im Zuge der sozialen Transformationen und führt zu einer subtileren, in das Innere verlegten Verhaltenssteuerung und Affektregulation. Was in der mittelalterlichen Welt fehlte, schreibt Elias, »war jene unsichtbare Mauer von Affekten, die sich gegenwärtig zwischen Körper und Körper der Menschen (...) zu erheben scheint, der Wall, der heute oft bereits bei der bloßen Annäherung an etwas spürbar ist, das mit

Mund oder Händen eines anderen in Berührung gekommen ist«.[13]

Soziogenese, also die Entwicklung der gesellschaftlichen Verhältnisse, und Psychogenese, also der Aufbau der psychischen Innenwelt, sind zwei Seiten desselben Vorgangs. Dabei wird die Verhaltenskontrolle von außen – durch Zwang und direkte Gewalt – nach innen verlagert, wird zu Selbstbeobachtung und Selbstkontrolle. So wird in modernen Gesellschaften die Einhaltung der Verhaltensnormen ja in der Regel nicht mehr durch äußere Gewalt erzwungen, vielmehr ist jedes Individuum selbst dafür verantwortlich, diesen Normen zu folgen: An die Stelle einer Verhaltenssteuerung durch äußeren Zwang und durch Gewalt tritt die Selbststeuerung. Die kann freilich nur durch ein Individuum ausgeübt werden, das sich selbst »in der Gewalt hat«, das mit anderen Worten: autonom ist.

Dieser Gewinn an Autonomie hat einen Preis: Die direkte äußere Gewalt wird durch indirekte Gewalt, die äußere wird durch innere Ängste und Zwänge ersetzt, die im Aufwachsen und in der Erziehung vermittelt werden. Elias spricht in diesem Zusammenhang von einer »Verwandlung zwischenmenschlicher Fremdzwänge in einzelmenschliche Selbstzwänge«,[14] die zu einer zunehmenden Affektkontrolle führt.

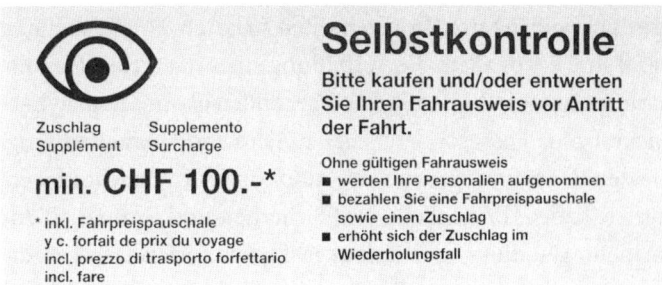

Indirekte Gewalt: Selbstkontrolle in öffentlichen Verkehrsmitteln.
Foto: Agnieszka Zuberer, Zürich.

Ablesbar ist dies an dem Vorrücken von Scham- und Peinlichkeitsgrenzen etwa im Umgang mit Nacktheit oder basalen körperlichen Prozessen, die aus der Öffentlichkeit zunehmend in die Privatsphäre abgedrängt werden. Scham- oder Peinlichkeitsgefühle zeigen dem Einzelnen an, wenn er sich unpassend verhalten hat. Das Stigma des Ausgeschlossenseins wirkt gerade deshalb, weil die Betroffenen wissen, was ihr »Fehler« ist, wie Erving Goffman bemerkt hat. Umgekehrt zeigt das Vorhandensein solcher Gefühle das Bewusstsein an, dass eigenes Wohlergehen und eigener Erfolg nicht von fremden oder göttlichen Mächten vorherbestimmt sind, sondern der eigenen Verantwortung unterliegen. Die stärkere Selbstkontrolle, aber auch das höhere Maß an individueller Sicherheit vor gewaltsamen Übergriffen, führt gleichzeitig zu einer Nivellierung des Alltagslebens, dem – im Positiven wie im Negativen – die extremen Erfahrungen zunehmend abhandenkommen. An deren Stelle tritt eine vergleichsweise sichere, ökonomisch komfortable, aber eben auch ereignisärmere Existenzform.

Wichtiger in unserem Zusammenhang ist allerdings, dass Elias damit die historischen und sozialen Mechanismen beschreibt, die die Ausbildung von Autonomie im Prozess der Zivilisation vorantreiben. Schließlich geht es hier um nichts anderes als um die Fähigkeit, nach eigenen Prinzipien zu handeln, statt sich von äußeren Zwängen leiten zu lassen. Folgt man Elias, dann sind es vor allem die Ausbildung eines staatlichen Gewaltmonopols sowie die damit einhergehenden ökonomischen Entwicklungen, insbesondere die zunehmende Arbeitsteilung, die den Bedeutungsgewinn von Autonomie ermöglicht und erfordert haben. Ermöglicht, weil Sicherheit und Prosperität zusätzliche Handlungsspielräume eröffneten; erfordert, weil die zunehmend komplexen Regeln nicht mehr von außen durch direkte Gewalt erzwungen werden konnten, sondern nur noch durch Selbststeuerung der Individuen durchzusetzen waren.

Die Ablieferung des Zehnten kann der Feudalherr mit direkter Gewalt durchsetzen, die Voraussetzungen für den Erwerb eines Abschlusses in Medizin sind ohne eigene Motivation und Selbststeuerung nicht zu erbringen.

Elias macht zudem auf ein Phänomen aufmerksam, das dem von uns beschriebenen Paradoxon der Autonomie ähnelt: Autonomie ist in ihrer historischen Genese wie in ihrem aktuellen Vollzug von einer Vielzahl anderer Faktoren abhängig. Erkennt man dies, dann tritt an die Stelle der Illusion von absoluter Autonomie, wie Elias sie bei vielen Philosophen zu erkennen meint, »das Bild des Menschen als einer ›offenen Persönlichkeit‹, die im Verhältnis zu andern Menschen einen höheren oder geringeren Grad von relativer Autonomie, aber niemals absolute und totale Autonomie besitzt.«[15]

In jedem Falle verändert sich mit der Struktur einer Gesellschaft auch der psychische Aufbau der Menschen, die in eine solche Gesellschaft hineingeboren werden. Die Beziehungen zwischen den Menschen, schreibt Elias 1939, »sind in ihrer Grundstruktur durch den Aufbau der Gesellschaft bestimmt, in die das Kind hineingeboren wird und die *vor* ihm da war. Sie sind verschieden geartet in Gesellschaftsverbänden verschiedener Struktur. (…) Ähnliche natürliche Konstitutionen von Neugeborenen führen je nach diesem Beziehungsschicksal, je nach der Struktur des Beziehungsgeflechts, in dem sie groß werden, zu sehr verschiedenen Bewußtseins- und Triebgestaltungen.«[16] Man kann diese Überlegungen aus heutiger Perspektive, in der es einen vergleichsweise rapiden Wechsel von Sozialformen der Kommunikation gibt, etwa damit illustrieren, dass Kinder, die in eine kommunikative Umwelt hineingeboren werden, in der Bilder, Filme, visuelle Produkte jeglicher Art über eine Vielzahl von Geräten abgerufen werden können, eine andere Gebrauchsform visuellen Materials entwickeln als Menschen, die diese Möglichkeiten nicht von klein auf kennen. Inzwischen kann man bei Youtube Videos von Kleinkindern anschauen, die verwundert darüber sind, dass sich Bilder in Zeitschriften und Kinderbüchern nicht mit Fingerbewegungen vergrößern, verkleinern oder wegwischen lassen.[17] Solche Gebrauchsformen und der damit einhergehende psychische Aufbau sind gesellschaftsspezifisch – das »Schicksal« des Einzelnen hängt von einer Unzahl von Faktoren ab, die es einzigartig machen, als Ganzes aber ist es spezifisch für eine jeweilige Gesellschaft, aus der der Einzelne kommt und zu der er gehört. »Den Unterschieden im Aufbau des abendländischen Menschengeflechts entsprechend bildet sich etwa in einem Kinde des 12. Jahrhunderts zwangsläufig eine andere Trieb- und Bewußtseinsstruktur heraus als in einem Kinde des 20. Jahrhunderts. Es hat sich bei der Untersuchung des Zivilisationsprozesses deutlich genug gezeigt, in welchem Maße die gesamte Modellierung und mit ihr auch die individuelle Gestaltung des einzelnen Menschen von dem geschichtlichen Wandel der gesellschaftlichen Standarde, von der Struktur der menschlichen Beziehungen abhängt. Die Individualisierungsschübe selbst, etwa der Individualisierungsschub der Renaissance, sind nicht Folgen einer plötzlichen Mutation im Innern einzelner Menschen oder einer zufälligen Zeugung von besonders vielen begabten Menschen, sondern gesellschaftlicher Ereignisse, etwa eines Aufbrechens älterer Verbände oder einer Veränderung in der sozialen Position des Handwerker-Künstlers, Folgen, kurz gesagt, einer spezifischen Umlagerung in der Struktur der menschlichen Beziehungen.«[18]

Doch Individualisierung und die mit ihr verbundenen sozialen Strukturveränderungen sind nicht die einzigen Voraussetzungen für das Entstehen von Autonomie. Notwendig ist außerdem, dass es ein Selbst in einem modernen Sinn überhaupt gibt. Das klingt banaler, als es ist: Denn weder in individueller noch in soziohistorischer Sicht kann man davon ausgehen, dass ein autobiographisches Selbst mit einem »institutionalisierten«

Lebenslauf (Martin Kohli) so etwas wie eine anthropologische Konstante ist. Vielmehr ist die Institutionalisierung einer »Normalbiographie« und eines standardisierten Lebensverlaufsmusters (Kindheit – Jugend – Erwachsenenalter – Rentenalter) ihrerseits Ergebnis jener Differenzierung von Ausbildungszeiten und -berufen, wie sie mit der Industrialisierung einhergeht. Auch der literarische »Bildungsroman« wird nicht vor dem 18. Jahrhundert geschrieben, ebenso wenig wie es so etwas wie eine Individualpsychologie im heutigen Sinne gibt. Natürlich existiert schon bei Aristoteles eine Theorie der Emotionen, zudem gibt es eine auf der antiken Humoralpathologie aufbauende Typologie unterschiedlicher Persönlichkeiten (Melancholiker, Sanguiniker, Phlegmatiker und Choleriker). Aber die Idee einer Entwicklungspsychologie und einer »Erfahrungsseelenkunde«, wie sie Karl Philipp Moritz gegen Ende des 18. Jahrhunderts entwirft, setzt eben voraus, dass es ein von Erfahrung gebildetes jeweils individuell spezifisches Ich gibt – eine Annahme, die zuvor als kaum akzeptabel betrachtet worden wäre.

Auch die Vorstellung einer offenen Zukunft, in die hinein sich Gesellschaften wie Individuen entwerfen können, ist vormodernen Epochen fremd. Während in der Antike eher die Vorstellung einer zirkulär strukturierten Zeit dominierte, so wie sie sich am Ablauf von Jahreszeiten ablesen lässt, kennt die christlich-jüdische Tradition zwar die Vorstellung einer Heilsgeschichte, doch deren Ablauf ist durch Gott vorbestimmt: Sie endet mit dem Kommen des Messias bzw. der Wiederkehr Christi am Ende der Zeiten,[19] stellt also keinen offenen Fortschrittsprozess dar, der vom Menschen selbst gestaltet würde. Belegen lässt sich die verbreitete Zukunftslosigkeit klassischer Kosmologien auch damit, dass die meisten Grammatiken früher gar keine Zeitform »Futur« vorsahen; die heutige Form des Futurs ist eine späte Hilfskonstruktion des ausgehenden Mittelalters.[20] Mit anderen Worten: Die Vorstellung einer zukünftigen

Extension oder Expansion irgendeines Aspekts des Lebens ist historisch recht jung. Dasselbe gilt für ihr subjektives Korrelat, nämlich die auf einen individuellen Lebenslauf bezogene Zukunft, die Autobiographie.[21] Die Ausdifferenzierung einer Vergangenheit als Reservoir von Erfahrungen, die zur Entscheidungsfindung in einer Gegenwart zur Meisterung der Zukunft herangezogen werden, wird aber zum allgemeinen Persönlichkeitsmodell erst im Rahmen einer Gesellschaftsformation, die die Verbesserung des Daseins nicht erst im Jenseits, sondern schon im Diesseits für möglich hält – das heißt dann »Fortschritt« und findet sein Korrelat in der Auffassung, dass es diesen auch in der Ausbildung von Persönlichkeiten gebe.

Sowohl aus der kulturvergleichenden Forschung[22] wie aus der Soziologie des Lebenslaufs[23] ist bekannt, dass die heutige Vorstellung von einer individuellen Entwicklung mit ihrem Ziel der systematischen Erweiterung von Wissen, Kompetenzen, Qualifikationen und Selbstkontrolle sich erst mit der Entwicklung moderner Industriegesellschaften westlichen Typs verallgemeinert.

Biographie und Lebenslauf im heutigen Sinn sind mithin selbst ein Produkt der Moderne: Unter gesellschaftlichen Verhältnissen, die von einem statischen sozialen Machtgefüge und einer unumstößlich scheinenden Ordnung der Dinge geprägt sind, spielen Autobiographie und Individualität eine wesentlich geringere Rolle. Das liegt daran, dass es weniger an den Ambitionen und Leistungen der Einzelnen liegt, wo sie ihren gesellschaftlichen Platz finden. Entscheidend ist hier vielmehr, in welche Situation und gesellschaftliche Lage sie hineingeboren werden.

Von Biographie und Lebenslauf im modernen Sinn kann erst ab jenem Individualisierungsschub die Rede sein, der durch den massenhaften Arbeitskräftebedarf der neu entstehenden Industrien und die damit verbundene Lösung der Arbeitskraft aus der traditionellen Ständegesellschaft möglich wird. Während die Einzelnen unter vormodernen Bedingungen fest in ständische, lokale und häusliche Zusammenhänge eingebunden sind und ihre soziale Position nicht oder nur höchst ausnahmsweise durch eigene Anstrengung verändern können,[24] wird der als Sozialtypus erstmals auftretende »doppelt freie Lohnarbeiter« (Marx) zum Verantwortlichen für seine eigene Biographie – so wie es zuvor schon Sozialtypen wie der Künstler und der Bürger in Anspruch genommen hatten. Diese Verflüssigung der sozialen Positionen betrifft im Zeitalter der Industrialisierung in noch höherem Maße Handwerker, Kaufleute, Fabrikanten, und es ist kein Zufall, dass die großen Entwicklungs- und Bildungsromane von Goethes »Wilhelm Meister« bis Moritz' »Anton Reiser« in dieser Formationsperiode entstehen.

Die sich entwickelnde Pädagogik entwirft ein Biographiemodell, das von der Vorstellung bestimmt ist, dass die »Anlagen« der Individuen unter bestimmten Bedingungen besser oder schlechter »entwickelt« werden können. Hier tritt nun deutlich der Gedanke ins zeitgenössische Bewusstsein, dass Menschen nicht durch eine göttlich vorgegebene Ordnung der Dinge fixiert und mit einer unveränderlichen Persönlichkeit ausgestattet sind, sondern sich »bilden«, »entwickeln«, »entfalten« können, mithin »etwas aus sich machen«, »wachsen«, »etwas erreichen« müssen. Eine solche Vorstellung setzt voraus, dass es auch von der autonomen Entfaltung eines Individuums abhängt, was schließlich – innerhalb vorgegebener äußerer Bedingungen – aus ihm wird. Sprichworte wie dass »jeder seines Glückes Schmied« sei, geben diesem Biographiemodell griffigen Ausdruck; so etwas ist vormodern gar nicht denkbar.

Habitusveränderungen zeigen immer auch einen Umbau der inneren Verfassung, der Psychologie der Menschen im Zuge des Zivilisierungsprozesses an. Veränderungen im Gesellschaftsgefüge bringen mithin andere Sozialformen und andere Praktiken und damit psychisch andere Menschen mit anderen Bedürfnissen hervor. Die gesellschaftliche Bedeutung von Kategorien wie

Pünktlichkeit, Selbstdisziplin, Rechenschaft, »guter Arbeit«[25] etc. zeigt die Entwicklung von Biographien an, deren Träger sich in hohem Maße dessen bewusst sind, dass ihr eigenes Wohlergehen und ihr Erfolg nicht von fremden oder göttlichen Mächten abhängig sind, sondern vor allem von ihnen selbst und ihrer gelingenden Einpassung in bewegliche Sozialgefüge.

Es ist die historische Konstellierung aus früher Industrialisierung, Aufklärung, protestantischer Rechenschaftskultur, Berufsförmigkeit und kapitalistischer Wirtschaft, in der sich jene Mentalitäten und Identitätsformationen ausgebildet haben, die unsere Selbst- und Weltwahrnehmung, unsere Deutungsmuster, Lebensziele und Autonomievorstellungen bis heute prägen. Niklas Luhmann hat gezeigt, dass Identität erst in modernen, nicht mehr ständisch, sondern funktional gegliederten Gesellschaften nicht über die Zugehörigkeit zu einer Schicht, sondern durch die individuelle Karriere definiert ist. Karriere wird dabei verstanden als ein zu großen Teilen selbstgewählter Lebensweg, der eine Vielzahl individueller Entscheidungen, aber eben auch die individuelle Übernahme von Verantwortung für die eigene Existenz erfordert.[26]

Die Verinnerlichung dessen, was man sein kann und sollte, ist nun freilich nicht nur eine Befreiung aus den äußeren Zwängen von Stand und Geschlecht gewesen, sondern sie ging einher mit ganz neuen, zuvor unbekannten Orientierungsnotwendigkeiten und Lasten: Kategorien wie Selbstverantwortung, Disziplin, Wille werden in dem Augenblick für heranwachsende Individuen bedeutsam, wo man nicht nur »etwas aus sich machen« *kann*, sondern eben auch *muss*. Denn wie der Lohnarbeiter frei ist, sich jenseits feudaler Zwänge dort zu verdingen, wo es für ihn am günstigsten ist, so ist er, wie es bei Marx heißt, zugleich frei, »seine Haut zu Markte zu tragen« – also auch den Orientierungs- und Versorgungssicherheiten der unfreien Existenz entbunden. »Der historische Prozess der Individualisierung bedeutet in dieser Perspektive, dass die Person sich nicht mehr über die Zugehörigkeit zu einer sozialen Position bzw. die Mitgliedschaft in einem sozialen Aggregat konstituiert, sondern über ein eigenständiges Lebensprogramm.«[27]

War vormodern der Lebensweg eine weitgehend variationslose Zeitspanne vor dem Tod, nach dem immerhin die erfreuliche Perspektive auf ein jenseitiges Glück wartete, ergab sich mit der Freiheit der Gestaltung des eigenen Lebenswegs eben auch der Zwang, »ein Lebenswerk auf Erden« vorweisen zu müssen.[28] Und mit diesem Zwang entsteht ein permanenter Bedarf nach Orientierung und Selbstvergewisserung. Die faktische und gefühlte Notwendigkeit, »in sich selbst soviel Welt als möglich zu ergreifen«, wie Wilhelm von Humboldt formuliert, erzeugt einen wachsenden Druck, verantwortlich auch mit sich selbst und seinem Leben umzugehen. Nunmehr kann auch dies mehr oder weniger erfolgreich »geführt« werden, und solche Lebensführung erfordert Kontrolle, Maß und Beobachtung, kurz: ein hohes Selbstzwangniveau.

Die Dynamisierung und Individualisierung des Lebenslaufs im Zuge der Etablierung moderner Gesellschaften ist also eine Voraussetzung für jene Form von Autonomie, wie wir sie in Gesellschaften westlichen Typs für »natürlich« halten.

Aus der Entwicklungspsychologie des autobiographischen Gedächtnisses wissen wir, dass Kinder bis zu einem Alter von etwa drei Jahren kaum autobiographische Erinnerungen ausbilden – also solche, die sich auf ein erlebendes kontinuierliches Ich beziehen, das eine Vergangenheit, eine Gegenwart und eine Zukunft hat. Die Entwicklung des Vermögens, »mentale Zeitreisen« (Endel Tulving) in der eigenen Biographie zu unternehmen, dauert bis ins junge Erwachsenenalter an.[29] Und in diesem Zusammenhang kann auch darauf hingewiesen werden, dass sich das Lebensalter, in dem ein kontinuierliches autobiographisches Selbst sich zu konturieren beginnt, je nach der Kultur und sozialen Figuration, in der ein Kind heranwächst, verschiebt.[30]

Die Subjektorientierte Soziologie um Bolte, Beck, Beck-Gernsheim, Pongratz und Voß[31] hat diese Entwicklung insbesondere für die Zeit nach dem Zweiten Weltkrieg verfolgt, in der sich die schon zuvor virulenten Individualisierungstendenzen noch einmal verstärkt haben. Ulrich Beck spricht von einem »gesellschaftlichen Individualisierungsschub von bisher unbekannter Reichweite und Dynamik«,[32] der »als Anfang eines *neuen Modus der Vergesellschaftung,* ... als eine Art ›Gestaltwandel‹ oder *kategorialer Wandel* im Verhältnis von Individuum und Gesellschaft« gedacht werden müsse.[33] Entscheidende Bedeutung hat dabei, dass die Individualisierung, die zuvor häufig das Privileg kleiner Schichten war, in zunehmendem Maße auch die breite Bevölkerung betrifft: »Das historisch Neue besteht darin, daß das, was früher wenigen zugemutet wurde – ein eigenes Leben zu führen – nun mehr und mehr Menschen, im Grenzfall allen abverlangt wird.«[34]

Beck verweist auf drei Aspekte dieses Prozesses, so wie er sich in der Bundesrepublik der Nachkriegszeit vollzogen hat: Zum einen kommt es hier zu einer Auflösung von traditionellen Geschlechts- und Familienrollen. Auch wenn wir selbst heute, fast dreißig Jahre nach der Publikation von Becks »Risikogesellschaft«, noch immer im Bann solcher Rollen stehen, kann man feststellen, dass individuelle Lebenswege nunmehr in einem wesentlich geringeren Maße durch Geschlechts- oder Standeszugehörigkeit bestimmt werden. Dies betrifft den Beruf ebenso wie die Funktion des Einzelnen innerhalb familiärer Beziehungen, die – zum Leidwesen der Verehrer des klassischen Kleinfamilienmodells – selbst mittlerweile einem starken Wandel unterworfen sind. Aufschlussreich ist auch eine Verschiebung in der Begründung der Institution Ehe: Bis weit ins 18. Jahrhundert hinein galt diese nicht als eine von Menschen geschaffene Einrichtung, sondern als ein durch Gott und Kirche begründetes »Naturgesetz«.[35] So spricht ein Entwurf für das Bürgerliche Gesetzbuch von 1888 davon, dass »die Ehe als eine von dem Willen der Ehegatten unabhängige sittliche und rechtliche Ordnung anzusehen ist.«[36] Noch in den fünfziger Jahren des vergangenen Jahrhunderts fühlte sich ein Gericht berufen, das Eherecht gegen die »übersteigerten individualistischen Bestrebungen« zu verteidigen.[37] Das ändert sich freilich in den darauffolgenden Jahrzehnten: Zwanzig Jahre später findet man in einer Schrift des Bundesverbandes der Standesbeamten den warnenden Hinweis davor, überkommene Leitbilder einfach ungeprüft hinzunehmen[38] – die sittliche Ordnung hat mittlerweile selbst bei den Standesbeamten ihre Unantastbarkeit verloren.

Zweitens bedeutet dies, dass die Erwerbsarbeit zeitlich und lokal flexibilisiert wird. Ein Beruf mit lebenslanger Anstellung, früher die Regel, ist heute eher die Ausnahme. Hinzu kommen stark wechselnde Anforderungen auch an ein und demselben Arbeitsplatz z. B. durch die zunehmende Orientierung an einzelnen Projekten, meist auch in wechselnden personellen Konstellationen. Richard Sennett hat die problematischen Konsequenzen dieses Zwangs zur Flexibilität für das Individuum auf dramatische Weise geschildert.[39] Mittlerweile wird daher sogar vorgeschlagen, auf den Begriff des Berufs als deskriptiver Kategorie zugunsten anderer Konzepte, z. B. desjenigen der »alltäglichen Lebensführung«, zu verzichten.[40]

Schließlich führt die Individualisierung drittens auch zur Auflösung der traditionellen beruflichen Milieus insbesondere innerhalb der Arbeiterschaft. Man muss nur auf das Verschwinden der Bergarbeitersiedlungen im Ruhrgebiet mit den dazugehörigen Taubenzüchtervereinen und Bergmannskapellen verweisen, um die frühere Prägungskraft dieser Milieus ermessen zu können.

Individualisierung hat aber auch hier wieder einen unübersehbaren Gewinn von Autonomie zur Folge: Der Bedeutungsverlust von Geschlechterrollen und der Niedergang homogener Milieus eröffnen Freiheitsspielräume. Doch diese Gewinne werden durch Belastungen erkauft: durch Entscheidungszwänge, durch die Verlagerung der Verantwortung von der sozialen auf die individuelle Ebene, vor allem aber auch durch die Individualisierung der Konsequenzen, im Guten wie im Schlechten. Auch das Scheitern, das zuvor innerhalb einer Gruppe verarbeitet werden konnte, muss man sich nun persönlich zurechnen.

Notwendig sind außerdem Erziehungsstile, die Selbstdisziplin, Ehrgeiz, Konkurrenzdenken, Durchsetzungsvermögen usw. fördern – also die Fähigkeiten, die ein autonomes Subjekt ausmachen. Übrigens wird mit der wachsenden Interdependenz der Menschen der Justierungsbedarf ihrer komplexen Sozial- und Kommunikationsbeziehungen zu einer immer dauerhafteren Aufgabe, weshalb sich historisch eine Ausdifferenzierung zwischen Kindheits-, Jugend- und Erwachsenenalter mit je unterschiedlichen Verhaltensstandards verzeichnen lässt. Eine Phase der Kindheit muss historisch erst einmal »entdeckt« (Philippe Ariès) werden; zuvor kann man Kinder auch einfach als »kleine Erwachsene« betrachten und ihnen weder besondere Schutzrechte zubilligen noch sie von Arbeit und Verantwortung ausnehmen.

Ein moderner Lebenslauf freilich sieht vor, dass sich die Fähigkeit zur Selbststeuerung erst sukzessive heranbildet, der pädagogischen Begleitung bedarf und erst im Jugendalter in eine Form der Selbstverantwortung einmündet, die Fehlverhalten dann auch juristisch sanktionierbar macht. Unter zwölf Jahren gilt niemand als rechtsfähig; eine Fähigkeit, sich autonom entscheiden und handeln zu können, wird Menschen in modernen Gesellschaften also erst in der späteren Adoleszenz und im jungen Erwachsenenalter zugebilligt. Umgekehrt bedeutet das,

dass erwachsene Menschen sich auch juristisch autonom verhalten können *müssen* – also selbst beurteilen können müssen,
welches Verhalten sozial und rechtlich angemessen und ange-
bracht ist.

So gesehen wächst die Fähigkeit zur Autonomie selbst erst
mit zunehmender Individualisierung – entsprechend spielt sie
in Gesellschaften mit einem geringeren Grad an Aufstiegsmög-
lichkeiten, ohne freie Wahlen, ohne formalisierte Bildungsver-
läufe, ohne moderne Lebensverlaufsmuster auch eine erheblich
weniger herausgehobene Rolle. Wo das Individuum nichts zu
entscheiden hat, weil immer schon entschieden ist, was aus ihm
wird und werden kann, braucht es keine individuelle Autonomie. Wo der Einzelne hingegen in lange Handlungsketten
und funktionale Interdependenzen eingebunden ist, braucht es
Autonomie, um innerhalb solcher komplexen Handlungsge-
flechte sich orientieren und handeln zu können.

Anders gesagt: Mit dem historischen Absinken des Niveaus
der Fremdsteuerung steigt das Maß, aber auch das Erfordernis
der Selbststeuerung und individuellen Verantwortung. Der soziale Raum für die Freiheit und den Zwang zum autonomen
Entscheiden und Verhalten öffnet sich historisch erst im Rahmen von gesellschaftlichen Individualisierungsschüben, so dass
wir sagen können, dass Autonomie von zwei Bedingungen abhängig ist: erstens von einer gesellschaftlichen Zivilisierungs-
stufe, in der die Eigenverantwortung von Bürgerinnen und Bürgern als Voraussetzung für das Funktionieren von Staat und
Gesellschaft betrachtet wird. Und das ist erst in der Moderne
der Fall; genau deshalb entwickeln sich moderne Staatsgesellschaften seit dem 18. Jahrhundert zu Demokratien. Und zweitens vom Vorliegen spezifischer Situationen, in denen autonomes Verhalten nicht nur möglich, sondern auch sinnvoll ist.
So betrachtet ist Autonomie als subjektives Potential selbst ein
Vermögen, das sich einem bestimmten Zivilisierungsniveau

verdankt, normativ gesprochen: eine zivilisatorische Errungenschaft. Und die kann – wie alles historisch Entstandene – auch wieder verloren werden.

GESCHICHTE DER AUTONOMIEVORSTELLUNGEN

Autonomievorstellungen finden sich bereits in der griechischen Antike – Autonomie wird dort zunächst vor allem als Eigenschaft von Stadtstaaten verstanden, die nicht unter fremder Herrschaft stehen. Nur vereinzelt ist von Autonomie auch schon im Zusammenhang mit einzelnen Personen die Rede.

Das berühmteste Beispiel hierfür findet sich in Sophokles' »Antigone«. Von deren gleichnamiger Protagonistin wird ausdrücklich gesagt, dass sie »ihrem eigenen Gesetz« folgt, – und dabei selbst den Tod in Kauf nimmt.[41] Antigone stellt sich dem Tyrannen Kreon entgegen und spricht aus, was andere aus Furcht verschweigen. Zudem überschreitet sie – zum Missvergnügen Kreons – auch die Grenzen ihrer Rolle als Frau.

Antigone stellt also zweifellos ein Musterbeispiel für autonomes Handeln dar. Doch die Sache ist – mal wieder – nicht ganz so einfach. Misst man Antigones Handeln nämlich an heutigen Vorstellungen von Autonomie, ist das Bild nicht mehr ganz so klar. Antigones ›eigenes Gesetz‹ ist nämlich eine Pflicht gegenüber der eigenen Familie: Sie *muss* den im Kampf gefallenen Bruder bestatten. Zurückgeführt wird dieses Gesetz zudem nicht auf menschliche Beschlüsse oder Einsichten, vielmehr stammt es von den Göttern. Deshalb steht es über den staatlichen Gesetzen, die von Kreon erlassen wurden. Die Norm, um derentwillen Antigone stirbt, steht also nicht deshalb über dem Befehl Kreons, weil sie besser begründet ist oder von einer übergeordneten staatlichen Macht erlassen worden wäre, entscheidend ist vielmehr, dass sie eine übermenschliche Autorität für sich in Anspruch nehmen kann. Umgekehrt besteht Kreons zentraler Fehler in seiner Hybris, den eigenen Willen über die althergebrachten, göttlichen Gesetze zur Totenbestattung zu stellen. Zweifellos erweist sich Antigone in ihrer Unerschrockenheit gegenüber dem Tyrannen als autonom, auf der anderen Seite bleibt sie traditionellen Werten verpflichtet, von denen gerade Kreon sich gelöst hat.

Die Vorstellung, dass man sich der Hybris schuldig macht, wenn man eigene Prinzipien über tradierte Regeln und Konventionen stellt, findet sich in einer Vielzahl alter Schriften. Eine besondere Rolle spielt sie, wenn es darum geht, den Verlust einer paradiesischen Einheit von Mensch und Natur zu erklären. So begründet die biblische »Genesis« die Vertreibung aus dem Paradies damit, dass der ursprünglich genügsame, mit der ihm vorgegebenen Rolle zufriedene Mensch die von Gott vorgegebenen Grenzen insbesondere bei der Suche nach Erkenntnis durchbricht. Vergleichbare Vorstellungen finden sich im Mythos von Atlantis, aber auch in dem vom Goldenen Zeitalter.

In all diesen Erzählungen steht am Beginn ein Einklang mit anderen Menschen und der Natur, der nicht zuletzt durch Genügsamkeit und Respekt vor tradierten Regeln ermöglicht wird. Die Situation ändert sich, sobald die Menschen beginnen, erste Anzeichen von Autonomie zu entwickeln und ihrem eigenen Kopf zu folgen. Adam und Eva greifen gegen Gottes Gebot nach der Frucht vom Baum der Erkenntnis, die Bewohner von Atlantis ziehen den Zorn der Götter vor allem mit ihrem Eigensinn auf sich, und die Menschen im Mythos vom Goldenen Zeitalter schaffen Eigentum und betreiben Bergbau – allesamt Tätigkeiten, die auch bekennenden Konservativen heute gänzlich unverdächtig sind.

UTOPISCHE ENTWÜRFE

Platon

Aufschlussreich für die in der Antike gängige Bewertung von Autonomie ist auch Platons »Politeia« (»Staat«). Ausgehend von seiner eigenen Seelentheorie ordnet Platon (428/27 v. u. Z. – 348/47 v. u. Z.) die Bewohner seines Staates drei Ständen zu: Auf der untersten Ebene finden sich die Bauern und Handwerker, darüber die Wächter, die den Staat nach innen und außen schützen, und schließlich ganz oben die Philosophen, die die Regierungsgeschäfte führen.

Der Einfluss der Bürger auf ihre Rolle innerhalb des Staates ist denkbar gering; ihr Schicksal liegt fast vollständig in der Hand der Regierung, die sich wenig um individuelle Interessen schert. Erleichtert wird ihr dies durch die konsequente Beseitigung jeder Form von Privatheit insbesondere bei den Wächtern: Der Erwerb von Eigentum ist ihnen untersagt, ihre Kinder lernen sie erst gar nicht kennen, und auch feste Partnerschaften sind tabu; es gibt nur vorübergehende sexuelle Beziehungen unter staatlicher Kontrolle. Damit soll nicht nur die Entstehung von Privatinteressen verhindert werden, die die Identifikation mit dem Staat schwächen würden.[42] Sexualität steht auch im Dienste eines regelrechten Zuchtprogramms, das die individuellen Spielräume zusätzlich einschränkt. Wer sich im Krieg als besonders tapfer erweist, darf den Staat mit seinen Nachkommen beglücken, wer als weniger geeignet betrachtet wird oder zu alt ist, wird an der Fortpflanzung gehindert.

Dass im platonischen Verständnis nicht der Staat für die Bürger, sondern der Bürger für den Staat existiert, zeigt sich auch an der Verweigerung ärztlicher Hilfeleistungen für die nicht »wohlgearteten« Bürger, an der aktiven Euthanasie bei schweren seelischen Erkrankungen[43] und schließlich auch an der bewussten Irreführung der Bürger.[44] Denen soll der Staat notfalls die Unwahrheit sagen, ja ihnen regelrechte »Märchen« vorsetzen – etwa wenn es um die Auswahl für das Amt der Wächter oder gar der Regierenden geht.[45] Die Bürger gelten mithin nicht als autonome Subjekte staatlicher oder sozialer Machtausübung, denen der Staat zumindest vor dem ›Richtstuhl der Vernunft‹ Rechenschaft schuldet, vielmehr sind sie reine Objekte staatlicher Herrschaft. Auch wenn Platons gesamtes Konzept sich als rational versteht – den Bürgern wird die Einsicht in diese Rationalität nicht zugetraut.

All dies ist insofern von besonderer Bedeutung, als wir es hier nicht mit einer staatlichen Praxis zu tun haben, die sich unter dem Einfluss äußerer Zwänge entwickelt hat. Vielmehr geht es – zumindest aus Sicht des Autors – um einen Idealstaat; das Verhältnis von Individuum und Ganzem ist also zumindest dem Anspruch nach optimal geregelt.

Staatsutopien

Platon gibt damit eine Linie vor, die sich auch noch wesentlich später in den Staatsutopien der Renaissance erkennen lässt. Besonders deutlich ist dies an Thomas Morus' »Utopia« (1516) sichtbar, einem Werk, das ebenfalls mit einem dezidiert rationalen Anspruch auftritt.

Die individuellen Wünsche und Bedürfnisse ordnet Morus (1478–1535) dem Wohl des Ganzen kaum weniger stark unter als Platon, auf den er sich ausdrücklich beruft. Zum Ausdruck kommt dies z. B. in der Anlage der 54 einander fast vollständig gleichen Städte, in der uniformen Kleidung der Bewohner, vor allem aber in den vernünftigen, aber äußerst rigiden Regeln, die den Alltag der Utopier bestimmen und kaum individuelle Handlungsspielräume übrig lassen. Der Tagesablauf ist genau festgelegt; das Mittagessen muss in der Gemeinschaft eingenommen werden, und auch eventuelle Reisen sind streng geregelt; wer die Regeln wiederholt verletzt, der muss damit rechnen, als Sklave zu enden.

Zwar gibt es in Utopia – anders als bei Platon – patriarchalisch strukturierte Familien, doch von Privatheit kann auch hier kaum die Rede sein. So regiert der Staat in die Familien hinein, etwa indem er Mitglieder zu groß gewordener Familien kurzerhand einer anderen Familie zuordnet. Zudem gibt es ebenso wie bei Platon kein Privateigentum, und den Häusern der Utopier fehlt jegliche Privatsphäre – jeder kann durch die stets offenen Türen eintreten. Das Essen wird nicht im Haus, sondern in der Gemeinschaft eingenommen, und alle zehn Jahre werden die Häuser per Los neu verteilt.

Das Diktat der Vernunft soll dem Glück der Bewohner dienen, doch dazu wird eine vollständige Unterordnung verlangt, die praktisch keinerlei Raum mehr lässt für individuelle Freiheit. Dabei dient auch hier die Abschaffung der Privatsphäre dazu, schon die Entstehung eigenständiger Interessen und Bedürfnisse im Keim zu ersticken.

Auch die 100 Jahre später entstandene »Città del Sole« (1623) des Dominikanermönchs Tommaso Campanella (1568–1639) sieht sich ausschließlich dem Glück ihrer Bürger verpflichtet. Charakteristisch für den Rationalismus des Entwurfs ist die zentrale Rolle des Wissens. Es wird nicht nur in einem großen Buch gesammelt, sondern auch auf den Mauern der Stadt verbreitet. Kein Wunder, dass die Sonnenstaatler den Europäern in Wissenschaft und Technik weit voraus sind; sie besitzen sogar bereits Flugzeuge und windgetriebene Autos.

Trotz demokratischer Ansätze ist die Macht des Ganzen über die individuellen Bedürfnisse bei Campanella noch stärker präsent als bei Morus. Es existiert keinerlei Privateigentum; Kleidung, Haartracht und selbst der Reinigungszyklus der Kleidung sind den Bewohnern vorgeschrieben. Auch die sexuellen Beziehungen werden »gewissenhaft zum Wohle des Staates und nicht zum Nutzen der Einzelnen geregelt«.[46] Private Partnerschaften gibt es auch hier nicht, und die Schlafordnung wird alle sechs Monate verändert, nicht zuletzt um der »Selbstsucht« der Bewohner, d. h. ihrem Handeln nach Eigeninteressen, entgegenzuwirken. Ähnlich wie bei Platon dient die Sexualität hier aber auch einem regelrechten Züchtungsprogramm, das »bessere« Menschen hervorbringen soll.

Negative Utopien der Moderne

Halten wir fest, dass die traditionellen utopischen Staatsentwürfe dem Einzelnen nicht nur den fast vollständigen Verlust der Privatsphäre zumuten, sondern auch eine weitgehende Unterordnung unter ein rigides Regelwerk, das tief in das private Leben eingreift. Die sogenannten »negativen Utopien« der Moderne wie Huxleys »Schöne neue Welt«, Orwells »1984 « oder Samjatins »Wir« mussten diese Züge nur noch ein wenig an die veränderten technischen und kulturellen Bedingungen anpassen, um eine drastische Illustration ihrer Kritik des Totalitarismus der Moderne zu finden.

So spielen denn auch bei Orwell, Huxley und Samjatin die Zerstörung der Privatsphäre und die Auslöschung individueller Bewegungsspielräume eine entscheidende Rolle – nur die Methoden haben sich ein wenig dem technischen Fortschritt angepasst. Was bei Morus und Campanella durch die ständig geöffneten Türen der Wohnungen und das gemeinsame Mittagessen erreicht wird, besorgt bei Orwell der Televisor, der Wohnung und Öffentlichkeit überwacht. Bei Samjatin sind die Namen durch Nummern ersetzt, es gibt kein Privateigentum, und auch jegliche Phantasie wird unterbunden, könnte sie doch zur Vorstellung von Alternativen führen. In Huxleys »Schöne neue Welt« schließlich werden ebenfalls dauerhafte Paarbeziehungen verhindert – so wie dies schon Platon und Campanella vorgemacht hatten. Reflexion kann angesichts der allgegenwärtigen Unterhaltungsindustrie nicht aufkommen – auch Platon hatte sich intensive Gedanken zur Instrumentalisierung von Kunst und Kultur gemacht.

Die Unterschiede zwischen den traditionellen Staatsutopien und den negativen Utopien der Moderne sind also vergleichsweise gering; verändert haben sich vor allem die Maßstäbe der Beurteilung. Was früher als wichtiges Merkmal eines rationalen Idealstaats betrachtet wurde, gilt nunmehr als totalitärer Albtraum. Möglich ist dieser Umschlag, weil sich die Bewertung des Verhältnisses von Staat und Individuum zwischenzeitlich fundamental verändert hat. Wie im Folgenden genauer beschrieben werden soll, spielt dabei die weitgehende Neubewertung individueller Autonomie eine zentrale Rolle. Was für Platon, Morus und Campanella noch als Verheißung eines vernünftigen Staatswesens erscheinen konnte, betrachten die Zeitgenossen von Orwell, Samjatin und Huxley als Paradigma rabiater Unterdrückung – schließlich opferte es grundlegende individuelle Rechte dem vermeintlichen Wohl des Ganzen.

SOZIALVERTRAGSTHEORIEN

Die hier erkennbare Umwertung bildet ein Spiegelbild zum Individualisierungsprozess, wie ihn Nobert Elias beschreibt. Doch auch auf der theoretischen Ebene fügt sie sich in ein ganzes Muster von Entwicklungen ein, die zu einer tiefgreifenden Neubewertung des gesamten Verhältnisses von Individuum und Ganzem führen. Einen der wohl wichtigsten Belege für die Entwicklung anspruchsvollerer Vorstellungen von Autonomie liefert die Diskussion über die Rechtfertigung staatlicher Macht, wie sie seit den europäischen Religionskriegen die politische Philosophie beschäftigt.

Bis weit in die Neuzeit berief man sich in der Regel auf die göttliche Gnade, um die staatliche Herrschaft zu legitimieren. Die Könige waren von Gott ausersehen – menschliche Herrschaft wurde somit durch die besondere göttliche Gnade legitimiert. Warum sollte der allmächtige Gott es zulassen, dass jemand König wird, der dieser Aufgabe nicht würdig wäre? Für diese Würde gab es gewisse Zeichen: Bei den Frankenkönigen waren es u. a. die langen Haare. Sie mussten daher möglichst schnell abgeschnitten werden, nachdem ein König abgesetzt worden war. Das ist dann auch das Erste, was Pippin, der erste Karolinger, unternimmt, nachdem er seinen Vorgänger, den Merowinger Childerich, mit Hilfe des Papstes abgesetzt hat. Erst dann wird der ehemalige Frankenkönig in ein Kloster verfrachtet, und der ehemalige Hausmeier kann sich als König inthronisieren lassen – auch dies wieder mit göttlicher Hilfe.

Entscheidend ist in jedem Falle, dass die Legitimität der staatlichen Herrschaft von einer höheren Macht abgeleitet wird. Das funktioniert allerdings nur solange, wie nicht nur die Autorität Gottes, sondern auch die seiner irdischen Vertreter unangetastet ist. Insofern ist es kein Wunder, wenn sich angesichts der Religions- und Bürgerkriege des 16. und 17. Jahrhunderts nach und nach eine andere Strategie bei der Begründung staatlicher Herrschaft durchsetzt: Thomas Hobbes, John Locke, später Jean-Jacques Rousseau und Immanuel Kant leiten die Legitimität der staatlichen Herrschaft nicht mehr aus der Gnade Gottes, sondern aus den Interessen und Bedürfnissen der Bürger ab. Sie argumentieren dabei, dass die Existenz eines Staates, der aufgrund seines Gewaltmonopols in der Lage ist, den inneren Frieden auf dem Staatsgebiet zu garantieren, im besten Interesse seiner Bürger ist – auch wenn die dazu Freiheiten aufgeben müssen, die sie im Naturzustand noch besessen hatten. Doch die fundamentalen Gefahren für Leib, Leben und Besitz, die der Kampf aller gegen alle im Naturzustand mit sich bringt, lassen eine staatliche Herrschaft für jeden als sinnvoll erscheinen. Die einzelnen Bürger haben also ein berechtigtes Interesse daran, ihre Freiheiten an den Staat abzutreten, sofern dieser ihnen dafür Sicherheit an Leib, Leben und Besitz garantiert.

Wie nicht anders zu erwarten, unterscheiden sich die Theorien von Hobbes, Locke, Rousseau und Kant zum Teil gravierend voneinander: Hobbes hält eine Art Diktatur zur Sicherung der inneren Ordnung für geboten und gerechtfertigt, während Rousseau wichtige demokratische Forderungen erhebt. Alle sind sich jedoch darin einig, dass die eigentliche Quelle der Legitimität staatlicher Herrschaft nicht mehr die göttliche Autorität, sondern die autonomen Individuen und ihre Interessen sind, deren Legitimität damit prinzipiell anerkannt wird.

AUTONOMIE UND ERZIEHUNG

Dem Bedeutungsgewinn von Autonomie in der Sozial- und Staatsphilosophie korrespondieren vergleichbare Entwicklungen auch in den Erziehungsvorstellungen – schließlich mussten die angehenden Staatsbürger auf den damit verbundenen Zuwachs an Verantwortung vorbereitet werden. Eine der wohl entschiedensten Stellungnahmen zugunsten individueller Autonomie findet sich bereits bei dem Renaissancephilosophen Giovanni Pico della Mirandola (1463–1494). In seinem Traktat »Über die Würde des Menschen« schildert Pico, wie Gott den Menschen auffordert, sich seine Rolle in der Ordnung der Dinge selbst zu suchen, nachdem er den Tieren jeweils einen festen Ort zugewiesen hat: »Du sollst dir deine [Natur] ohne jede Einschränkung und Enge, nach deinem Ermessen, dem ich dich anvertraut habe, selber bestimmen.«[47] Diese Aufforderung bezieht der 23-jährige Autor zunächst einmal auf sich selbst: Statt sich einer bestimmten Autorität anzuschließen, nimmt er für sich in Anspruch, seine philosophische Position souverän auf der Basis aller verfügbaren Einsichten selbst zu bestimmen. Insofern ist es daher nur konsequent, wenn Pico einen Kongress plant, zu dem er gleich sämtliche Vertreter der relevanten Schulen in Philosophie und Theologie einlädt. Die Spannung zwischen seinen hochfliegenden Plänen und der zeitgenössischen Realität wird jedoch schon bald zugunsten Letzterer beseitigt: Der Kongress wird durch den Papst verboten, und Pico kann sich der drohenden Verhaftung nur durch eine Flucht entziehen.

Pico ist nicht der einzige Beleg dafür, dass es bereits in der Renaissance einen wachen Blick für die besondere Rolle des Individuums gibt. Dennoch spielt individuelle Autonomie in breiteren Schichten noch längere Zeit eine nach heutigen Maßstäben untergeordnete Rolle. Besonders aufschlussreich sind dabei die Erziehungsvorstellungen. Luther z. B., der mit seiner eigenen Lebensgeschichte ein Musterbeispiel an individueller Autonomie liefert, betrachtet Erziehung als ein göttliches Gnadengeschenk – der menschliche Erziehungswille sei eitel und hoffärtig.

Eine zentrale Rolle spielt dabei die menschliche Sündhaftigkeit: Ihr muss die Erziehung entgegenwirken – notfalls mit rigiden Methoden. Deutlich wird dies z. B. in der pietistischen Pädagogik von August Hermann Francke, die Disziplin, Fleiß und Arbeit als Mittel gegen die menschliche Verderbtheit fordert. Dabei muss der Wille des Kindes gebrochen werden; Vergnügungen sind tabu, da sie die Liebe zur Welt fördern könnten.[48] Prinzipiell vergleichbare Vorstellungen sind auch noch in der Aufklärungspädagogik zu finden. Noch zu Beginn des 19. Jahrhunderts geht Johann Friedrich Herbart (1776–1841) davon aus, dass der Wille des Kindes durch die Erziehung unterworfen werden müsse – zur Not auch mit Gewalt.

AUTONOMIE IN DER PHILOSOPHIE

Kant

Von Autonomie kann in diesen Theorien kaum die Rede sein; das Individuum ist in erster Linie passives Objekt der Erziehungsbemühungen. Kant (1724–1804) hatte dagegen fast zwei Generationen vorher bereits eine an der Natur des Menschen orientierte Erziehung propagiert, die sich in verschiedenen Hinsichten von den zeitgenössischen Gepflogenheiten absetzt. Zwar fordert auch er vor allem von kleinen Kindern unbedingten Gehorsam und räumt physischen Strafen einen gewissen Raum ein. Gleichzeitig ist er sich der negativen Konsequenzen solcher Strafen wohl bewusst und wendet sich ausdrücklich dagegen, den Willen der Kinder zu brechen.[49] Insbesondere in der moralischen Erziehung setzt Kant auf innere Einsicht. Bloße Disziplinierung könne keine moralischen Werte vermitteln. Kinder müssten aber in die Lage versetzt werden, nach einsichtigen moralischen Prinzipien zu handeln, statt einfach nur vorgegebenen Regeln zu folgen.[50]

Kant folgt damit einem zentralen Postulat seiner eigenen Philosophie, die Moralität explizit an Autonomie bindet. Aus heutiger Sicht überraschend ist es jedoch, dass Autonomie für Kant gerade *nicht* im Handeln nach eigenen Wünschen und Bedürfnissen besteht – dies wäre in seinen Augen reine Heteronomie. Autonom handelt man dagegen, wenn man sich von *allgemeinen* moralischen Gesetzen leiten lässt. Kant glaubt damit zeigen zu können, dass autonomes Handeln nicht nur freies, sondern eben auch moralisches Handeln ist. Umgekehrt handelt man immer auch heteronom, wenn man moralische Forderungen verletzt. »Freiheit und eigene Gesetzgebung des Willens sind beides Autonomie, mithin Wechselbegriffe.«[51]

Dieser auf den ersten Blick etwas verwirrende Zusammenhang wird verständlicher, wenn man sich vergegenwärtigt, dass es für Kant hier um moralische Forderungen geht und moralische Forderungen immer vernünftig sein müssen. Da ich außerdem selbst ein vernünftiges Wesen bin, kann ich diese Forderungen nicht nur einsehen, vielmehr kann ich sie mir zu eigen machen. Moralität muss also nicht von außen oktroyiert werden, sie kommt von innen, aus der eigenen Vernunft. Das genau ist der Kern von Kants Gleichsetzung von Autonomie und Moral.

Kant greift hier eine Idee auf, die er in Ansätzen bereits bei Rousseau (1712–1778) gefunden hatte.[52] Der hatte schon argumentiert, dass die Befolgung von Gesetzen, die man sich selbst gegeben hat, Freiheit und Selbstbestimmung begründen kann. Für Rousseau gilt dies auf der staatlichen Ebene: Die Bürger können die Gesetze als ihre eigenen erkennen, wenn sie sie in ihrer Rolle als Souverän selbst erlassen haben. Kant überträgt dieses Modell auf die individuelle Moralität; möglicherweise erklärt dies auch, dass er den Begriff der Autonomie von der staatlichen auf die individuelle Ebene übernimmt. In jedem Falle sind moralische Gesetze in Kants Augen vernünftige Gesetze, die ich als meine eigenen anerkennen kann, weil ich ein vernünftiges Wesen bin. Handle ich moralisch, dann handle ich somit selbstbestimmt und autonom. Verletze ich moralische Prinzipien, dann handle ich gegen meine eigene Vernunft und damit heteronom.

Die Vernunft alleine reicht noch nicht zur Begründung moralischer Prinzipien, schließlich ist nicht jede vernünftige Regel schon ein moralisches Gesetz. Sicher ist es in einem gewissen Sinne vernünftig, sich die Haare schneiden zu lassen, wenn man findet, dass sie zu lang sind. Offenbar ist das aber keine moralische Pflicht, sondern eine einfache Regel der Klugheit. Der entscheidende Unterschied zwischen einer solchen Klugheitsregel und einem moralischen Prinzip besteht darin, dass Klugheitsregeln bedingte Regeln sind: Sie hängen von bestimmten Voraussetzungen ab; üblicherweise von unseren Wünschen und Überzeugungen. Wer mit der Länge seiner Haare zufrieden ist, für den ist es eben *nicht* vernünftig, sein Geld und seine Zeit beim Friseur zu lassen. Moralische Gesetze dagegen gelten voraussetzungslos: Es ist für *jeden* verwerflich, zu lügen oder zu morden.

Genau dieses Absehen von spezifischen Bedingungen macht Kant zum Kern seiner rationalen Theorie der Moral: Vernünftige Handlungsregeln sind dann moralisch, wenn sie ganz unabhängig von individuellen Zielen und Wünschen als allgemeine Prinzipien gedacht werden können. Das ist auch der Sinn des Kategorischen Imperativs: »Handle so, dass die Regel Deines Handelns sich als allgemeines Gesetz eignet.« Und es ist dieser Grundsatz, der in Kants Augen Autonomie und Moralität begründet: »Autonomie des Willens ist die Beschaffenheit des Willens, dadurch derselbe ihm selbst (unabhängig von aller Beschaffenheit der Gegenstände des Wollens) ein Gesetz ist. Das Princip der Autonomie ist also: nicht anders zu wählen als so, daß die Maximen seiner Wahl in demselben Wollen zugleich als allgemeines Gesetz mit begriffen seien.«[53]

Wenn ich mich frage, ob es erlaubt ist, hin und wieder mal zu lügen oder zu stehlen, dann muss ich mir also nur Gewissheit darüber verschaffen, ob diese Erlaubnis zu einer vernünftigen allgemeinen Regel taugt – ganz unabhängig von allen sonstigen Zielen und Wünschen, die ich haben mag. Und das ist – zumindest in Kants Augen – nicht der Fall: Es wäre einfach widersinnig, wollten wir die Erlaubnis zu gelegentlichem Lügen als moralische Regel akzeptieren. Jede Aussage, die wir machen, tritt schließlich mit einem Anspruch auf Wahrheit auf und der würde mit der Lizenz zum Lügen untergraben. Kurz: Nur wer die Wahrheit sagt, handelt vernünftig und damit autonom.

Kant ist damit maßgeblich dafür verantwortlich, dass der Autonomiebegriff in der Folgezeit entschieden an Bedeutung gewinnt. Und indem er moralische Normen unabhängig von Tradition, gesellschaftlicher Autorität und religiöser Überlieferung allein durch die Vernunft begründet, schafft er die Voraussetzungen für eine echte Emanzipation moralischer Normen von sozialen und religiösen Konventionen, die bis dahin eine zentrale Rolle bei der Begründung moralischer Pflichten gespielt hatten – man denke etwa an die Zehn Gebote der Bibel.

Deutlich erkennbar sind andererseits aber auch die neuralgischen Punkte dieses Vorhabens. Problematisch ist zum einen die Identifikation von Autonomie und Moral. Sie hat zur Konsequenz, dass uns Autonomie im kantischen Sinne nur als Vernunftwesen zukommt, sofern wir uns von rationalen Prinzipien leiten lassen. Für individuelle Besonderheiten, persönliche Wünsche und Vorlieben hat Kants Begriff der Autonomie – im Gegensatz zu modernen Vorstellungen von dieser Fähigkeit – keinen Platz: Wenn ich mich von meiner Leidenschaft für Opern mal wieder dazu verleiten lasse, eine Karte direkt in der ersten Reihe zu kaufen, handle ich in Kants Augen eindeutig heteronom.

Doch diese Lesart steht im Konflikt zu einer anderen Annahme, die nicht nur von Kant vertreten wird: Der Mensch ist nicht nur ein vernünftiges, sondern eben auch ein sinnliches Wesen, das eine Menge unvernünftiger Wünsche und Bedürfnisse hat – z. B. in die Oper zu gehen. Andernfalls würden wir uns von selbst an moralischen Prinzipien orientieren, ohne dazu irgendwelche Kämpfe oder Konflikte durchstehen zu müssen. Doch wenn wir keine rein vernünftigen Wesen sind, dann kann Selbstbestimmung nicht einfach nur in der Befolgung vernünftiger Prinzipien bestehen; es muss vielmehr auch Handlungsspielraum für Dinge geben, die wir aus Lust und Leidenschaft tun – so unvernünftig sie auch sein mögen.

Kants Gleichsetzung von Moral und Autonomie und damit auch die Festlegung auf einen Autonomiebegriff, der keinen Platz lässt für individuelle Besonderheiten, erscheint daher problematisch. Natürlich sollten moralische Prinzipien vernünftig sein und universelle Geltung haben. Das Verbot von Diebstahl und Mord ist vernünftig, und es gilt für jeden. Autonomes Handeln dagegen kann individuell verschieden und zuweilen eben auch unvernünftig sein. Es ist einfach essentiell für jede nachvollziehbare Vorstellung von Freiheit und Autonomie, dass wir damit Spielräume gewinnen, die jeder unterschiedlich nutzen kann.

Es kommt hinzu, dass Kant sich mit seiner Gleichsetzung von Moral und Autonomie ein gravierendes systematisches Problem aufhalst. Wenn Autonomie und Freiheit mit Moralität in eins gesetzt werden, dann ist man automatisch unfrei, sofern man unmoralisch handelt. Unterstellt man weiterhin, dass Freiheit und Autonomie wichtige Voraussetzungen dafür sind, dass man Personen für ihr Handeln zur Verantwortung ziehen kann, dann vermag Kant jemanden nur für normgemäße Handlungen verantwortlich zu machen, nicht dagegen für Normverletzungen. Diese sind voraussetzungsgemäß ja heteronom und damit unfrei. Das ist aber äußerst unplausibel. Natürlich kann man sich als passionierter Bankräuber frei und verantwortlich für einen nach allen Regeln der Bankräuberkunst sorgfältig vorbereiteten Überfall auf die örtliche Bankfiliale entscheiden, um den Respekt der lokalen Schränkerszene zu erlangen – und dafür wäre man dann eben auch verantwortlich.

Es ist jedoch kaum ein Zufall, dass die systematisch plausible und aus heutiger Sicht nahezu selbstverständliche Individualisierung des Autonomiebegriffs bei Kant noch keine entscheidende Rolle spielt. Kant argumentiert in einem historischen Kontext, in dem die Legitimität individueller Differenzen noch keineswegs selbstverständlich ist. Dies zeigt sich nicht nur an den gravierenden Unterschieden im Verständnis des Autonomiebegriffs, sondern auch an der geringen Bedeutung, die individuelle Glücksansprüche und Bedürfnisse in der Diskussion über das Übel in der Welt oder später in den aufklärerischen Fortschrittstheorien besitzen.

Weil diese Diskussion immer auch eine Diskussion über die Verantwortung Gottes für das Übel in der Welt ist, hat sie eine lange Geschichte. Sie beginnt in der antiken Philosophie, sie beschäftigt die Gnostiker ebenso wie das frühe Christentum, sie erfasst die neuzeitliche Philosophie, und sie spielt eine wichtige Rolle in den aufklärerischen Fortschrittstheorien. Das Problem ist nach wie vor ungelöst; auf die entscheidende Antwort warten wir bis heute.

Für besondere Irritation sorgt in dieser Debatte die Rolle Gottes: So fragt bereits der antike Philosoph Epikur (341–270 v. Chr.), warum ein allmächtiger, weiser und gütiger Gott eine Welt schaffen kann, in der es so viel Unheil gibt. Die Gnostiker kommen kurz nach der Zeitenwende zu einer radikalen Antwort: Ein Gott, der ein so miserables Machwerk wie unsere Welt hinterlässt, müsse einfach unfähig und dumm sein. Sie halten damit die Kirchenväter in Atem, die sich mit mehr oder minder großem Geschick darum bemühen, den christlichen Gott gegen diesen Vorwurf zu verteidigen. Eines ihrer Argumente lautet, der Eindruck des Bösen sei nur oberflächlich. Der Mensch sei eben nur außerstande, die weisen göttlichen Absichten zu durchschauen.

Angesichts derart extravaganter Argumente ist es nicht überraschend, dass das Problem auch in der Neuzeit weiter virulent bleibt. Eine der raffiniertesten Antworten hierauf findet sich bei dem deutschen Philosophen Gottfried Wilhelm Leibniz (1646–1716). Er dreht den Spieß einfach um: In seinen Augen ergibt sich schon aus der Tatsache, dass die Welt einen allmächtigen, guten und weisen Schöpfer hat, dass es sich um die beste aller möglichen Welten handeln muss. Gäbe es eine bessere, so hätte Gott diese gewählt und kraft seiner Allmacht auch geschaffen. Da dies nicht so ist, können wir sicher sein, dass alles einen guten Sinn haben muss – auch wenn es uns auf den ersten Blick als unvollkommen erscheinen mag.

Leibniz tritt damit eine phantasiereiche Diskussion los, in der sich Philosophen, Theologen und Literaten wechselseitig mit bizarren Vorschlägen übertreffen, was denn der gute Sinn des vermeintlichen Übels in der Welt sei: Da liest man dann, dass Kriege die Menschheit anhielten, die gesamte Erde zu besiedeln, dass Erdbeben es Gott erlauben, die Welt bei Bedarf ein wenig umzugestalten, schließlich soll die Existenz von Läusen und anderem Ungeziefer die Menschheit zur Reinlichkeit anhalten. Zu besonderer Vollendung wird diese Methode durch den Hamburger Patrizier Barthold Hinrich Brockes entwickelt, der selbst im Unschlitt von Gemsen einen tieferen Sinn aufzuspüren weiß:

> Sonst ist überall bekannt, wie sie uns so nützlich seien;
> Für die Schwindsucht ist ihr Unschlitt, fürs Gesicht die
> Galle gut.
> Gemsenfleisch ist gut zu essen und den Schwindel heilt
> ihr Blut.[54]

Voltaire hat daher leichtes Spiel, die Vertreter dieser Auffassungen in der Person des Magister Pangloß in seinem »Candide« zu verspotten. Es ist jedoch nicht nur der Reichtum an Phantasie, der diese Vorschläge auszeichnet, vielmehr nehmen sie auch fast durchweg die Perspektive Gottes ein, der die Welt im Ganzen sieht. Die Individuen, die bei einem Erdbeben zugrunde gehen mögen, spielen in dieser kosmischen Vollkommenheitsbilanz gar keine Rolle mehr. Ihr Unheil wird schon einen guten Sinn haben – schließlich verfolgt Gott auch mit Erdbeben seine weisen Ziele. Anders als in den Sozialvertragstheorien von Hobbes, Locke und Rousseau wird der Einzelne hier also nicht als autonomes Individuum respektiert, sondern zum bloßen Objekt einer göttlichen Herrschaft degradiert, von der eben unterstellt wurde, dass sie einen guten Sinn haben müsse. Die Entwicklung der Autonomievorstellung verläuft also selbst in den unterschiedlichen philosophischen Teilgebieten keineswegs parallel.

Geschichtsphilosophie

Dies bestätigen die geschichtsphilosophischen Entwürfe, die seit dem Ende des 18. Jahrhunderts insbesondere von Kant und Hegel publiziert werden. Auch hier spielt die Frage nach dem Bösen eine wichtige Rolle, allerdings wird sie historisiert und in eine Theorie des Fortschritts eingebunden. Die Welt ist nicht einfach gut oder schlecht, vielmehr verändert sie sich im historischen Prozess. Kant und Hegel glaubten dabei, dass dieser Prozess als Fortschritt betrachtet werden könne; die Welt wird also kontinuierlich besser. Bei diesem Urteil spielt das Individuum allerdings nach wie vor keine Rolle. Auch die Geschichtsphilosophie nimmt also die Perspektive des Ganzen ein. Diese Marginalisierung des Einzelnen ändert sich erst mit Schopenhauer, der die vormals »beste« kurzerhand zur »schlechtesten aller möglichen Welten« erklärt.

Kants Geschichtsphilosophie

Bei Kant besitzt der historische Prozess eine zentrale Bedeutung für die Entwicklung der moralischen Anlagen der Menschheit. Während sich die Anlagen von Tieren jeweils in jeder einzelnen

Generation voll ausbilden können, kann dies beim Menschen nur im Verlauf vieler Generationen geschehen. Erforderlich ist dazu nicht nur ein tiefgreifender Lernprozess, vielmehr stellt auch die Entwicklung von Kultur und Staat eine wesentliche Bedingung dafür dar, dass der Mensch seine Bestimmung erreicht.

Doch was verleiht der Entwicklung ihre Dynamik? Und warum kann Kant sicher sein, dass der Fortschritt nicht vor dem Ziel abbricht? Ausdrücklich betont Kant, dass man sich hier nicht auf den Menschen verlassen könne, der angesichts seiner notorischen Unzuverlässigkeit jede Prognose ad absurdum führen würde. Die entscheidende Rolle kommt daher der Natur zu – hinter der sich niemand anderes als Gott selbst verbirgt. Dem Menschen bleibt nur übrig, ein Spiel mitzuspielen, das von höheren Mächten gelenkt wird: Auch hier ist er kein autonomes Subjekt, sondern Objekt. Nur so sieht Kant sich in der Lage, eine Prognose über den Fortgang des historischen Prozesses abzugeben, nur so ist gesichert, dass die Menschheit jemals ihr moralisches Endziel erreichen wird.[55]

Die Natur bietet diese Garantie, indem sie den Menschen mit Übeln konfrontiert, die er nur bewältigen kann, indem er sich selbst und seine Kultur weiterentwickelt. Diese Beobachtung verdient insofern festgehalten zu werden, als sich das Verhältnis von Mensch und Natur im weiteren Verlauf der hier beobachteten Entwicklung nach Kant umkehren wird. Mit der Entwicklung der Autonomievorstellung löst sich das Subjekt nicht nur aus der Unterordnung unter die Natur, sondern entwickelt zuweilen seinerseits regelrechte Allmachtsphantasien, bei denen noch die Naturgesetze der individuellen Willkür unterworfen werden und die Natur in einem Kult des Künstlichen auch ästhetisch völlig abgewertet wird.

Kant jedoch, der hier in der Nachfolge der Rousseau'schen Naturverehrung steht, ist davon aber noch denkbar weit entfernt: Die Natur garantiert für ihn einen Fortschrittsprozess, dessen zentrales Ziel die Entwicklung eines rechtlich verfassten Staates ist. Er soll den bösartigen Seiten des Menschen klare und wohlbegründete Grenzen setzen und uns damit vor Übergriffen auf Leib, Leben und Besitz schützen, wie wir sie im Naturzustand ständig befürchten müssen. Der Staat schafft damit eine unabdingbare Voraussetzung für die Entwicklung der moralischen Anlagen des Menschen, die sich im Chaos des Naturzustandes niemals herausbilden könnten.

Marginalisiert sind die Individuen allerdings nicht nur bei der *Gestaltung* des historischen Prozesses; auch bei seiner *Beurteilung* spielen sie nur eine völlig untergeordnete Rolle. Wie bereits angedeutet, bemüht sich auch Kants Theorie um eine Rechtfertigung Gottes angesichts des Übels in der Welt. Anders als die Kirchenväter oder Leibniz gibt er jedoch eine historische Antwort: Der Sinn des Bösen zeigt sich nun in der Geschichte. Gerechtfertigt ist das Übel, weil es zum Fortschritt beiträgt. Andernfalls wäre der Mensch nicht in der Lage, seine moralischen Anlagen zu entfalten. Selbst der Krieg – an dessen moralischer Verwerflichkeit Kant keinen Zweifel lässt – fördert den Fortschritt: Er stellt nicht nur ein weiteres Motiv für die Entwicklung der menschlichen Fähigkeiten dar, vielmehr sorgt er mit seinen fürchterlichen Konsequenzen dafür, dass auch zwischen den Staaten der Naturzustand durch einen vertraglich geregelten Rechtszustand ersetzt wird.[56]

Auch diese historische Rechtfertigung des Übels nimmt jedoch die Perspektive des Ganzen ein, wie Kant ganz ausdrücklich betont: Nur »wenn sie das Spiel der Freiheit des menschlichen Willens im Großen betrachtet«, könne die Geschichtsschreibung »einen regelmäßigen Gang entdecken«;[57] nur aus dieser Perspektive sei also der gute Endzweck erkennbar. Die Perspektive des leidenden Individuums dagegen blendet auch Kant weitgehend aus. Insofern ist es für seine Theorie kein entscheidendes Problem, dass der Fortschritt, weit entfernt davon, den Individuen zu nützen, sogar zu einer Verschlechterung ihrer Lage führen kann. Entscheidend ist nur, dass der historische Endzweck, nämlich die Entwicklung der moralischen Anlagen der Menschheit, erreicht wird. »Die Plagen aber wachsen im Fortschritte derselben [der Menschengattung]; aber das glänzende Elend ist doch mit der Entwickelung der Naturanlagen in der Menschengattung verbunden, und der Zweck der Natur selbst, wenn es gleich nicht unser Zweck ist, wird doch hiebei erreicht.«[58]

Zwar zeigt Kant sich beunruhigt, dass das Leid ganzer Generationen in Kauf genommen werden muss, damit die Menschheit irgendwann einmal ihre Bestimmung erreicht; letztlich sei dies jedoch unvermeidlich.[59]

Auch wenn die Autonomie von entscheidender Bedeutung in Kants Moralphilosophie ist: In seiner Geschichtsphilosophie spielt der Mensch als handelndes und als leidendes Subjekt allenfalls eine untergeordnete Rolle. Er ist reines Objekt eines Fortschrittsprozesses, der durch eine höhere Gewalt, also letztlich durch Gott, vorangetrieben wird.[60]

Hegel

Ganz ähnlich wie Kant sucht Georg Wilhelm Friedrich Hegel (1770–1831) in seiner Geschichtsphilosophie zu zeigen, dass die Welt insgesamt und der historische Prozess im Besonderen vernünftig sind[61] – Geschichtsphilosophie ist damit auch hier die »Rechtfertigung von Gottes Wirken in der Welt«.[62]

Ähnlich wie Kant glaubt Hegel, dass sich Fortschritt vor allem an der Entwicklung der Staatsformen vollzieht, die einen »Fortschritt im Bewußtsein der Freiheit« erkennen ließen. Auf den ersten Blick sieht es allerdings so aus, als wäre Hegel – anders als Kant – ein Vertreter eines weitreichenden, individualisierten Autonomiebegriffs. Doch das wäre ein Missverständnis. Hegel meint nämlich keineswegs individuelle Freiheit, die dem Einzelnen ein Maximum an persönlichem Handlungsspielraum gewährt. Ganz im Gegenteil versteht er Freiheit als »die Einsicht des allgemeinen Willens«, wie sie sich in einem rechtlich verfassten Staat verkörpert, der für Hegel die »Realität der Freiheit« ausmacht.[63] Dagegen sei »der subjektive Wille (…) eine ganz formelle Bestimmung, in der gar nicht liegt, was er will.«[64] Insofern ist es nur folgerichtig, wenn Hegel den Fortschrittsprozess in der preußischen Monarchie seiner eigenen Gegenwart an sein endgültiges Ziel kommen sieht.

Auch für die Bewertung der Geschichte spielen die Individuen keine ernstzunehmende Rolle. Weit vorbehaltloser noch als Kant betont Hegel, dass das individuelle Wohlergehen der Vernunft des Ganzen untergeordnet sei. Wir müssten es uns daher »gefallen lassen, die Individualitäten, ihre Zwecke und deren Befriedigung aufgeopfert, ihr Glück überhaupt dem Reiche der Zufälligkeit, dem es angehört, preisgegeben zu sehen und die Individuen überhaupt unter der Kategorie der Mittel zu betrachten«.[65] Wer dies nicht sieht, dem fehlt einfach die Vernunft, die zum Verständnis der Geschichte unabdingbar ist.

Gleichzeitig beschneidet Hegel – entschiedener noch als Kant – den Einfluss der Individuen auf die Gestaltung der Geschichte. Auch in dieser Hinsicht ist der Einzelne der Vernunft des Ganzen untergeordnet. Dies gilt nicht nur für die Masse der Staatsbürger; selbst die großen welthistorischen Individuen wie Alexander, Caesar oder Napoleon seien bloße »Geschäftsführer des Weltgeistes«,[66] die nicht etwa ihre persönlichen Ziele umsetzen, sondern vollbringen, was »an für sich an der Zeit«[67] ist. Zwar besitzen sie ein hohes Maß an Einsicht, doch die Erkenntnis des eigentlichen Sinnes der Geschichte geht ihnen noch ab – die bleibt Hegel selbst vorbehalten.

Schopenhauer

Auch Hegel betrachtet also den historischen Fortschritt aus der Perspektive des Ganzen. Eine wesentliche und für die Folgezeit maßgebliche Änderung dieser Auffassung ist erst bei Arthur Schopenhauer (1788–1860) zu erkennen. Schopenhauer ersetzt den guten und vernünftigen Gott der christlichen Tradition, wie er sowohl bei Hegel wie auch bei Kant zumindest im Hintergrund noch die Fäden zieht, durch den blinden und unverständigen »Willen«. Diesen Willen kann man sich als eine blinde Energie vorstellen, einen Drang, der allem Geschehen auf unserer Welt zugrunde liegt. Damit entfällt die übergeordnete Vernunft, die es Schopenhauers Vorgängern erlaubte, das Unheil des Einzelnen mit irgendeinem Vorteil für das Ganze zu verrechnen. Stattdessen macht Schopenhauer sich die Sichtweise des einzelnen Individuums zu eigen, dessen Leid nicht dadurch aufgehoben wird, dass es anderen irgendwo auf der Welt irgendwann einmal besser gehen wird. Schopenhauers Philosophie liest sich daher wie eine einzige Anklage gegen das gegenseitige Morden und Betrügen in dieser »schlechtesten aller möglichen Welten«, einer Welt, die so schlecht ist, dass sie so gerade noch existieren kann.[68]

Der entscheidende Unterschied zwischen Schopenhauer auf der einen Seite und Kant und Hegel auf der anderen besteht also nicht in der Feststellung, dass das menschliche Dasein leidvoll ist. Das hatten auch Kant und Hegel längst anerkannt. Der entscheidende Unterschied besteht vielmehr in der Frage, welche Bedeutung das menschliche Leid für das Urteil über die Welt hat. Während Kant und Hegel der Auffassung waren, dass das individuelle Leid keine entscheidende Bedeutung für dieses Urteil hat, spielt die Erfahrung des Einzelnen für Schopenhauer die zentrale Rolle. Statt dessen Erfahrung und die Glücksansprüche zu marginalisieren, stellt Schopenhauer sie in das Zentrum seiner Philosophie.

Max Stirner

Weniger groß sind die Unterschiede zwischen Schopenhauer und seinen idealistischen Vorgängern indessen, was die individuellen Handlungsspielräume angeht. Die Individuen sind dem Bösen in der »schlechtesten aller möglichen Welten« praktisch ohne eine realistische Alternative ausgeliefert. Von Autonomie, vor allem von historischer Autonomie wird man unter diesen Umständen kaum sprechen wollen.

Ganz anders argumentiert in dieser Hinsicht der deutsche Philosoph und Journalist Max Stirner (1806–1856) in seiner Schrift über den »Einzigen« – dem wohl provokativsten Dokument des Strebens nach individueller Autonomie im Deutschland des 19. Jahrhunderts. Während für Stirners Lehrer Hegel Freiheit nur als wohlgeordnete staatliche Freiheit möglich ist und das Individuum stets dem Ganzen untergeordnet bleibt, geht Stirner den umgekehrten Weg: Bei ihm hat der Einzelne weitgehenden Vorrang vor dem Ganzen. Dabei sieht Stirner das Individuum nicht nur durch Gott, die Religion oder die gegenwärtige staatliche Autorität unterdrückt, vielmehr zählen auch der Liberalismus, der Atheismus, die Wahrheit und sogar die Gerechtigkeit zu den Feinden individueller Autonomie, denen Stirners ganzer Zorn gilt.

Offenkundig, dass Stirner damit einen radikalen, aber auch durchaus problematischen Schritt in der Entwicklung der Vorstellungen von individueller Autonomie vollzieht. Während das Individuum in der kantischen Moralphilosophie auf universelle Rationalität verpflichtet ist, macht Stirner umgekehrt die Rationalität in wesentlichen Aspekten vom Individuum abhängig. Selbst die Wahrheit müsse dem Einzelnen untergeordnet werden: »Wahr ist, was mein ist, unwahr das, dem Ich eigen bin.«[69] Auch soziale Institutionen stehen bei Stirner unter dem Generalverdacht, ein Eigenleben auf Kosten der Individuen zu entwickeln.

Stirner lehnt allerdings nicht sämtliche Formen der Vergemeinschaftung ab. Seine Formel für eine freie Assoziation, die nur den Interessen der Individuen dient, ist – aus heutiger Sicht ein wenig überraschend – der »Verein«. Er stellt das lichte Gegenbild zur Finsternis von Staat und Gesellschaft dar. Zwar ist es klar, dass Stirner nicht die Gesangs- oder Sportvereine im Blick hat, die im Deutschland des 19. Jahrhunderts in großer Zahl aus dem Boden sprießen. Ansonsten bleibt es jedoch unklar, welche konkreten Formen freier Sozialität nach Stirners Rundumschlag gegen Aristokratie, Monarchie, Demokratie, gegen Liberalismus, Kommunismus und sogar gegen die Menschenrechte überhaupt noch übrigbleiben.

Tatsächlich übersieht Stirner in seinem »Affekt gegen das Allgemeine« die wenig spektakuläre Tatsache, dass Individuen einander auch wechselseitig bedrohen können, während bestimmte allgemeine Prinzipien und Institutionen einen Schutz vor derartigen Bedrohungen bieten können. Wenn mein gewalttätiger Nachbar mir das Leben zur Hölle macht, dann können allgemeine Prinzipien und staatliche Institutionen geradezu segensreiche Beiträge zum Schutz meiner Autonomie leisten. Altbekannte Probleme wirft auch Stirners Kritik des Wahrheitsbegriffs auf: Nimmt er für seine Thesen allgemeine Wahrheit in Anspruch, dann verwickelt er sich in einen Widerspruch; tut er es nicht, dann können wir sie getrost ignorieren.

Offensichtlich verwickelt sich Stirner mit dem Radikalismus seiner Autonomiekonzeption in Ungereimtheiten. Offenbar benötigt auch individuelle Autonomie gewisse allgemeine Prinzipien und Institutionen, die diese Prinzipien durchsetzen. Eine ungerechte Gesellschaftsordnung verletzt legitime individuelle Interessen ebenso wie ein Staat, der seine Bürger belügt. Auf allgemeinverbindliche Vorstellungen von Gerechtigkeit und Wahrheit wird man also kaum verzichten können, und es dürfte nicht schwerfallen zu zeigen, dass dies auch für andere Errungenschaften moderner Staaten wie die Gewaltenteilung, das Gewaltmonopol oder das Rechtsstaatsprinzip gilt – die gescheiterten Staaten der Gegenwart liefern die besten Belege dafür.

Autonomiekritik

Gerade mit ihren Widersprüchen und Unzulänglichkeiten illustriert Stirners Theorie die Geschwindigkeit und Radikalität der Entwicklung, die in der ersten Hälfte des 19. Jahrhunderts vom aufklärerischen Primat des Ganzen zu einem Primat des autonomen Individuums führt.

Natürlich kann Stirners Schrift nicht einfach als repräsentativ für die Auffassungen seiner Zeitgenossen genommen werden. Stirner war zu Lebzeiten ein radikaler Außenseiter. Zudem gibt es bereits unter den Zeitgenossen Kants explizite Vorbehalte gegen den Bedeutungsgewinn des Autonomiebegriffs – auch dies gehört zur Komplexität der Entwicklung dieses Phänomens.

Einer der Wortführer dieser Kritik ist der Philosoph Carl Leonhard Reinhold (1758–1823), der sich vor allem mit Kant, Fichte und Schelling auseinandersetzt. In deren Werken sei es der »Willkühr unter dem Namen der Freyheit gelungen sich der Spekulation gänzlich zu bemächtigen«;[70] damit werde »der Grundirrthum … für Grundwahrheit angenommen.«[71] Doch die philosophische Begründung des Autonomieprinzips sei bei allen drei Autoren äußerst fragwürdig. In Wirklichkeit sei hier der Wunsch Vater des Gedankens geworden, und die Autoren hätten ihr persönliches Bedürfnis nach Autonomie in eine philosophische Theorie umgemünzt.[72]

Es geht hier jedoch nicht allein um innerphilosophische Fragen. Im Hintergrund von Reinholds Kritik am Autonomieprinzip steht vielmehr die Ablehnung der Emanzipation der Vernunft von der Religion, die – wie wir gesehen hatten – für den rationalistischen Autonomiebegriff Kants eine ganz zentrale Rolle spielt.

Dieses Motiv tritt deutlicher noch bei anderen Kritikern des Autonomieprinzips hervor, z. B. bei Friedrich Schlegel (1772–1829), der eine rein rationale Begründung von Moral, wie sie die kantische Autonomiekonzeption liefert, geradezu »verwerflich«[73] findet: »Das Sittengesetz, als Wille Gottes, beruht auf dem Glauben.«[74] Ausdrücklich lehnt Schlegel die rationale Selbstbestimmung ab, werde damit doch die grundsätzliche Abhängigkeit des Menschen von Gott insbesondere in der Moral übersehen.

Ganz ähnlich argumentiert Franz v. Baader (1765–1841), der sich gegen die »ganze neue Irrlehre der Autonomie des Menschen und seiner absoluten Sichselbstbegründung«[75] wendet. Auch die Wissenschaft sei auf die Religion angewiesen, die ihre eigentliche Basis darstelle.[76]

Bemerkenswert ist diese Kritik auch insofern, als sie sich gegen eine nach heutigen Vorstellungen schwache Vorstellung von Autonomie richtet: Autonom ist der Mensch Kant zufolge ja nur insofern, als er sich einem allgemeinen rationalen Gesetz unterwirft. Unschwer vorzustellen, was Reinhold, Schlegel und Baader von individueller Autonomie im heutigen Sinne halten würden, die ja wesentlich größere Spielräume eröffnet.

Nietzsche

Kommen wir zurück zu den Wegbereitern der Autonomie. Wie bereits erwähnt, ist Stirner eher ein Außenseiter denn ein Repräsentant zeitgenössischer Auffassungen. Aber er steht eben auch keinesfalls alleine da. Den besten Beleg hierfür liefert Friedrich Nietzsche (1844–1900), ein wesentlich bedeutenderer Verfechter des Autonomieprinzips. Ebenso wie Stirner wendet auch er sich gegen allgemeine Normen und Institutionen, weil diese der Domestizierung und Unterordnung des Einzelnen dienten. Im Gegensatz zu Stirner hat Nietzsche dabei allerdings nur die großen Einzelnen im Blick, Herrenmenschen, zu denen vor allem Nietzsche selbst zu rechnen ist. Sie werden durch derartige Konventionen in ihrer Entfaltung behindert, während die große Masse auf diese Weise geschützt werde – nur deshalb konnten sich diese Konventionen auch etablieren.

Das beste Beispiel hierfür liefert die christliche Mitleidsmoral, die sich denn auch Nietzsches besonderer Aufmerksamkeit erfreut. Diese Moral komme alleine den Schwachen zugute, während sie die großen Individuen einschränke und beeinträchtige: »Die Schwächung ist das christliche Rezept zur *Zähmung*, zur ›Zivilisation‹.«[77] Nietzsche weist mit der christlichen Moral gleich auch die Religion selbst zurück; der Tod Gottes ist für ihn ein Akt der Emanzipation: »Endlich erscheint uns der Horizont wieder frei.«[78]

Der christlichen »Sklavenmoral« stellt Nietzsche seine »Herrenmoral« entgegen, die der »Selbstverherrlichung« diene.[79] Ähnlich wie Stirner fordert er, dass nicht der Einzelne durch die Moral, sondern die Moral durch den – selbstredend »vornehmen« – Einzelnen bestimmt werde: »Die vornehme Art Mensch fühlt *sich* als wertbestimmend, sie hat nicht nötig, sich gutheißen zu lassen.«[80] Nicht weiter erstaunlich ist es da, dass Nietzsche sich auch nicht von demokratischen Institutionen dreinreden lassen will – die Demokratie sei ohnehin eine bloße »Verfallsform des Staats«.[81]

Neben Religion und Moral haben auch Wissenschaft und Wahrheit ihre normative Bedeutung verloren. Schon in der »Geburt der Tragödie« hatte Nietzsche die wohltuende Kraft der Illusion beschworen, mit denen die Griechen ihr Leben lebenswert gemacht hätten. Weit entfernt davon, sich von Wahrheitspostulaten in ihrer freien Entfaltung behindern zu lassen, bestimmen auch die Genies der Gegenwart einfach selbst, was wahr ist. »Wahrheit ist somit nicht etwas, das da wäre und das aufzufinden, zu entdecken wäre – sondern etwas, das zu schaffen ist und das den Namen für einen Prozeß abgibt, mehr noch für einen Willen der Überwältigung, der an sich kein Ende hat. ... Es ist ein Wort für den ›Willen zur Macht‹.«[82]

Auf den ersten Blick haben wir alle Gründe, diese Vorstellung von Wahrheit zurückzuweisen: Wahrheit ist Gegenstand von Einsicht, nicht ein Produkt der Überwältigung. Doch Nietzsche geht es vor allem darum, die Autorität tradierter »Wahrheiten« in Frage zu stellen, um damit die Kritikfähigkeit des Einzelnen gegenüber historischen oder wissenschaftlichen Traditionen zu stärken – also jene Kritikfähigkeit, die Nietzsche selbst immer wieder für sich in Anspruch genommen hat. Hinter der Rhetorik des Herrenmenschentums verbirgt sich der sehr vernünftige Anspruch, tradierte moralische Normen und wissenschaftliche Konventionen in Frage zu stellen.

Festhalten lässt sich zudem, dass Nietzsches Thesen sich denkbar weit von jenem Primat des Ganzen entfernen, wie er die Philosophie der Aufklärung bestimmt hatte. Maßgeblich sind allein die – »großen« – Individuen seines eigenen Schlages. In ihnen glaubt er dann gleich auch den Sinn der Geschichte zu entdecken: In den »großen ›Einzelnen‹, den Heiligen und den Künstlern liegt das Ziel«.[83]

Offensichtlich, dass die Unterordnung des Einzelnen unter das Ganze damit ebenso unvereinbar ist wie die Marginalisierung individueller Erfahrungen zugunsten eines historischen Endzwecks. Doch er ergreift dabei Partei nur für die vermeintlich großen Einzelnen. Die Situation der Mehrheit würde sich verschlechtern, wäre sie den angeblichen Herrenmenschen ohne den Schutz von allgemeinen demokratischen, moralischen und juridischen Prinzipien ausgesetzt.

Simmel

Nietzsches Position ist jedoch nur eine Stufe in einer – widerspruchsvollen und von vielen Rückschlägen und Gegenbewegungen geprägten – historischen Entwicklung von Autonomie, in der letztlich auch die Beschränkung auf die großen Einzelnen aufgegeben wird: Autonomie wird mehr und mehr als eine Fähigkeit gesehen, die *allen* Individuen zukommt. Sichtbar wird dies beispielsweise in den kulturkritischen Arbeiten von Georg Simmel (1858–1918), insbesondere in dessen Schrift über den »Begriff und die Tragödie der Kultur«.

Die Veränderung gegenüber der Aufklärungsphilosophie lässt sich schon daran ablesen, dass das autonome Individuum hier von vornherein als *Ausgangspunkt* genommen wird. Der Einzelne soll nicht einem allgemeinen Ideal nacheifern, sondern – in klarer Abgrenzung zu aufklärerischen Vorstellungen – seine *eigenen, individuellen* Anlagen in Kunst und Religion, den Wissenschaften und in der Ökonomie verwirklichen. Auf diese Weise gewinnen die Ziele und Intentionen des Einzelnen objektive Gestalt und Einheit, wie sie von vornherein in jedem Individuum angelegt sind;[84] Simmel selbst spricht in diesem Zusammenhang häufig von der »Seele«. Kaum nötig zu erwähnen, dass Autonomie für ihn – anders als für Kant, aber ähnlich wie bei Stirner und Nietzsche – ausdrücklich als individuelle Autonomie zu verstehen ist.[85]

Simmel diagnostiziert jedoch eine regelrechte »Tragödie der Kultur«. Sie entsteht, weil die Werke, die ursprünglich Ausdruck individueller Wünsche und Bedürfnisse waren, eine Eigendynamik entwickeln, die sie früher oder später in einen Gegensatz zu den Individuen bringt.[86] Besonders deutlich glaubt Simmel diesen Entfremdungsprozess an der Arbeitsteilung und der damit verbundenen Spezialisierung der Gesellschaft beobachten zu können. Sie führt dazu, dass dem Einzelnen seine eigene Rolle innerhalb dieser Gesellschaft fremd und unüberschaubar wird: »Die ganze übermäßige Spezialisierung, die heute auf allen Arbeitsgebieten beklagt wird und doch deren Fortentwicklung wie mit dämonischer Unerbittlichkeit unter ihr Gesetz zwingt, ist nur eine Sondergestaltung jenes allgemeinen Verhängnisses der Kulturelemente: dass die Objekte eine eigene Logik ihrer Entwicklung haben … und in deren Konsequenz von der Richtung abbiegen, mit der sie sich der personalen Entwicklung menschlicher Seelen einfügen könnten.«[87]

Simmel sieht die Gefahr, dass »die zeugende Bewegtheit der Seele an ihrem eigenen Erzeugnis«[88] stirbt. Die einzige Ausnahme macht hier die Kunst. Sie ist der Arbeitsteilung und Spezialisierung entzogen, die Simmel als eine der zentralen Ursachen der Entfremdung betrachtet.[89]

Zweifellos ist Simmels Position in verschiedenen Hinsichten moderater als die Stirners oder gar Nietzsches: So behauptet er nicht, dass Wissenschaft oder gar Wahrheit der individuellen Willkür unterliegen. Anders als bei Nietzsche fehlen bei ihm zudem die elitären Tendenzen; Simmel hat nicht nur die großen Einzelnen im Blick. Den Perspektivwechsel gegenüber der Aufklärungsphilosophie vollzieht er jedoch mit, ja er treibt ihn weiter voran, indem er Autonomie nicht auf einige wenige selbsternannte Genies beschränkt, sondern sie – zumindest im Prinzip – auf sämtliche Individuen ausdehnt.

Am deutlichsten erkennbar wird dieser Perspektivwechsel im Verhältnis von Individuum und Kultur. Bei Kant und Hegel waren die individuellen Bedürfnisse und Interessen der kulturellen Entwicklung untergeordnet; bei Simmel dagegen ist es genau umgekehrt: Die Kultur wird in den Dienst der Entwicklung des Einzelnen genommen. Mehr noch: Simmel gibt sich nicht mit dieser allgemeinen Unterordnung zufrieden, sondern setzt mit seiner Kritik genau dort an, wo die Kultur ein Eigenleben entwickelt, das zur Entfremdung des Individuums führt.

Bloch

Einer der aufmerksamsten Leser Simmels dürfte der junge Ernst Bloch (1885–1977) gewesen sein, der sich in der Zeit um den Ersten Weltkrieg mit einem bemerkenswerten Selbstbewusstsein darum bemüht, einen Platz unter den deutschen Intellektuellen zu erobern und dabei »den Ruhm und den Druck [seiner] Philosophie sukzessive zu inszenieren«.[90] Marianne Weber, in deren Salon Bloch zeitweilig zusammen mit seinem damaligen Freund Georg Lukács aufzutreten beliebte, schildert ihn als einen »Jüngling mit enormer schwarzer Haartolle und ebenso enormem Selbstbewußtsein, er hielt sich offenbar für den Vorläufer eines neuen Messias.«[91] Die Autorin trifft hier mit beachtlicher Genauigkeit die Selbsteinschätzung des jungen Bloch, der sich in der Tat als einen Gesandten höherer Mächte[92] versteht: »Ich bin der Paraklet und die Menschen, denen ich gesandt bin, werden in sich den heimkehrenden Gott erleben und verstehen.«[93]

Bloch fällt jedoch nicht nur mit seinem Selbst- und Sendungsbewusstsein auf, auch seine Gegenwarts- und Kulturkritik sticht durch ihre apokalyptische Dramaturgie und die Radikalität ihrer Positionen heraus. Bemerkenswerterweise bezeichnet Bloch das Problem der Autonomie in einer seiner ersten Schriften als eine zentrale Frage der zeitgenössischen Philosophie. Diese setze nämlich das aufklärerische Projekt fort »zu einem durch genaue Erforschung und Vertiefung des Selbst ermöglichten und eroberten Standpunkt der vollkommenen Autonomie«.[94]

Umgesetzt wird dieses Vorhaben schon in Blochs 1918 erschienenem ersten Hauptwerk »Geist der Utopie«. Ausgangspunkt ist eine radikal negative, gleichzeitig effektvoll in Szene gesetzte Diagnose der Gegenwart, die beschrieben wird als die Zeit der »größten Verdunklung, (…) die jemals in der Geschichte vorkam«.[95] Die Hoffnung auf einen historischen Fortschritt, wie ihn die Aufklärer kannten, hat Bloch längst aufgegeben. Der Finsternis des Bestehenden steht in Blochs gnostischem Dualismus lediglich der Einzelne als positive Alternative gegenüber. Es ist nur die »Welt der Seele«, die noch gegen »Elend, Tod und das Schalenreich der physischen Natur« steht:[96] »In uns allein brennt noch dieses Licht.«[97]

Bemerkenswert ist dabei schon der radikale Wandel im Verhältnis von Subjekt und Natur; er stellt einen weiteren Beleg für den hier behaupteten Perspektivwechsel dar: Stellte die Natur für Kant und Rousseau noch die Verkörperung der göttlichen Weisheit dar, der sich der Einzelne selbstverständlich unterzuordnen hatte, so gilt sie für Bloch als »Schutthaufen des Irrtums«, und es ist umgekehrt allein das Individuum, das hier noch einen Ausweg zu bieten vermag.

Notwendig ist dazu ein Prozess der Selbstbesinnung, den Bloch im ersten Teil von »Geist der Utopie« ausführlich beschreibt. Am Ende dieses Prozesses soll nicht etwa nur eine graduelle Veränderung der gegenwärtigen Situation stehen, es geht nicht um vorsichtige Reformen oder behutsame Veränderungen. Bloch postuliert vielmehr einen radikalen, apokalyptischen Umbruch – auch wenn völlig unklar bleibt, wie der sich aus einem Prozess der Selbsterkenntnis ergeben soll.

In jedem Falle ist Bloch überzeugt, dass nur auf diese Weise jener utopische Zustand verwirklicht werden kann, der den Bedürfnissen des Einzelnen gerecht wird. Hier wird ein weiterer wichtiger Aspekt des Wechsels zur Perspektive des Einzelnen sichtbar, wie ihn der junge Bloch vollzieht: Anders als die traditionellen Staatsutopien, die z. T. regelrecht totalitäre Züge zeigten und kaum Platz für autonomes Handeln ließen, sucht der junge Bloch Utopie und Autonomie zusammenzubringen. Daher macht er ganz mit Absicht keine konkreten Vorgaben, wie der utopische Zustand oder gar ein utopischer Staat auszusehen hat. Vielmehr plädiert er für eine »offene Utopie«, die sich ganz an den Bedürfnissen der Subjekte orientieren soll. Individuelle Autonomie ist also nicht nur die Basis von Blochs Gegenwartskritik, sie stellt darüber hinaus die entscheidende Dynamik für den apokalyptischen Umbruchsprozess dar und bildet schließlich auch den Maßstab für den utopischen Zustand selbst, »denn es gibt letzthin nichts unter allen Dingen zu bedenken als die Seele, das noch verhüllte innere Wesen, das Erste, Letzte und Freieste, einzig Metaphysische und Allerrealste der Welt«.[98]

Die philosophischen Leistungen des jungen Bloch mögen hier genauso dahingestellt bleiben wie seine messianischen Qualitäten. Nicht zu bestreiten ist, dass seine Philosophie gerade mit ihrer Überspanntheit ein weiteres wichtiges Beispiel dafür liefert, wie weit sich in dem knappen Jahrhundert zwischen Hegel und dem Ende des Ersten Weltkriegs die Vorstellungen von individueller Autonomie aufgeladen haben: Während für Hegel und Kant die individuellen Interessen hinter den Ansprüchen allgemeiner Prinzipien zurückzutreten hatten, stellt der Einzelne für Bloch den Maßstab dar, an dem sich die philosophische Kulturkritik ebenso zu messen hat wie das politische und gesellschaftliche Handeln. Anders als Nietzsche geht es bei Bloch nicht nur um die großen heroischen Individuen, zu denen Bloch in aller Bescheidenheit auch sich selbst zählt. Schon seine frühe Konzeption ist vielmehr offen für alle einschließlich der sogenannten »Massen«.

DÉCADENCE

Zweifellos wirkt Blochs Utopiekonzeption in ihrer sprachlichen und inhaltlichen Exaltiertheit aus heutiger Sicht bizarr – im zeitgenössischen Kontext dagegen erscheinen Ton und Inhalt nicht ganz so außergewöhnlich. So hat etwa Blochs radikale Ablehnung der Natur eine längere Vorgeschichte in der Literatur des 19. Jahrhunderts. Schon für Charles Baudelaire (1821–1867) hatte die Natur ihre moralische Autorität verloren: »Es ist die Natur, die den Menschen dazu treibt, seinesgleichen zu töten, zu verzehren, einzusperren und zu foltern. (…) Alles Schöne und Edle ist ein Ergebnis der Vernunft und der Überlegung« – also eine menschliche Leistung. Disqualifiziert ist die Natur nicht nur unter moralischen Gesichtspunkten, sondern auch als Gegenstand der Kunst. Diese Auffassung findet sich nicht nur bei Baudelaire, sondern auch in »A Rebours«, der von Joris-Karl Huysmans (1848–1907) verfassten »Bibel der Décadence«. Deren Protagonist Des Esseintes, Musterbild eines Dandy und erklärter Verehrer Baudelaires, setzt der aufklärerischen Naturverehrung einen regelrechten Kult des Künstlichen entgegen. Die Natur hält er für unwürdig, nachgeahmt zu werden, hat sie doch »durch die abstoßende Eintönigkeit ihrer Landschaften und ihrer Himmel die aufmerksame Geduld der Kenner endgültig erschöpft«.[99] Des Esseintes schafft sich daher sein eigenes, künstliches Paradies, in dem das Licht gefärbt und die Luft mit Parfüm versetzt wird. Gipfelpunkt dieser Bemühungen ist sein Versuch, die Nahrung nicht mehr auf natürlichem Wege, sondern durch ein Klistier zu sich zu nehmen: »Seine Neigung zum Künstlichen hatte nun … die höchste Erfüllung erreicht.«[100]

Selbstverständlich soll hier nicht im Ernst behauptet werden, Des Esseintes' Exaltiertheiten seien dem Gewinn individueller Autonomie dienlich. Sie sind es nicht! Doch sie illustrieren zum einen, dass Bloch mit seiner theatralischen Naturverachtung keineswegs alleine stand. Außerdem zeigen sie noch einmal, mit welcher Radikalität, aber auch mit welcher Lust an der Provokation die Unterordnung des Individuums unter allgemeine Prinzipien bereits gegen Ende des 19. Jahrhunderts in Frage gestellt wird – also die Unterordnung unter Gott, die Tradition oder eben die Natur. An ihre Stelle treten Wertsetzungen und Entscheidungen, die – zumindest im Prinzip – von den Individuen ausgehen, von diesen kritisiert und letztlich auch revidiert werden können.

RUSSISCHE UTOPIEN ZU BEGINN DES 20. JAHRHUNDERTS

Die Rebellion gegen die Natur ist nicht auf Kunst und Literatur beschränkt; ein letztes Beispiel bieten die russischen Avantgarden zu Beginn 20. Jahrhunderts kurz vor und nach der Oktoberrevolution. Sie entwickeln teils völlig verstiegene Entwürfe einer vollständigen Herrschaft über die Natur. Medizinische oder technische Errungenschaften sollen dabei zu einer Ausweitung individueller Handlungsspielräume führen, vor deren Radikalität auch heutige Science-Fiction-Autoren erblassen würden.

Dabei geben sich die russischen Avantgarden nicht etwa mit so trivialen Dingen wie der Bekämpfung von Krankheiten oder ein paar technischen Neuerungen bei Verkehr und Kommunikation zufrieden. Vielmehr glaubten sie, man könne den Tod besiegen und gleich auch die Naturgesetze verändern.

Vergleichsweise maßvoll waren da noch die Vorstellungen von Konstantin Ciolkovskij (1857–1935), der heute als einer der Väter des russischen Raumfahrtprogramms verehrt wird. Ciolkovskij fordert, der Mensch müsse sich frei und ungehindert im gesamten Weltall bewegen können, um so dem »Recht auf Bewegungsfreiheit im kosmischem Raum« Geltung zu verschaffen.[101] Dabei geht es nicht allein um die Entwicklung technischer Fortbewegungsmittel im Weltraum; zuweilen wird auch gefordert, gleich die ganze Erde zu einem Raumschiff umzufunktionieren. Daneben sollten auch das Wetter reguliert[102] und selbst die Naturgesetze geändert werden, um aus den Gesetzen *der* Natur Gesetze *für* die Natur zu machen. Von da aus war es nicht weit zu der Forderung, den Ablauf der Zeit umzukehren, um so die »vollständige Umwandlung und Erneuerung der Welt«[103] zu erreichen.

Eigentliches Zentrum dieser biopolitischen Utopien ist jedoch der Mensch. Unter dem Slogan »Unser Körper muss unser Werk sein« schickte sich ausgerechnet der von Nietzsche verabscheute Kommunismus an, den Übermenschen zu schaffen. Daneben stand auch die menschliche Unsterblichkeit auf dem Programm der Utopisten – Maxim Gorki (1868–1936) beispielsweise rechnete mit einer Umsetzung binnen weniger Jahrhunderte.[104] Dabei sollten nicht nur die Lebenden vor dem Tode bewahrt, sondern gleich auch die bereits Gestorbenen ins Leben zurückgeholt werden.[105] Dazu war es nicht notwendig, den Körper zu konservieren. Vielmehr sollten die gesetzmäßigen Zusammenhänge zwischen Geist, Körper und Verhalten genutzt werden, so dass praktisch beliebige Zeugnisse reichen würden, um einen längst Verstorbenen ins Leben zurückzurufen: »Wenn die Typen der physiologischen Strukturen, auf die sich alle individuellen Organismen zurückführen lassen, genau bestimmt sein werden, dann wird ein Porträt, eine Fotografie, die einfache Beschreibung einer Person, (…) ausreichen, um (…) die Strukturformel (…) dieses oder jenes Menschen aufzustellen. (…) Dann wird der, welcher vor vielen Jahrhunderten gelebt hat, in einem chemischen Laboratorium auferstehen.«[106]

Totalitäre Tendenzen

Derart hohe Ziele rechtfertigen selbstverständlich den Einsatz entschiedener Mittel. Schon Leo Trotzki (1879–1940) hatte angekündigt, der bisherige Mensch müsse zunächst einmal »in den Mörser, in die Retorte des Chemikers« gesteckt werden. Die bislang chaotische Form der Fortpflanzung sei aufzugeben, da sie »minderwertige Menschentypen« hervorgebracht habe. An ihre Stelle soll eine »Produktion ausschließlich wertvoller Menschentypen«[107] treten; zur Not müsse man eben auch zur »Liquidation der Minderwertigen«[108] bereit sein: »Die Macht der Vollkommenen erstreckt sich über alle Planeten, über alle Lebensräume, überallhin. Ohne Leiden zuzufügen, rottet sie alle unvollkommenen Wurzelkeime des Lebens aus und besiedelt diese Stellen mit ihrem eigenen reifen Geschlecht.«[109]

Hier zeigt sich noch einmal in aller Deutlichkeit, wie eine extreme Variante von Autonomie in menschen- und naturfeindlichen Totalitarismus umschlagen kann – u. a. weil sie die wenig spektakuläre Einsicht ignoriert, dass unterschiedliche Bedürfnisse und Interessen immer wieder gegeneinander abgewogen und ausbalanciert werden müssen. Autonomie lässt sich also schon einfach deshalb nicht beliebig steigern, weil menschliche Handlungsspielräume notwendigerweise dort an ihre Grenzen stoßen, wo sie andere Ansprüche verletzen: Dies können die Handlungsspielräume anderer Menschen sein, die Rechte anderer Lebewesen, aber auch die Gebote des Naturschutzes.

Die Geschichte des 20. Jahrhunderts hat gezeigt, dass die Übersteigerung von Autonomieansprüchen eine nur allzu reale Option mit z. T. katastrophalen Konsequenzen war; einige der hier vorgestellten Protagonisten waren mehr oder minder direkt an derartigen Entwicklungen beteiligt. So haben einige der russischen Utopisten auch die kommunistische Diktatur unterstützt, der sie dann – wie Trotzki – selbst zum Opfer fielen, auch Ernst Bloch hat zeitweilig dem Stalinismus gehuldigt.

FAZIT

Auch wenn Autonomie eine zivilisatorische Errungenschaft ist – unproblematisch ist sie keineswegs. Immerhin sind die verhängnisvollen Konsequenzen autonomen Verhaltens glücklicherweise auf die Extremformen dieser Eigenschaft beschränkt. Die üblichen Erscheinungen von Autonomie, so wie wir sie heute kennen, haben dagegen in der Regel positive Konsequenzen: Sie geben den Individuen zusätzliche Handlungsspielräume, die es ihnen erlauben, die eigenen Wünsche und Bedürfnisse umzusetzen. Insofern scheint es berechtigt, den Gewinn an Autonomie, wie er sich in der Entwicklung von der Antike bis in die Gegenwart, vor allem aber seit der Aufklärung, beobachten lässt, als eine Errungenschaft zu bezeichnen. Beobachtet wurde diese Entwicklung sowohl in der historischen Realität wie auch in philosophischen Theorien. In beiden Fälle stand das Verhältnis von Individuum und Gesellschaft im Vordergrund; daneben ging es in den Texten auch um das Verhältnis von Individuum und Natur. Die Entwicklung ist selbstverständlich nicht einheitlich, sie trifft auf Widerstände, sie verläuft in unterschiedlichen Strängen mit unterschiedlichen Geschwindigkeiten. Und sie führt nicht einfach zu einer bloßen Zunahme von Autonomie, sondern eben auch zu einer Veränderung der Vorstellung davon, was Autonomie eigentlich ist. Behält man jedoch die Gesamtentwicklung im Auge, dann wird man von einer signifikanten Zunahme an Autonomie vor allem seit der Aufklärung sprechen können.

Wenn man will, kann man in der bislang verfolgten Entwicklung drei Phasen unterscheiden. In der ersten Phase, die etwa bis zu Leibniz reicht, kann von Autonomie in einem engeren Sinne nicht die Rede sein. Menschliche Individuen waren eingefügt in eine Ordnung der Dinge, die in der Regel als göttliches Werk, zuweilen aber auch als ein Produkt der Vernunft betrachtet wurde. Belege dafür finden sich in den Paradieserzählungen, in den klassischen Utopien, aber auch noch in Leibniz' Theodizee. Der Spielraum für individuelle Abweichungen war in der Regel sehr gering; Überschreitungen galten als Hybris, die schwer bestraft werden konnte: Man konnte aus dem Paradies vertrieben werden oder in der Sklaverei enden, zuweilen wurde die Hybris aber auch durch Naturkatastrophen bestraft, die ganze Städte vernichten konnten.

In einer zweiten Phase, deren wichtigster Repräsentant Kant ist, gewinnt eine Vorstellung von Autonomie an Bedeutung, die im Wesentlichen durch Rationalität definiert ist: Autonom ist man in Kants Augen, wenn man sich von den Forderungen des Sittengesetzes leiten lässt, die ihrerseits grundsätzlich vernünftig sind. Während das Individuum damit einerseits Unabhängigkeit gegenüber sozialen und religiösen Konventionen gewinnt, wird die Bindung an die Forderungen von Vernunft und Moralität umso strenger. Für individuelle Wünsche und Bedürfnisse ist dabei kein Platz mehr; sie gelten Kant als grundsätzlich »heteronom«. Diese Beobachtungen werden bestätigt durch Kants Geschichtsphilosophie. Zwar war Kant überzeugt vom historischen Fortschritt, doch zeigt der sich alleine an der Erreichung eines rationalen Endzwecks, nämlich der Einrichtung rechtlicher Strukturen. Die Situation der einzelnen Individuen kann sich dadurch verschlechtern; zudem haben sie keinen Einfluss auf den Gang der Geschichte, der allein durch die – als vernünftig verstandene – Natur diktiert wird.

Erst in der dritten Phase, deren Beginn etwa um die Mitte des 19. Jahrhunderts angesetzt werden kann, ändert sich dies. Bei Stirner, Nietzsche, Simmel und später bei Bloch wird Autonomie nicht mehr als Verpflichtung auf Vernunft und Moral verstanden, vielmehr bleibt nunmehr auch Platz für individuelle Wünsche und Bedürfnisse. Natürlich ist das Verständnis von Autonomie nicht einheitlich: So beschränkt Nietzsche die Autonomieforderung auf eine Elite von Auserwählten, während andere Autoren prinzipiell jeden einschließen. Zudem werden die Spielräume für autonomes Handeln zuweilen auch auf die Moral oder die Wahrheit ausgedehnt; auch die Natur wird später der Willkür autonomen Handelns unterworfen. Spätestens bei den Züchtungsprogrammen der russischen Utopisten zeigt sich dann, dass ein Übermaß an Autonomie in regelrechten Totalitarismus umschlagen kann. Es ist daher unabdingbar, die Autonomieforderungen unterschiedlicher Subjekte gegeneinander auszubalancieren. Wird dies beachtet, dann kann man die Entwicklung von Autonomie in der Tat als eine Errungenschaft bezeichnen, die seit der Aufklärung zu einem substantiellen Gewinn an Freiheitsspielräumen geführt hat.

TEIL III

EMPIRISCHE ERKENNTNISSE

Wir haben gesehen, dass Autonomie gesellschaftlich eine ambivalente Rolle spielt. Einerseits gilt sie in hochindividualisierten Gesellschaften wie unserer eigenen als erstrebenswert; niemand möchte als »Mitläufer«, »Jasager« oder »Opportunist« gelten, sondern als »durchsetzungsstark«, »selbständig« oder gar »eigenwillig«. Andererseits würde eine Gesellschaft chronisch durchsetzungsstarker, selbständiger, eigenwilliger Individuen nicht funktionieren. Statt einer Gesellschaft wäre sie eine Ansammlung bindungs- und kooperationsunfähiger atomisierter Subjekte, die zu keinem Konsens fähig und nicht bereit wären, voneinander zu lernen. Demgemäß entsteht empirisch das Paradox, dass auch moderne Gesellschaften noch kooperations- und anpassungsfähige Individuen heranbilden, die aber von sich das irrige Selbstbild haben, durch und durch individuell zu sein. Dieses falsche Selbstbild ist nun aber seinerseits gesellschaftlich funktional, denn nur der normativ hochbewertete Individualismus bringt ja die kompetitiven, leistungsbereiten Personen hervor, die in modernen kapitalistischen Gesellschaften gebraucht werden.

Pädagogisch führt das zu einem weiteren Paradox: Schulen und auch Universitäten sollen ihren Bildungszielen nach Eigenverantwortung, Zivilcourage und Demokratiefähigkeit vermitteln, fordern strukturell aber Anpassung, Delegierung von Verantwortung und Unterordnung unter vorgegebene Regeln und Rahmenbedingungen. Im Sinne der Heranbildung von Bürgerinnen und Bürgern, die in der Lage sein sollen, Widerstand zu entwickeln, wenn staatliches oder institutionelles Handeln gegen geltendes Recht verstößt, müsste pädagogisches Handeln die Fähigkeit zu abweichendem Verhalten vermitteln, ein Widerspruch in sich selbst. Tatsächlich aber werden solche Widersprüche besonders in Extremsituationen wirksam: Wenn etwa Soldaten die Verpflichtung haben, gegen verbrecherische Befehle Widerstand zu leisten, wie entscheiden sie, wann dieser Widerstand erforderlich ist und wie er aussehen kann? Wenn ein Polizeipräsident, wie im Fall der Entführung von Jakob von Metzler, davon ausgeht, dass er das Leben des entführten Jungen retten kann, wenn er den verhörenden Beamten anweist, dem Kidnapper unter Androhung von Folter das Versteck zu entlocken – handelt er dann in normativ wünschenswerter Weise autonom oder gerade nicht, weil er gegen geltendes Recht verstößt? Und: Wie steht es mit dem Verhältnis von Autonomie und Recht, wenn sich der Staat selbst in ein Unrechtssystem verwandelt hat? Eine Paradoxie der Beurteilung von normativ »richtigem« und »falschem« Verhalten besteht ja darin, dass man in historischer Perspektive Widerstandskämpfern »richtiges« Verhalten attestiert, obwohl dieses in zeitgenössischer Perspektive abweichendes Verhalten war und von den allermeisten missbilligt wurde. Wie kommt jemand in die Lage, seine autonome normative Urteilsfähigkeit auch dann zu bewahren, wenn sein ganzes soziales Umfeld es in Frage stellen würde?

Solche empirischen Fragen sind es, die im Spannungsfeld von Autonomie und Konformität unter Extrembedingungen sichtbar werden, und solche Fragen waren es auch, die uns vor einigen Jahren beschäftigt haben, als wir unser gemeinsames Forschungsprojekt zum Thema »Autonomie. Handlungsspielräume des Selbst« begonnen haben.[110] Ist Autonomie eine Persönlichkeitseigenschaft, und wenn ja: ist sie auch handlungsleitend? So ist zum Beispiel die Frage, warum – etwa bei der Aufforderung, an einer Exekution von schuld- und wehrlosen Menschen teilzunehmen – regelmäßig eine weit überwiegende Mehrheit konform handelt, und lediglich eine kleine Minderheit sich für abweichendes Verhalten entscheidet,[111] das dann im Nachhinein, also unter historisch und sozial anderen Bedingungen, als normativ richtig erkannt wird – wenn überhaupt. Dies gilt auch dann, wenn Entscheidungen gegen die Mehrheitsmeinung keinen formalen Sanktionsdrohungen unterliegen, die Person also »nur« soziale Nachteile zu befürchten hat.

Obwohl aber die Homogenität des Verhaltens der Gruppe sowie die Attraktivität der Gruppe für die meisten Gruppenmitglieder handlungsleitend sind,[112] ist regelmäßig ein kleiner Teil doch in der Lage, von der Mehrheitsmeinung abzuweichen und sich anders zu artikulieren bzw. zu verhalten als die anderen.[113] Die Frage, warum diese Personen sich autonom verhalten können, obwohl dieses Verhalten sich sozial unmittelbar nachteilig für sie auswirkt, konformes Verhalten also für sie besser wäre, wird uns im Folgenden beschäftigen. Zunächst einige Beispiele dazu aus der Geschichte.

FALLSTUDIEN

Eine Entscheidung zum Töten

Einen Fall, an dem man das Spannungsverhältnis von Autonomie und Konformität gut illustrieren kann, liefert das Reservepolizeibataillon 101. Deutsche Reservepolizeibataillone hatten im Zweiten Weltkrieg die Aufgabe, ordnungspolizeiliche Aufgaben hinter der vorrückenden Wehrmacht zu verrichten, also etwa Anschläge von Partisanen zu verhindern, die Einhaltung von Anordnungen der Besatzer wie Sperrstunden durchzusetzen etc. Die Reservepolizisten waren in der Regel älter als der Durchschnitt der Wehrmachtssoldaten, sie zählten nicht zu den kämpfenden Truppen, hatten einen Zivilberuf und waren

»weltanschaulich« nicht besonders geschult und auch nicht besonders ideologisiert. Diese Durchschnittlichkeit machte die Reservepolizisten zu einer wichtigen Gruppe für die historische Täterforschung: repräsentierten sie doch weder den überzeugten »Weltanschauungskrieger« noch den sadistischen Vollstrecker, sondern die »ganz gewöhnlichen Männer« (Christopher Browning) – was in seltsamem Kontrast dazu stand, dass sie eine zentrale und ausgesprochen brutale Rolle im Vernichtungskrieg spielten. Denn sie waren es, die mit dem Beginn des sogenannten »Barbarossa«-Feldzuges, also des deutschen Überfalls auf die Sowjetunion 1941, im Rahmen der sogenannten Einsatzgruppenmorde Hunderttausende von jüdischen Männern, Frauen und Kindern erschossen.

Diese Massenmorde waren so grausam, dass führende Vertreter der SS wie Heinrich Himmler oder der Auschwitz-Kommandant Rudolf Höß nach in ihren Augen »humaneren« Mitteln suchten, große Mengen von Menschen zu töten. Diese Suche mündete schließlich in die Einrichtung von Vernichtungslagern, in denen der Massenmord industrielle Züge annahm. Zuvor wurde direkt getötet.

Die 500 Angehörigen des Reservepolizeibataillons 101 haben rund 38 000 Menschen ermordet und weitere 45 000 nach Treblinka deportiert – was rein rechnerisch bedeutet, dass jeder der beteiligten Täter für das Schicksal von ca. 170 Opfern verantwortlich war. Das Bataillon 101 ist nicht nur deshalb interessant, weil hier mit 210 Vernehmungsprotokollen eine ungewöhnliche Menge von Aussagen von Direkttätern vorliegt, sondern auch, weil – wie schon angedeutet – die Bataillonsangehörigen im Durchschnitt deutlich älter als dreißig Jahre, mithin Männer waren, deren entscheidendes Sozialisationsalter noch vor dem Nationalsozialismus gelegen hatte: »Viele kamen aus einem für nationalsozialistische Anschauungen relativ unempfänglichen Umfeld. Sie kannten die moralischen Normen der deutschen Gesellschaft vor dem Nationalsozialismus sehr gut und verfügten damit über andere Maßstäbe zur Beurteilung der nationalsozialistischen Politik, an deren Durchführung sie sich beteiligen sollten.«[114] Etwa 80 bis 90 % dieser Männer haben Juden getötet, obwohl es fast alle zumindest anfangs entsetzte und anwiderte.

Und niemand musste töten. Den Männern war es ausdrücklich freigestellt, ob sie bei den Massenmorden mitmachen wollten oder nicht.

Die Befehlsausgabe

Am Morgen des 13. Juli 1943 traten die Männer des Polizeibataillons 101 an. Der bei seinen Männern sehr beliebte Kommandeur, der 53-jährige Major Wilhelm Trapp, war bei dem, was er nun sagte, bleich und nervös. Es wird berichtet, dass er Tränen in den Augen hatte und sichtliche Schwierigkeiten damit, seine Gefühle im Zaum zu halten. »Das Bataillon stehe vor einer furchtbar unangenehmen Aufgabe, erklärte er mit tränenerstickter Stimme. Ihm selbst gefalle der Auftrag ganz und gar nicht, die ganze Sache sei höchst bedauerlich, aber der Befehl dazu komme von ganz oben. Vielleicht werde ihnen die Ausführung leichter fallen, wenn sie an den Bombenhagel dächten, der in Deutschland auf Frauen und Kinder niedergehe.

Dann kam er auf die eigentliche Aufgabe zu sprechen. Die Juden hätten den amerikanischen Boykott angezettelt, der Deutschland geschadet habe, soll Trapp der Erinnerung eines beteiligten Polizisten nach gesagt haben. Zwei anderen zufolge soll er erklärt haben, dass es in Józefów Juden gebe, die mit den Partisanen unter einer Decke steckten. Das Bataillon habe nun den Befehl, diese Juden zusammenzutreiben. Die Männer im arbeitsfähigen Alter sollten dann von den anderen abgesondert und in ein Arbeitslager gebracht werden, während die übrigen

Juden – Frauen, Kinder und ältere Männer – vom Polizeibataillon auf der Stelle zu erschießen seien. Nachdem Trapp seinen Männern auf diese Weise erklärt hatte, was ihnen bevorstand, machte er ein außergewöhnliches Angebot: Wer von den Älteren sich dieser Aufgabe nicht gewachsen fühle, könne beiseite treten.«[115]

Von Trapps Angebot haben je nach Aussage nur zehn oder 12 Männer Gebrauch gemacht[116] – mindestens 488 sind also stehen geblieben, was de facto gleichbedeutend mit der Entscheidung war, an den Morden teilzunehmen. Bemerkenswert ist die Form von Trapps Befehlsausgabe: In seinem ganzen Auftreten vor dem Bataillon brachte der Kommandeur zum Ausdruck, dass er selbst sehr unter dem Befehl litt, den er aber nun mal auszuführen hatte. Ja, Trapp distanziert sich geradezu von dem Befehl, den er gibt – es scheint völlig klar, dass er ihn nie erteilen würde, wenn er die Wahl hätte. Was bedeuten diese erstaunliche Distanz und das Bild eines ringenden, schwachen Menschen, das Trapp vermittelt, für seine Männer?

Trapps offensichtliche Schwäche muss in der Sicht seiner Männer stark, nämlich aufrichtig und deshalb motivierend wirken: Denn erstens können sie in ihrem Vorgesetzten jemanden sehen, der deutliche Schwierigkeiten mit der Erfüllung der Aufgabe hat, die ihm befohlen worden ist – was die möglicherweise zu erwartenden eigenen Schwierigkeiten relativiert und nach Trapps Vorbild auch handhabbar erscheinen lässt. Zweitens wirkt die Schwäche Trapps, der allgemein als beliebter und fürsorglicher Vorgesetzter gilt, als Loyalitätsaufforderung: Man wird seinen geschätzten Vorgesetzten ja ausgerechnet in einer Situation, mit der er selbst Schwierigkeiten hat, nicht gern im Stich lassen wollen. Drittens handelt es sich bei der Entscheidungssituation, in der die Männer sich befinden, um eine Situation, in der vieles unklar ist: Noch haben sie an keiner Massenerschießung teilgenommen, noch wissen sie nicht, wie so etwas überhaupt vonstatten geht. Und keiner von ihnen weiß in dieser Situation genau, was von ihm erwartet wird: Entschlossenheit, Zögern, Besonnenheit, Härte, Mordbereitschaft oder gar Verweigerung, Disziplin, Weinerlichkeit oder alles zusammen? Der Sozialpsychologe Muzafer Sherif hat schon in den 1950er Jahren experimentell nachweisen können, dass gerade in Situationen, in denen die Teilnehmer unsicher sind, eine Orientierung an der unterstellten Gruppennorm gesucht wird[117] – je größer die Unsicherheit, je ungewohnter die Situation, desto stärker die Übereinstimmung mit der Gruppe.

Überhaupt suchen Menschen in unklaren Situationen nach Anhaltspunkten, an denen sie sich orientieren können: Der Vorgesetzte scheint ebenso verunsichert wie man selbst – aber er gibt trotzdem den Befehl. Und Befehlen muss man auch dann folgen, wenn sie einem nicht einleuchten oder gefallen – so ist das im Krieg. Zudem treten die Kameraden ebenfalls nicht aus der Reihe, also scheinen die mitmachen zu wollen. Wie schwer muss es dem Einzelnen fallen auszuscheren, wenn die übergroße Mehrheit der anderen stehen bleibt? Anders gesagt: Je mehr stehen bleiben, desto sicherer wird der Einzelne in seiner Neigung, nicht herauszutreten – die Richtigkeit der eigenen Tendenz, besser mitzumachen, wird im selben Augenblick durch das Stehenbleiben der anderen bestätigt. Weiter: Das Heraustreten ist aktiv, das Stehenbleiben passiv. Wenn man nicht genau weiß, was man tun soll, liegt passives Verhalten viel näher als aktives. Und noch etwas anderes, was man leicht übersehen kann, kommt hinzu: Die soziale Situation, in der die Entscheidung fällt, besteht aus den 500 Polizisten und ihrem Kommandeur. Sie bilden eine soziale Figuration wechselseitiger Verpflichtung. Opfer sind keine vor Ort, und es ist auch noch keineswegs klar, wer genau sie sein werden und wann die erste »Judenaktion« stattfinden wird.

Insgesamt kommen in dieser Situation also viele Gründe zusammen, die es dem Einzelnen näherlegen stehen zu bleiben, als aus der Reihe herauszutreten. Übrigens hieße die Entscheidung, nicht mitzumachen, die schlimme Arbeit den Kameraden aufzubürden und sich selbst davon auf ihre Kosten auszunehmen – was ein unsozialer Akt gewesen wäre.[118] Dies alles weist darauf hin, dass Entscheidungen in Situationen dieser Art weniger persönlich als sozial begründet sind. Die meisten Reservepolizisten entscheiden sich nicht für das Töten, weil sie dafür ein persönliches Motiv oder gar eine persönliche Disposition haben, sondern weil die soziale Situation diese Entscheidung von ihnen zu fordern scheint. Der Historiker Jörg Baberowski, der stalinistische Gewalt untersucht hat, kommt zu einem analogen Schluss und zitiert dazu Erving Goffmans Aperçu, dass sich die Menschen nicht ihre Situationen suchen, sondern die Situationen ihre Menschen.[119]

Man stelle sich im Rahmen eines Gedankenexperiments vor, welche sozialen Kosten ein Bataillonsangehöriger auf sich nehmen würde, der sich »autonom« verhalten und aus der Gruppe heraustreten würde: Er verletzt Gruppennormen, die er selbst teilt und für gültig hält, er verletzt die Loyalitätsverpflichtungen seinem Vorgesetzten sowie der Gruppe, eventuell auch engen Freunden innerhalb dieser Gruppe gegenüber, er isoliert sich von der Gruppe, die seine Haltung als überheblich, feige, schwach, jedenfalls nicht als anerkennens- oder gar bewundernswert betrachten würde. Und man muss bei all dem auch bedenken, dass dies alles nicht nur vorübergehende, sondern möglicherweise dauerhafte Konsequenzen für den Betroffenen hat, die in dieser Situation der Befehlsausgabe noch gar nicht abzusehen sind. Man hat hier geradezu einen Modellfall für die Macht vor Augen, die Gruppen auf das Verhalten ihrer Mitglieder ausüben. Konformität schützt den Einzelnen, Autonomie gefährdet ihn.

Die individuellen Folgen, die ein »Ausscherer« zu tragen

hätte, wären beträchtlich: Denn er wird ja genau dieser Gruppe, der er die Solidarität aufkündigt, noch auf unabsehbare Zeit angehören. Sein abweichendes Verhalten hätte weitreichende Konsequenzen, die in ihrer Tragweite kaum abzuschätzen sind, während auf der anderen Seite zunächst »nur« die Teilnahme an einer Erschießung gefordert wird. Und die einzelnen Bataillons-angehörigen beobachten, dass die anderen stehen bleiben und nicht aus der Gruppe heraustreten; offensichtlich, so scheint es, sehen also auch die allermeisten der Kameraden kein Problem darin mitzumachen.

Dazu könnte man jetzt noch die als normative Hintergrund-voraussetzung präsente nationalsozialistische Moral berück-sichtigen, die es als normal oder gar notwendig erscheinen ließ, Juden, Partisanen etc. zu vernichten, um Schaden von der eige-nen Gruppe abzuwenden. Schließlich könnte man, wie Major Trapp in seiner Ansprache an das Bataillon formulierte, auch einfach an die deutschen Frauen und Kinder denken, die in der Heimat zu schützen waren. Und des weiteren könnte man sich vergegenwärtigen, dass Härteorientierungen, autoritäre Erzie-hungsideale, gewaltsame Konfliktlösungsmodelle in den Mi-lieus, aus denen die Polizisten stammten, eine bestimmende Rolle spielten.

Wenn man mit Studierenden an diesem Beispiel die Entschei-dungssituation durchspielt, in der die Männer sich befinden, und am Ende der Debatte ein einfaches Pro- und Contra-Schema an die Tafel schreibt – links Pro für das Verbleiben in der Gruppe, rechts Contra für den Entschluss, nicht mitzumachen – füllt sich die linke Tafelhälfte enorm schnell, und zwar mit all den genann-ten Faktoren. Auf der rechten Seite gibt es dagegen regelmäßig nur wenige und dazu vage Einträge, in denen Ethik, Moral, reli-giöse Überzeugungen thematisiert werden. Nach allem, was man weiß, sind derlei Haltungen und Orientierungen aber nur in sel-tenen Ausnahmefällen geeignet, gewaltsame Handlungen zu verhindern. Das Vorhandensein ethischer Grundüberzeugungen schließt ihre Verletzung bekanntlich nicht aus.

So lässt sich das auf den ersten Blick unverständliche Verhalten der erdrückenden Mehrheit der Reservepolizisten recht gut erklären. Sie haben zu interpretieren versucht, was in einer unklaren Situation das für sie selbst und die Gruppe angemessene soziale Verhalten ist, und daraus den Schluss gezogen, dass es sinnvoll sei, in der Reihe stehen zu bleiben. Und nicht herauszutreten. Für diesen Schluss spielen *persönliche Motive* wie Mut, Hass, Gewaltbereitschaft, Anbiederung etc. offensichtlich genauso wenig eine Rolle wie *persönliche Eigenschaften*.

Die Gruppe

Die Sozialpsychologie der Intergruppenbeziehung[120] hat auf der Grundlage zahlreicher Experimente nachgewiesen, dass selbst sehr willkürlich konstruierte Zugehörigkeiten zu Gruppen das Handeln der Einzelnen in konkreten Entscheidungssituationen bestimmen. So hat Henry Tajfel Versuchspersonen unabhängig voneinander Bilder abstrakter Maler vorgeführt und sie gebeten zu sagen, welche ihnen am besten gefielen. Anschließend wurde den Probanden völlig unabhängig von den geäußerten Präferenzen mitgeteilt, dass sie entweder ausgesprochene Klee- oder ausgesprochene Kandinsky-Liebhaber seien. In einem zweiten Teil des Experiments bekamen sie nun die Aufgabe, Gruppen von anderen Versuchspersonen nach einem Verteilungsschlüssel Geldbeträge zuzuweisen: nämlich Klee-Liebhabern, Kandinsky-Liebhabern und Mitgliedern einer gemischten Gruppe. Obwohl die Versuchspersonen untereinander keinerlei Kontakt hatten und sich den jeweiligen Gruppen nur abstrakt zuordnen konnten, häuften sich die Geldbeträge jeweils auf dem Konto der Gruppe, der die Versuchsperson sich zugehörig fühlte. Dieses Bild zeigt sich sogar dann, wenn die Gruppen nicht nach vermeintlichen ästhetischen Vorlieben, sondern nach Münz-wurf eingeteilt werden[121] – woraus man den einfachen Schluss ziehen kann, dass Menschen schon dann als Gruppenmitglieder handeln, wenn sie sich als Mitglieder von Gruppen wahrneh-men. Die brutaleren Ferienlagerexperimente von Muzafer She-rif aus den 1950er Jahren haben gezeigt, dass es mit Hilfe will-kürlicher Gruppeneinteilungen von Schülern »erschreckend einfach war, *wir*-Loyalität und *sie*-Feindlichkeit zu erzeugen«.[122] Die Literatur, von den »Verwirrungen des Zöglings Törless« von Robert Musil (1906) bis hin zu »The Circle« von Dave Eggers (2014) legt von diesen sozialen Sachverhalten eindringlich Zeugnis ab.

Auch Norbert Elias hat argumentiert, dass das Handeln ein-zelner Menschen nur vor dem Hintergrund ihrer (wahrgenom-menen) Wir-Gruppen-Zugehörigkeit und in seiner Interdepen-denz mit den Handlungen anderer verstanden werden kann.[123] Die Wir-Gruppe fordert Loyalität, während die Sie-Gruppe, ge-gen die sich ein Befehl oder eine Beurteilung richtet, als unzu-gehörig und meist als bedrohlich oder minderwertig betrachtet wird. Insofern haben, um auf das Polizeibataillon 101 zurück-zukommen, die späteren Opfer schon im Augenblick der Be-fehlsausgabe kaum eine Chance, dass sich die späteren Täter dafür entscheiden werden, sie *nicht* zu töten. Militärisch for-mierte Situationen sind auf geradezu prototypische Weise nach Wir- und Sie-Gruppen-Schemata strukturiert, bevor auch nur eine einzige Konfrontation stattgefunden hat. Hinzu kommt, dass im Krieg die Männer unter sich sind und keine Personen jenseits ihrer Gruppe mehr existieren, die die Normen der Wir-Gruppe in Frage stellen könnten.[124] Im Unterschied zum zivilen Alltag, in dem man ja sehr unterschiedliche Rollen zu spielen hat und entsprechend zwischen verschiedenen Gruppenzu-gehörigkeiten wechselt – etwa wenn man von der Arbeit nach Hause zur Familie geht und abends in den Sportverein –, ist man im Krieg *monosozial* auf die Kameradengruppe beschränkt. Wahrnehmungen und Deutungen relativieren sich nicht durch Rollenwechsel, sondern verstärken sich dadurch, dass jeder in der Gruppe denselben Erfahrungs- und Kommunikationsraum teilt.

Soldaten und Polizisten handeln unter den Bedingungen des Einsatzes nie allein. Daher kommt schon eine frühe Studie zum Verhalten von Soldaten, die von Autoren um Samuel Stouffer[125] 1948 vorgelegt wurde, zu dem Schluss, dass die Rolle der Gruppe für das Verhalten der einzelnen Soldaten erheblich wichtiger ist als etwa ideologische, politische oder persönliche Motive.[126] Das galt für die amerikanische Armee genauso wie für die deutsche Wehrmacht. Edward Shils und Morris Janowitz strichen ebenfalls schon 1948[127] heraus, dass die Kampfkraft der deutschen Wehrmachtsoldaten im Wesentlichen nicht auf nationalsozialistische Überzeugungen, sondern auf die Befriedigung persönlicher Bedürfnisse im Rahmen der Gruppenbeziehungen zurückzuführen war. Mehr noch: dass dieser Aspekt durch die Organisationsstruktur der Wehrmacht mit ihren modernen Management- und Personalführungstechniken besonders gefördert wurde.[128]

Jeder Angehörige einer Gruppe betrachtet sich selbst so, wie er glaubt, von der Gruppe gesehen zu werden – und das liefert, wie Erving Goffman in seiner Studie zum »Stigma« herausgearbeitet hat, das stärkste Motiv, sich gruppenkonform zu verhalten.[129] Gerade die Alternativlosigkeit der Gruppe, zu der jemand gehört und die er mitbildet, macht sie, zumal unter den existentiellen Bedingungen des Kampfeinsatzes, zur entscheidenden normativen und praktischen Instanz. Wenn etwa in amerikanischen *combat briefings* in Vietnam häufiger gesagt wurde: »Ich weiß nicht, warum ich hier bin. Du weißt nicht, warum du hier bist. Aber da wir beide nun mal hier sind, können wir auch versuchen, einen guten Job zu machen und unser Bestes zu geben, um am Leben zu bleiben«,[130] dann unterstreicht dies, dass die Kameradschaftsgruppe für alles, was geschieht, gedacht und entschieden wird, von weit größerer Bedeutung ist als Weltanschauungen, Überzeugungen oder gar historische Missionen, die den äußeren Begründungszusammenhang eines Krieges bilden. Die Entscheidungsgrundlage beruht in einem solchen Referenzrahmen nicht auf der persönlichen Autonomie des Individuums, sondern auf der sozialen Übereinstimmung in der Gruppe. So sieht es auch der Vietnamkämpfer Michael Bernhardt, der sich der Teilnahme am Massaker von My Lai verweigerte und daraufhin zum Außenseiter wurde: »Es zählt nur, was die Leute hier und jetzt über dich denken. Wichtig ist allein, was die Leute in deiner unmittelbaren Umgebung von dir halten. (…) Diese Gruppe von Leuten (…) war die ganze Welt. Was sie für richtig hielten, war richtig. Und was sie für falsch hielten, war falsch.«[131]

Und der deutsche Wehrmachtsoldat Willy Peter Reese formulierte es in seinen Aufzeichnungen so: »Wie die Winterkleidung zuletzt nichts als die Augen frei ließ, so ließ das Soldatentum auch nur den geringsten individuellen Zügen Raum. Wir waren uniformiert. Nicht nur ungewaschen, unrasiert, verlaust und krank, auch seelisch verkommen, nichts als eine Summe von Blut, Eingeweiden und Knochen. Unsere Kameradschaft entstand aus zwingender Abhängigkeit voneinander, dem Zusammenhausen auf engstem Raum. (…) Es lag nichts an uns, es lag nichts an Hunger, Frost und Fleckfieber, Ruhr und Erfrierungen, Krüppeln und Toten, an zerstörten Dörfern, geplünderten Städten, Freiheit und Frieden. Es lag am wenigsten am einzelnen Menschen.«[132]

Wahrnehmungen, Deutungen und Entscheidungen, die Menschen unter restriktiven Bedingungen wie im Krieg vornehmen, hängen also weniger von ihren persönlichen Dispositionen ab als von den Rahmen der Wahrnehmung, Deutung und

Aushandlung innerhalb der Gruppe. Das, was wir heute unter zivilen Bedingungen als Spielraum für autonomes Entscheiden vorfinden, existiert unter solchen Bedingungen nur sehr eingeschränkt. Und: Persönliche Autonomie käme erst dort zum Tragen, wo zwei Personen vor einer identischen Entscheidungssituation stehen und die eine sich konform und die andere abweichend verhält – also etwa dort, wo die wenigen Reservepolizisten aus der Reihe treten, während alle anderen stehen bleiben.

Die Verweigerer

Leider weiß man über diejenigen, die aus der Reihe getreten sind, nicht allzu viel. Am deutlichsten sind Hinweise darauf, dass einige von ihnen keinen Wert auf Beförderung oder verbesserte Karriereaussichten legten, weil sie eine solide zivile Existenz hatten. So erklärte Leutnant Buchmann, der sich explizit weigerte, er habe ja zu Hause sein gutgehendes Geschäft, im Unterschied zu anderen im aktiven Dienst, »die noch etwas werden wollten. Ich hatte durch meine kaufmännische Tätigkeit, die sich insbesondere auch auf das Ausland erstreckte, einen besseren Überblick über die Dinge. Außerdem kannte ich schon durch meine geschäftliche Tätigkeit von früher viele Juden.«[133] Buchmann galt nach den Aussagen vieler Reservepolizisten freilich als »Ausnahmeerscheinung«; andere weigerten sich, vielfach noch nach der Teilnahme an der ersten »Judenaktion«, weil ihnen die grausamen Umstände der Massenerschießung unerträglich waren: Sie erklärten sich als »zu weichlich« oder als »nervlich total fertig« oder »derartig übel, dass ich einfach nicht mehr konnte«.[134] Christopher Browning schätzt die Zahl der Verweigerer zusammengenommen auf höchstens 20 Prozent; für sie gab es in aller Regel tatsächlich die Möglichkeit, sich zu entziehen. Dass hier kein formaler Druck ausgeübt wurde, macht Sinn: Solange genügend tötungsbereite Männer da sind, ist es dysfunktional, auch diejenigen einzusetzen, die sich übergeben müssen, zusammenbrechen oder auf andere Weise den Vorgang stören. Freilich wurden diese Personen von ihren tötenden Kameraden beschimpft oder geschnitten. »Es ließ sich nicht vermeiden, dass der eine oder andere meiner Kameraden bemerkte, dass ich nicht mit zur Exekution ging, um Schüsse auf die Opfer abzufeuern. Sie bedachten mich daher mit Bemerkungen (wie) ›Scheißkerl‹, ›Blutarmer‹ u. a.«[135]

Von diesen wenigen Aussagen auf die Motive derjenigen Bataillonsangehörigen zu schließen, sich dem Morden nicht zu verweigern, aber doch immerhin zu entziehen, ist sicher nicht zulässig. Auch Untersuchungen zum prosozialen Verhalten[136] oder zum Altruismus[137] helfen nicht viel weiter: Zwar geben sie Hinweise auf die Rolle von Persönlichkeitseigenschaften in komplexen Entscheidungssituationen, bleiben aber die Antwort schuldig, warum sich manche Menschen prosozial verhalten, obwohl das negative Folgen für sie hat oder haben kann. Der häufig herangezogene Verweis auf Bildung und Erziehung führt nicht weiter, denn unter den Tätern des Vernichtungskrieges finden sich alle Bildungs- und Schichtzugehörigkeiten. Vielleicht spielen für die Teilnahmeverweigerung soziale Verpflichtungen eine Rolle, die die unmittelbar vorhandene soziale Situation überschreiten. Das heißt, es kann abwesende Bezugspersonen geben, die – wie ein Vater oder eine Ehefrau – ein anderes Verhalten nicht billigen würden, oder es kann konkrete soziale Erfahrungen mit Angehörigen der Opfergruppe geben, die die Teilnahme an Gewalt- oder Tötungshandlungen unmöglich machen können. Dies kann passieren, aber es muss nicht so sein. Wir werden darauf noch zurückkommen.

Warum die ungefähr zehn Reservepolizisten im Fall des Bataillons 101 sich für das Heraustreten aus der Gruppe entschieden und damit abweichend verhalten haben, ist unklar; Daten dazu liegen nicht vor.

Helfer und Retter

Allerdings wissen wir aus einem anderen Forschungsprojekt[138] zum Verhalten von Helfern und Rettern im Nationalsozialismus, dass Motive für im zeitgenössischen Sinn abweichendes Verhalten oft ganz woanders liegen, als man es gewöhnlich annehmen würde. Sowenig die Täter und Täterinnen mehrheitlich persönliche Dispositionen für ihr Gewalthandeln benötigen, sowenig kommen die meisten Helfer und Retter als altruistische Persönlichkeiten persönlich motiviert in die Situationen, in denen sie helfen. Aus unserer Helferstudie wissen wir, dass viele Hilfeleistungen innerhalb von Netzwerken abgerufen wurden, in der Personen zu Helfern wurden, weil sie an Dokumente herankamen oder über geeignete Verstecke verfügten; die Initiative, diese Rollen zu aktivieren, ging dagegen oft von den Verfolgten selbst aus.[139] Und besonders aus einer aktuellen Veröffentlichung[140] ergibt sich, dass viele Hilfeleistungen auch monetär und/oder sexuell entgolten werden mussten. Helferinnen und Helfer gehören nicht selten randständigen Milieus an, also kleinkriminellen und Rotlicht-Szenen, was erstens eine gewisse Staatsferne und zweitens Erfahrung im Überschreiten legaler Grenzen mit sich bringt. Daneben spielen politische Kulturen, etwa aus dem kommunistischen Widerstand, eine wichtige Rolle und durchaus auch persönliche Variablen – die müssen aber nicht zwingend prosozial gelagert sein. Der wohl berühmteste Retter, Oskar Schindler, war eine Spielernatur, was es ihm erlaubte, riskante Arrangements mit seinem Kontrahenten, dem Lagerkommandanten Amon Göth, zu treffen und gewissermaßen auf einen guten Ausgang für »seine« Juden zu wetten. Man sieht hier, dass Hilfeverhalten ebenso wie Täterverhalten immer auch eine ganz bestimmte Interaktion mit anderen Personen voraussetzt – mit dem technokratischen und normkonformen Auschwitz-Kommandanten Rudolf Höß hätte Schindler nicht »dealen« können.

Zusammenfassend lässt sich in Anlehnung an eine Feststellung von Kurt Wallander, dem fiktiven Kommissar aus den Kriminalromanen von Henning Mankell, sagen, dass es keine Mörder gibt, sondern lediglich Menschen, die Morde begehen. Umgekehrt gibt es keine Helfer, nur Menschen, die helfen, wenn es die Situation zulässt und sie es für richtig halten. Schließlich: Es gibt keine Helden, sondern nur Menschen, die situativ »über sich selbst« hinauswachsen – wobei ja diese Formulierung schon andeutet, dass ein solches Verhalten *unabhängig* von der speziellen Situation kaum denkbar wäre. Aber die Alltagswahrnehmung und oft auch die wissenschaftliche Analyse gehen von der Vorstellung aus, es läge an der Persönlichkeit oder der Lebensgeschichte, wenn jemand etwas tut, was von unterstellten Normen abweicht. In der Psychologie hat man dafür den Begriff des »systematischen Attributionsfehlers« geprägt: Er bezeichnet das Phänomen, dass eigenes Fehlverhalten den situativen Umständen zugeschrieben wird (»Ich konnte gar nicht anders handeln …«), Fehlverhalten anderer aber auf deren Persönlichkeit zurückgeführt wird (»Die war schon immer so …«).

Es kommt noch etwas hinzu: In modernen, funktional differenzierten Gesellschaften kann ein und dieselbe Person sehr unterschiedliche Entscheidungen treffen und Dinge tun, sogar dann, wenn diese höchst widersprüchlich zueinander ausfallen. Dies ist keineswegs eine Angelegenheit individueller Pathologie, sondern in modernen Gesellschaften funktional. Unterschiedliche Rollen bringen unterschiedliche Rollenerwartungen mit sich, die man erfüllen können muss: Ein Chirurg etwa hat im OP eine andere Rolle zu spielen als morgens beim Frühstück, abends beim Spielen mit den Kindern, samstags im Fußballverein und gelegentlich beim Üben mit seiner Rockband. Diese Fähigkeit zum geschmeidigen Rollenwechsel wird systematisch gelernt.

Erving Goffman hat sein ganzes Werk darauf verwandt auszubuchstabieren, dass Menschen in modernen Gesellschaften je nach Situation Aufgaben höchst unterschiedlich wahrnehmen, deuten und lösen und dass sie keinerlei Problem damit haben, sich in der einen Rolle von Normen zu distanzieren, denen sie in einer anderen Rolle folgen (»Fragen Sie mich als Politiker oder als Mensch?«). Und er hat die soziale Choreographie dechiffriert, die die Beziehungen, Rollenspiele und Inszenierungen der Akteure regelt.

Das heißt, ob man sich dafür entscheidet, autonom zu handeln oder konform, ist in der Regel eine Frage der sozialen Figuration, von der man gerade ein Teil ist, und der Aufgabe, die man in diesem Rahmen zu bewältigen hat. Unabsichtlich komisch hat in diesem Sinn Adolf Eichmann auf die Frage des Richters im Jerusalemer Prozess geantwortet, warum er sich denn nicht zivilcouragiert verhalten und sich verbrecherischen Befehlen nicht widersetzt habe: Zivilcourage sei ja nicht angeordnet gewesen, hätte man sie befohlen, hätte er selbstverständlich Zivilcourage gezeigt!

Moderne Menschen sind flexibel

Wenn man dagegen in der Forschung wie im Alltag nach dem isolierten Grund, nach der homogenen Persönlichkeit sucht, die ein jeweiliges Tun motiviert, geht man von einem Menschenbild aus, das allenfalls für archaische Gesellschaften mit eindimensionalen Rollen und Rollenerwartungen angenommen werden kann. Es ist, außer im pathologischen Grenzfall, Unsinn, das Handeln eines Menschen auf ein persönliches Motiv zurückzuführen, das situationsunabhängig wirksam würde. Und moderne Gesellschaften können umgekehrt mit Normpathologen nichts anfangen. Jemand, der situationsunabhängig wechselnde Anforderungen mit der immer gleichen Antwort versieht, landet in modernen Gesellschaften in der Psychiatrie. Im normalen Alltagsleben kann er nicht bestehen. Das gilt für

den unter allen Bedingungen konform wie den unter allen Bedingungen autonom Handelnden. Beide verfügen nicht über
die Rollenflexibilität und -distanz, die man braucht, um in modernen Gesellschaften zu bestehen.

Flexibilität in den Wahrnehmungen, Überzeugungen und
Entscheidungen wird denn auch in allen Sozialisationsinstanzen
und Bildungseinrichtungen in modernen Gesellschaften vermittelt: Gegenüber den Eltern wird ein anderes Verhalten erwartet
als gegenüber der Lehrerin als gegenüber den Mitschülerinnen
als gegenüber den Sportkameraden. Das geschmeidige Wechseln
von einer Rolle mit einem festgelegten Erwartungs- und Verhaltensrepertoire in eine nächste wird ebenso eingeübt wie der subjektive Gleichmut gegenüber Widersprüchen, die zwischen den
jeweiligen Rollenanforderungen auftreten – weshalb ein Voll-
zugsbeamter die Härte, die er einem Häftling gegenüber zeigt, in
seinem Gesangverein nie an den Tag legen würde.

Deshalb konnte, anders als die Geschichtsfolklore es nahelegt,
auch ein totalitäres System wie der Nationalsozialismus auf den
flexiblen Menschen, nicht auf den starren, unflexiblen Funktions-
träger bauen.[141] Das war übrigens auch der Grund dafür, dass die
SS es den Bataillonskommandeuren selbst überließ, in welcher
Form sie ihre Tötungsbefehle weitergaben – schließlich wussten
diese am besten, wie die Reaktionen ihrer Männer einzuschätzen
waren. Ein flexibler Reservepolizist, ein gemütvoller Gestapobe-
amter sind aus Sicht des Systems besser als Autoritätsfixierte: weil
sie geschmeidig auf wechselnde Situationen und Anforderungen
reagieren können und so am effizientesten zu dem Ziel kommen,
das sie erreichen sollen und möchten. Aus exakt diesem Grund
hatte die deutsche Wehrmacht ein höchst modernes und gegenüber anderen Armeen liberales Führungsprinzip.[142]

Ein solches Führungsprinzip ist deshalb modern, weil es auf
die autonome Entscheidungs- und Handlungsfähigkeit von
Funktionsträgern in einem vorgegebenen Handlungsrahmen

setzt. Dieser Rahmen kann starr und durch die Ziele, die erreicht werden sollen, eindeutig definiert sein, den Handelnden aber große Freiheit in der Wahl ihrer Mittel lassen, das vorgegebene Ziel zu erreichen. Das schließt auch die Nutzung von Gelegenheiten zur Bereicherung oder zu besonderer Brutalität und Grausamkeit ein.[143] Anders gesagt: Innerhalb des Rahmens gibt es Handlungsspielräume, die von autonom agierenden Personen effektiver genutzt werden können als von starren Befehlsempfängern, die auf Komplikationen, unerwartete Entwicklungen etc. nicht geschmeidig reagieren können. Moderne arbeitsteilige Funktionsabläufe brauchen Ausführende, die sich im Rahmen ihrer Aufgabe autonom verhalten können. Der arbeitsteilige Massenmord zeigt am extremen Fall, was in jeder anderen modernen Organisation vorausgesetzt und praktiziert wird.

Unter den Normalbedingungen des zivilen Alltags bilden Gewalttäter und Mörder eine verschwindend kleine Minderheit. Die Mehrheit verhält sich im Referenzrahmen des zivilen Alltags konform, also friedlich und gewaltabstinent. Unter Bedingungen von Krieg und Gewaltherrschaft verschiebt sich der Referenzrahmen – hier wird Gewalthandeln unter Gruppenbedingungen zum konformen Verhalten, die Weigerung zu töten wird zum abweichenden Verhalten. Diese extremen Beispiele verdeutlichen, dass wir meistens fehlgehen, wenn wir das Handeln von Menschen mit deren individuellen Motiven und persönlichen Eigenschaften erklären. In der Regel ist es darin eben nicht begründet, sondern in den situativen und sozialen Rahmenbedingungen dieses Handelns. Deshalb übrigens können sich viele Menschen im Nachhinein auch nicht recht erklären, warum sie so gehandelt haben, wie sie es sich selbst gar nicht zugetraut hatten. Im autobiographischen Bericht des bereits zitierten deutschen Soldaten Willi Peter Reese taucht daher die Formulierung auf, er sei »sich selber seltsam fremd« bei dem, was er erlebe und tue.

KONFORMITÄTSEXPERIMENTE

Werfen wir nun einen Blick auf einige sozialpsychologische Experimente, die einen ähnlichen Effekt der Überraschung über sich selbst erzeugt haben. Über das Konformitätsexperiment von Asch, in dem die Versuchspersonen aus Gründen der Anpassung an eine (falsche) Gruppenmeinung selbst falsche Urteile abgaben, haben wir eingangs schon berichtet (vgl. S. 45). Viel spektakulärer war das Experiment, das Stanley Milgram, ein Schüler von Solomon Asch, einige Jahre später durchführte. Auch Milgram beschäftigte die Frage, ob der Bereitschaft zum Töten, wie sie die nationalsozialistische Massengewalt so frappierend aufgezeigt hatte, persönliche Dispositionen oder ideologische Überzeugungen oder eine unheilvolle Kombination von beidem zugrunde liegen. Milgram konzipierte ein geradezu teuflisch kluges Experiment, mit dessen Hilfe die Bereitschaft durchschnittlicher Menschen untersucht werden konnte, anderen, ihnen völlig unbekannten Menschen tödlichen Schaden zuzufügen. Auch wenn heute allgemein bekannt ist, dass es Milgram erschreckenderweise gelang, zwei Drittel seiner Versuchspersonen, und zwar unabhängig von Schicht, Alter und Geschlecht, dazu zu bringen, anderen Personen (scheinbar) tödliche Stromschläge zu verabreichen, lohnt ein genauerer Blick auf die verschiedenen Versuchsanordnungen, die Milgram durchgespielt hat. Sie werfen nämlich Licht darauf, dass wir es eigentlich nicht mit einem »Gehorsamkeitsexperiment« zu tun haben, sondern mit einem Experiment zur Verhaltenswirksamkeit sozialer Beziehungen.[144]

Der Versuchsaufbau sah vor, dass eine per Annonce gesuchte und mit 4,50 Dollar entlohnte Versuchsperson als »Lehrer« mit einer anderen (allerdings vom Versuchsleiter instruierten, also »falschen«) Versuchsperson, dem »Schüler«, einen Lerntest durchzuführen hatte, bei dem der »Lehrer« den »Schüler« je-

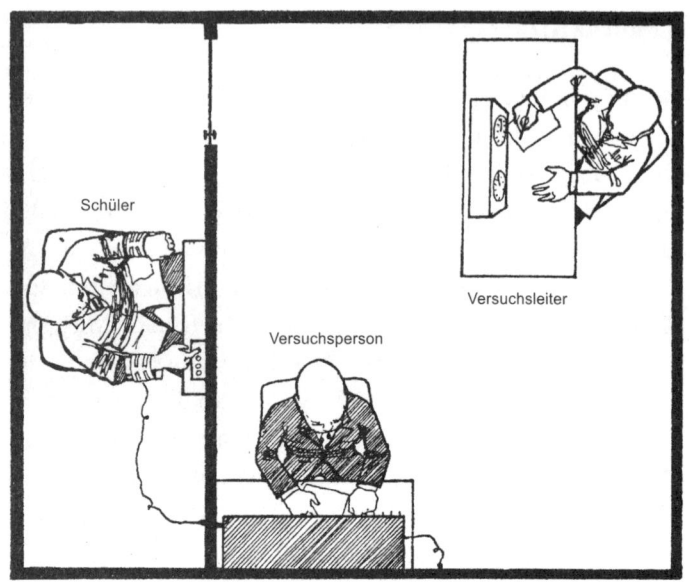

Teuflisch klug: Das Basis-setting des Milgram-Experiments.[145]

weils dann mit Stromstößen zu »bestrafen« hatte, wenn dieser eine falsche Antwort gab. Die Rollen von »Schüler« und »Lehrer« wurden durch ein fingiertes Los verteilt, so dass kein »Lehrer« das Gefühl hatte, absichtlich für diese Rolle ausgewählt worden zu sein. Auch konnte der »Lehrer« sich vom Funktionieren des Gerätes, das die Stromstöße an den Schüler weiterleitete, überzeugen, indem er selbst mit einem leichten Schlag geschockt wurde. Lehrer und Schüler befanden sich in verschiedenen Räumen und konnten sich nicht sehen, wohl aber hören.

Die Stromstärke wurde mit jeder Bestrafung erhöht. Die interessante Frage war nun, wie weit die »Lehrer« gehen würden. Die Skala des Gerätes, mit dem die »Bestrafung« vorgenommen wurde, sah Stromstöße bis 450 Volt vor; auf entscheidenden Stufen waren die Schalter überdies mit Warnhinweisen (»schmerzhaft«, »schwerer Schock!« etc.) versehen.

Nachdenklich: Stanley Milgram mit seinem Schockgenerator.

Die Ergebnisse waren aus moralischer Perspektive nieder-schmetternd: 65 % der Versuchspersonen führten den Lerntest bis zum bitteren Ende durch. Das heißt, sie verabreichten dem »Schüler« (scheinbar) auch die höchste Dosis von 450 Volt, ob-wohl dieser zu diesem Zeitpunkt schon keinen Laut mehr von sich gab, nachdem er zwischenzeitlich gejammert, geschrien und um den Abbruch des Experiments gefleht hatte.

Beunruhigend an diesem Ergebnis war, dass die Mehrzahl der Versuchspersonen tödlich gehorsamsbereit war, obwohl der Versuchsleiter keinerlei formale Macht über die Personen hatte. Er trat lediglich als Wissenschaftler in einer nach Wissen-schaft aussehenden Institution auf, und wenn die Versuchsper-sonen aufgrund der Schmerzensschreie und der flehentlichen Bitten des »Schülers« das Experiment abbrechen wollten, teilte er ihnen einfach, aber in autoritärem Tonfall, mit, das Experi-ment erfordere, dass sie weitermachten. Er, der Versuchsleiter, trage die Verantwortung für alles. Das war ausreichend, um zwei Drittel aller Versuchspersonen zum Weitermachen zu ver-anlassen.

Das Experiment ist in mehr als zehn Ländern repliziert

worden, und die Ergebnisse fielen immer ähnlich aus. Dabei standen stets die spektakulären zwei Drittel gehorsamsbereiter Probanden im Mittelpunkt der Aufmerksamkeit; weniger diskutiert wurde, dass die Versuchspersonen, wie die erhaltenen Filmaufnahmen zeigen, die Milgram von den Versuchen machte, oft extreme emotionale Schwierigkeiten mit ihrer »Aufgabe« hatten, den Versuchsleiter darauf aufmerksam machten, dass der Schüler Schmerzen hatte, und mit ihm über einen Abbruch des Experiments verhandelten. Sie suchten also nach einem Spielraum, der ihnen innerhalb des vorgegebenen Settings ein anderes Verhalten erlauben würde. Sie befanden sich dadurch, dass sie diesen Spielraum nicht fanden, in einer *Spannungssituation zwischen Autonomie und Konformität*, die sie sehr aufwühlte. Das heißt, die meisten von Milgrams Probanden führten die vorgegebene Aufgabe nicht stumpf und stoisch aus, sondern *entschieden sich* irgendwann dafür, gehorsam zu sein, wenn auch zweifelnd und in höchstem Maße unsicher.

Zum anderen wurde bislang zu wenig hervorgehoben, dass die Quote der Gehorsamen regelmäßig sank, wenn der Versuchsaufbau variiert wurde. Dabei wurde deutlich, dass mehrere Faktoren die Gehorsamsbereitschaft stark beeinflussten.

Soziale Nähe

Wenn der Kontakt zum »Schüler« variiert wird, er sich also im selben Raum befindet wie der »Lehrer« oder wenn dieser die Bestrafung so vornehmen muss, dass er die Hand des »Schülers« bei einer falschen Antwort auf eine stromführende Platte pressen muss, sinkt die Gehorsamsbereitschaft deutlich (auf 40 % bzw. auf 30 %). Die Bedeutung der Variable »soziale Nähe« wurde auch in dem Setting deutlich, in dem »Lehrer«, und »Schüler« Freunde, Bekannte oder Verwandte waren, die ge-

meinsam für das Experiment gewonnen wurden (»Bring-a-
friend-condition«). Hier sank die Gehorsamsbereitschaft auf
15 %; die »Ungehorsamen« brachen überdies das Experiment
viel früher ab als die Verweigerer in den anderen Versuchsanordnungen. Eine typische Aussage einer ungehorsamen Versuchsperson in diesem Setting war etwa: »Mein Herr, ich bin
kein Sadist!« François Rochat und André Modigliani, die die Ergebnisse dieses Versuchs von 1962 später noch einmal ausgewer-
tet haben, haben zwei wirksame Unterschiede zum Basis-setting
herausgearbeitet, die die Versuchspersonen systematisch weniger gehorsamsbereit sein lassen: Die Referenzgruppe des »Leh-
rers« wird in der »Bring-a-friend-condition« durch die Beziehung der beiden Versuchspersonen gebildet; deshalb besteht in
diesem Fall eine Loyalitätsbeziehung zwischen »Lehrer« und
»Schüler«, nicht zwischen »Lehrer« und Versuchsleiter. Die bereits vorgängig bestehende Beziehung macht es dem »Lehrer« in
dieser Variante moralisch schwer, wenn nicht unmöglich, das
Experiment *fortzusetzen*, während in der Basisvariante eine moralische Verpflichtung gegenüber dem Versuchsleiter wahrgenommen wird, die es dem »Lehrer« schwermacht, das Experiment *abzubrechen*. Unter der Voraussetzung einer bestehenden
sozialen Beziehung ist eine Verantwortungsdelegation offensichtlich nicht ohne weiteres möglich, aber auch gar nicht nötig – es ist die bestehende soziale Beziehung selbst, die definiert,
wer wem gegenüber Verantwortung hat.

Soziale Nähe, so könnte man sagen, verhindert die fatale
Logik des »Wer A sagt, muss auch B sagen«, weil die Logik des
Zwischenmenschlichen hier eine größere Verbindlichkeit für
den Handelnden hat: Auf die autoritäre Aufforderung, das Experiment fortzusetzen (»Sie haben keine Wahl!«), entgegnete
eine der Versuchspersonen einfach: »Warum? Was können Sie
mir tun?«[146] Auf diese einfache Entgegnung kam keine der ar-
men Versuchspersonen im Standard-setting.

Eine Rolle spielt übrigens auch, dass die beiden Versuchspersonen in der »Bring-a-friend«-Version sich schon seit mindestens zwei Jahren kannten und auf einen Bezugsrahmen gemeinsamer Erfahrung und Bindung zurückgreifen konnten, was übrigens auch daran sichtbar wurde, dass sie vor und während des Experiments Scherze machten und Kommentare austauschten. Im Basis-setting des Experiments waren die Versuchspersonen in sozialer Hinsicht allein, das Experiment selbst erzeugte in hohem Maße Unsicherheit und Stress, und die einzige Person, die überhaupt Orientierung gab, war der Versuchsleiter. Insofern lag es hier nahe, sich am Referenzrahmen »Experiment« und damit auch an den Vorgaben des Versuchsleiters zu orientieren und sich dafür zu entscheiden weiterzumachen.

Es wird deutlich, dass das soziale Arrangement den Versuchspersonen Handlungsspielräume eröffnet und verschließt. In diesem Sinn nutzen die Versuchspersonen ihre Autonomie, wenn es den Raum dafür gibt. Wenn es ihn nicht gibt, steigt die Wahrscheinlichkeit, dass sie sich konform verhalten. Auch hier steckt die Autonomie gewissermaßen mehr in der sozialen Situation als in der Persönlichkeit. Anders gesagt: Die Unterschiedlichkeit des Verhaltens der Versuchspersonen ist eher auf Unterschiede in den situativen Bedingungen als auf Unterschiede in ihren Persönlichkeiten zurückzuführen.

Verhalten des Versuchsleiters

Die höchste Gehorsamkeitsrate wird in der Basisbedingung erreicht, in der der Versuchsleiter stoisch die Aufforderung wiederholt fortzufahren, weil die ordnungsgemäße Durchführung für das Experiment unverzichtbar sei. Hier ist das Verhalten des Versuchsleiters konsistent und lässt keine Unsicherheit erkennen. Wenn zwei Versuchsleiter mit nicht so konsistentem Verhaltensmuster anwesend sind, sinkt die Gehorsamsrate auf null.[147] Dissonanzen und Widersprüche aufseiten einer Autorität eröffnen ganz offensichtlich Räume für eigenverantwortliches Denken und autonomes Entscheiden. Dasselbe gilt für eine Variante des Experiments, die in Deutschland durchgeführt wurde: Die Versuchspersonen konnten, bevor sie selbst an die Reihe kamen, einen (fingierten) Versuchsdurchlauf beobachten, in dem der »Lehrer« den Gehorsam verweigerte und das Experiment beendete. Unter dieser Bedingung brachen mehr als die Hälfte der Probanden später dann selbst das Experiment ab. Offenbar wurde auf diese Weise das Bestehen einer alternativen Handlungsmöglichkeit aufgezeigt, was es den Versuchspersonen leichter machte, aus dem vorgegebenen Rahmen auszubrechen. Generell sinkt das Maß an Konformität mit abnehmender Kohäsion einer Gruppenbeziehung und mit dem Auftreten widersprüchlicher Argumentationen, Meinungen und Verhaltensweisen.[148] Auch dadurch eröffnen sich Räume für autonomes Verhalten.

Sehr niedrig wird die Quote der Gehorsamen, wenn den Versuchspersonen völlig freigestellt wird, ob und wie sie den »Schüler« bestrafen. In diesem Setting übernahm der Versuchsleiter gegenüber der Versuchsperson lediglich noch die Funktion, ihn »auf technische Fehler aufmerksam zu machen«: Nur noch 7 % der Versuchspersonen waren unter dieser Bedingung in vollem Umfang gehorsam.[149] Milgram selbst hatte in seinen Untersuchungen festgestellt, dass die Quote der gehorsamsbereiten Personen dramatisch sank, wenn der Versuchsleiter nicht persönlich anwesend war, sondern seine Instruktionen telefonisch gab. Interessanterweise stieg in diesem Setting nicht nur die Zahl der Verweigerer an; viele Versuchspersonen verlegten sich auch darauf, das Experiment zu unterlaufen, zu »schummeln«, indem sie eine bestimmte Stromstärke zu verabreichen vorgaben, in Wirklichkeit aber im unteren, harmlosen Bereich der Bestrafung blieben. Offensichtlich, konstatiert Milgram, »fanden sie es einfacher, ihren Konflikt auf diese Weise zu bewältigen, als offen mit der Autorität zu brechen«.[150] Man könnte, wie erwähnt, auch sagen: Wenn Spielräume für autonomes Verhalten geöffnet werden, steigt auch die Bereitschaft, diesen Spielraum zu nutzen. Insgesamt zeigen die Variationen des sozialen Settings, dass Autonomie und Heteronomie von den Referenzrahmen abhängig sind, die situativ wirksam sind. Dieser Aspekt zeigt sich auch im historischen Prozess der Gesellschaftsentwicklung – es gibt, wie wir schon ausgeführt haben, gesellschaftliche Formationen, in denen individuelle Autonomie leichter zu realisieren und damit wahrscheinlicher wird als in anderen.

Eine weitere Variante des Experiments führt allerdings zur Erhöhung der Rate der gehorsamsbereiten Personen: Wenn die Doppelrolle von »Lehrer« und »Bestrafer« aufgesplittet wurde, zeigten diejenigen, die lediglich ihre Aufforderung zur Bestrafung an eine weitere Person in einem zweiten Raum weitergaben, eine gegenüber dem Basisexperiment erhöhte Gehorsamsbereitschaft.[151] Dieses Ergebnis verweist auf die Rolle, die die arbeitsteilige Zerlegung von Handlungsketten im Vollzug von administrativ geplanten Gewalttaten oder, wie Hannah Arendt das genannt hat, von »Verwaltungsmassenmorden« spielt. Zygmunt Bauman hat dafür den Begriff der »Adiaphorisierung« geprägt, die Herstellung von moralischer Indifferenz und Verantwortungslosigkeit dadurch, dass die Akteure mit den Folgen ihres Handelns niemals direkt konfrontiert sind.[152] Das verdeutlicht einmal mehr die Rolle, die der jeweils gegebene Handlungsrahmen dafür spielt, ob Autonomie verhaltenswirksam wird oder nicht.

Insgesamt zeigt der ganze Komplex des Experiments in Stanley Milgrams eigener Formulierung, dass »ganz gewöhnliche Menschen, die einfach ihre Aufgabe erfüllen und keinerlei

Feindseligkeit [gegenüber ihren Opfern] empfinden, Akteure in einem extrem destruktiven Prozess werden können«.[153] Mit dieser Formulierung deutet Milgram an, dass die Handlungsleitung *in der Situation* liegt und nicht in der Person. Ob diese eine eher konformistische oder eine eher autonome Persönlichkeitsstruktur mit in die Situation hineinbringt, scheint im Ergebnis wenig bedeutend. Dabei wies Milgram insbesondere auf die Rolle hin, die die jeweiligen Referenzrahmen für die Verhaltensbereitschaft spielten – zum Beispiel die gefühlte Verpflichtung, die man dem Versuchsleiter gegenüber eingegangen war, der institutionelle Kontext, die Angst, für das Scheitern des Experiments verantwortlich zu sein etc. Solche Referenzrahmen spielen eine enorm große Rolle für die Art und Weise, wie Menschen ein gegebenes Setting interpretieren und wie sie sich aufgrund dieser Interpretation zu einer Handlung entschließen. Entscheidungen geht immer eine Interpretation der Situation voraus, das gilt für autonome wie für heteronome Entscheidungen gleichermaßen.

Milgram selbst hat Autonomie als *temporäre psychische Verfassung von Menschen in sozialen Kontexten* beschrieben. Situative Variablen können eine solche Macht entfalten, dass Menschen sich in einer Weise verhalten, die weder ihrem Alltagsverhalten noch ihrem Selbstbild entspricht, so dass ihnen ihr eigenes Verhalten fremd erscheint: So »sieht sich jemand, der in ein Autoritätssystem eintritt, *nicht mehr als eine Person, die aufgrund eigener Zielsetzungen handelt*, sondern allmählich als einen Vollstrecker der Wünsche einer anderen Person«, schreibt Stanley Milgram und nennt das den »Agens-Zustand«, der als Folge des Eintritts in ein autoritär strukturiertes soziales System entsteht. Er fügt hinzu: »Wir werden diesen Begriff als antithetisch zu Autonomie anwenden – das heißt, wenn jemand sich als aus eigenem Antrieb handelnd betrachtet.«[154]

Und wer war durch die Ergebnisse des Experiments am

stärksten erschüttert? Die Versuchspersonen selbst, die nie von sich erwartet hätten, dass sie mit solcher Leichtigkeit zu Handlungen veranlasst werden konnten, die sie selbst zutiefst verabscheuten. Sie waren heilfroh, als sie nach Ende des Experiments dem wider Erwarten quicklebendigen »Schüler« gegenübertreten konnten, der ihnen natürlich auch nicht das Geringste übelnahm. Trotzdem wurde das Experiment ethisch auf das Heftigste kritisiert, weil die Versuchspersonen in eine Situation gebracht wurden, die sich durchaus traumatisch auf sie hätte auswirken können. Heute wird das Experiment aus eben diesen Gründen nur bis zu einer mittleren Stromstärke durchgeführt, die keine Verletzungs- oder gar Todesgefahr für die »Schüler« impliziert. Was de facto keinen Unterschied macht, weil die Verweigerer in Milgrams Originalversion schon sehr früh ausgestiegen sind – wer bis zu 150 Volt ging, ohne abzubrechen, machte meist bis zum bitteren Ende weiter. Daher wird heute die Gehorsamkeitsrate an diesem Wert gemessen. Und wie viele Versuchspersonen sind heute, etwa in einem mitteleuropäischen Land wie Frankreich, bereit, jemanden mit einem Stromschlag solcher Stärke zu »bestrafen«? 70 Prozent.[155]

Ein nicht weniger berühmtes Experiment suchte einige Jahre später auf komplexere Weise herauszufinden, wie die Rollenverteilung unter Bedingungen der Aufteilung einer Gruppe in »Wärter« und »Gefangene« auf das Verhalten der einzelnen Personen wirkt. Es handelt sich um das Stanford-Prison-Experiment von Philip Zimbardo, das – anders als das Milgram-Experiment – methodisch höchst fragwürdig ist. Durchgeführt wurde es in einem künstlichen Gefängnis, die Versuchspersonen wurden in »Wärter« und »Häftlinge« eingeteilt, wobei erstere mit Uniformen und Schlagstöcken ausgestattet wurden, während letztere einen lächerlichen Kittel tragen mussten. Doch nach einigen Tagen geriet das Experiment so außer Kontrolle, dass es abgebrochen werden musste. Einige »Wärter« hatten sich völlig mit ihrer Rolle und der damit gegebenen Macht über andere identifiziert und die Häftlinge regelrecht malträtiert. Anhand der erhaltenen Filmaufnahmen wird allerdings ersichtlich, dass der heute noch auf das Experiment stolze Versuchsleiter Philip Zimbardo die Versuchspersonen deutlich antreibt, also das Verhalten im Prozess beeinflusst, was die Methode des Experiments natürlich nicht zulässt. Außerdem waren die Versuchsleiter selbst zu »Opfern« des Experimentes geworden: Sie verhielten sich zunehmend wie reale Gefängnisdirektoren, statt ihre Distanz als Experimentatoren beizubehalten. Als sie von dem Plan der »Häftlinge« erfuhren, aus dem »Gefängnis« auszubrechen, riefen sie kurzerhand die örtliche Polizei zur Hilfe, um den Ausbruch zu verhindern. Der Abbruch des Experiments ging dann auch nicht von ihnen aus – sondern von einer von außen hinzugekommenen Doktorandin. Im Übrigen wurde ja die Situation einer extremen Machtungleichheit im experimentellen Setting schon vorgegeben, weshalb wenig verwunderlich ist, das sich Verhaltensdynamiken zur Vertiefung der Machtungleichheit daraus entwickelt haben.[156] Insgesamt deutet sich im Ergebnis nur an, dass Macht von einigen Personen ausagiert wird, wenn ihnen die Möglichkeit dazu eröffnet wird – eine Erkenntnis, die freilich damals auch schon nicht neu war. Elias Canetti hatte das schon früher besser formuliert: »Macht wirkt besonders verführerisch auf die, die keine haben.«

Interessanter in unserem Zusammenhang ist ein Experiment, in dem untersucht wurde, ob moralische Überzeugungen und kognitive Wissensbestände verhaltensrelevant sind. Hier bekamen Theologiestudenten die Aufgabe, unter Zeitdruck eine Predigt zum Gleichnis vom guten Samariter zu verfassen, die aufgenommen und über das Campusradio ausgestrahlt werden sollte. Vor vierzig Jahren war das noch sehr reizvoll für Studierende, weshalb man eine hohe Motivation bei den Versuchspersonen unterstellen kann, diese Aufgabe erfolgreich zu bewältigen. Zur Versuchsanordnung gehörte allerdings, dass die Probanden kurz vor der Fertigstellung ihrer Aufgabe von einer aufgeregten Person unterbrochen wurden, die in das Zimmer stürzte und dem Studenten sagte, dass drüben im Aufnahmestudio schon alles darauf warte, dass die Predigt eingelesen würde. Das setzte die Theologiestudenten erheblich unter Stress, zumal das Studio in einem entfernten Gebäude auf dem Campus lag. Sie rafften also ihre Notizen zusammen und machten sich hastig auf den Weg zur Aufnahme. Perfiderweise hatten die Versuchsleiter direkt im Eingangsbereich des Studiogebäudes eine hilflose Person platziert, die mit einem (gespielten) schweren Asthmaanfall am Boden lag. Wie reagierten die Seminaristen darauf? Nur 16 von 40 hielten inne, um zu helfen. Bei der anschließenden Besprechung des Versuchs stellte sich heraus, dass die meisten der nichthelfenden Versuchspersonen sich nicht etwa entschieden hatten, Hilfe zu verweigern, sondern die hilflose Person einfach nicht wahrgenommen hatten – der Stress und der dringende Wunsch, die Aufgabe zu erfüllen, hatten ihre Wahrnehmung so fokussiert, dass sie gewissermaßen links und rechts davon nichts mehr aufnahmen. »Welche Faktoren trugen zu dieser Entscheidung bei? Warum hatten sie es überhaupt eilig? Weil der Versuchsleiter (…) sich darauf verließ, dass (sie) irgendwo rechtzeitig ankamen. (…) Wer es nicht eilig hat, bleibt unter Umständen stehen und versucht, einer anderen Person zu helfen. Wer es eilig hat, wird eher weitereilen, selbst wenn er sich eilt, um über das Gleichnis vom guten Samariter zu sprechen.«[157]

Dieses Experiment ging übrigens auf den seinerzeit aufsehenerregenden Fall der 1964 in einem Wohnviertel ermordeten New Yorkerin Kitty Genovese zurück. Insgesamt 38 Personen hatten auf die eine oder andere Weise mitbekommen, dass jemand die junge Frau brutal angriff, vergewaltigte, mit einem Messer verletzte und schließlich tötete, doch keiner griff ein. Dieser Fall erregte sowohl mediale als auch wissenschaftliche Aufmerksamkeit, weil hier deutlich wurde, dass es gerade die Anwesenheit vieler Zeugen war, die zu jener »Verantwortungsdiffusion« führte, die keinen der Zeugen zum Eingreifen veranlasste. Ähnlich wie in der Situation der Befehlsausgabe beim Polizeibataillon 101 orientieren sich die Zeugen jeweils am Verhalten der anderen Zeugen, wobei es ihnen plausibler erscheint, nicht einzugreifen, weil die anderen auch nicht eingreifen. Dieses soziale Phänomen ist unter der Bezeichnung »Bystander-Phänomen« in die Literatur eingegangen und hat zu einer Reihe von Studien mit der Frage geführt, unter welchen Bedingungen Hilfeverhalten wahrscheinlicher bzw. unwahrscheinlicher ist.

Eine interessante aktuelle Studie hat untersucht, unter welchen Bedingungen Menschen bei rotem Ampellicht über die Straße gehen. Dabei wurde ebenfalls ein starker Einfluss anderer Personen auf das individuelle Verhalten festgestellt: Während mehr als die Hälfte sich in Alleinsituation nicht um die rote Ampel schert und einfach die Straße überquert, sinkt dieser Wert kontinuierlich mit der Größe der wartenden Gruppe, die also durch ihre schiere Anwesenheit verhaltenswirksam wird.[158]

Menschen orientieren sich, wie schon gesagt, insbesondere in uneindeutigen Situationen, für die keine »Scripts« und abrufbaren Verhaltensmuster vorliegen, daran, was die anderen tun, die gleichfalls Zeugen derselben Situation sind. Deshalb sehen sich die Männer im Beispiel des Reservepolizeibataillons 101 nach den anderen um, um herauszufinden, was diese tun und wofür sie sich entscheiden werden, und deshalb bleiben alle stehen, wenn alle stehen bleiben. Menschen benutzen andere Menschen als Informationsträger, was im Normalfall äußerst sinnvoll ist, weil sich dadurch die Menge der verfügbaren Informationen erheblich erhöht. Deshalb hat das Bystander-Phänomen auch nichts mit Gleichgültigkeit, Kaltherzigkeit, Ignoranz etc. zu tun, wie die Medien regelmäßig schreiben, wenn viele zuschauen und keiner hilft, sondern mit einem basalen sozialen Mechanismus der Konformität. Kooperation ist das in der Regel erfolgreiche Verhalten, weil es überlebensdienlich ist. Nur in Situationen, in denen alle Beteiligten über zu wenig Erfahrung oder Wissen verfügen, um einordnen zu können, welches Verhalten angemessen wäre, schlägt das kooperative Orientierungs- und Verhaltensprinzip in sein Gegenteil um und wird dysfunktional. An dieser Stelle braucht es die *eine* Person, die aus der Gruppe ausschert und den Konformitätsbann löst.

Auf der Ebene von historischen Fallbeschreibungen und Experimenten stellt es sich also so dar, dass Autonomie nur dann verhaltenswirksam wird, wenn der Freiheitsspielraum der gegebenen Situation das zulässt. Wir hatten das oben bereits als die Paradoxie der Autonomie bezeichnet. In jedem Falle ist dieser Befund ein wenig frustrierend. Immerhin gilt er nicht ausnahmslos: Auf beiden Ebenen sind uns ja Personen begegnet, die sich gegen die Mehrheitsmeinung und besonders gegen das Verhalten der Mehrheit zu anderen Entscheidungen und Handlungen entschließen konnten. Das Potential zu abweichendem Verhalten existiert also, wir wissen allerdings noch nicht, unter welchen Voraussetzungen es wirksam werden kann.

Warum Autonomie aber oft nicht verhaltenswirksam ist, hat der Soziologe Hans Paul Bahrdt rollentheoretisch begründet: »Man muss sich freilich davor hüten, sich den Menschen als ein Wesen vorzustellen, das primär eine rollenlose potentiell autonome Persönlichkeit ist und dann sekundär soziale Rollen übernimmt (bzw. übernehmen muss) und damit seine Autonomie wieder einbüßt. (…) In Wirklichkeit ist der Mensch ein soziales Wesen. Und ein erheblicher Teil seiner Sozialität konkretisiert sich in sozialen Rollen. (…) Nicht ein isoliertes Subjekt lernt, wie es sich sozial zu verhalten hat. Sondern indem es immer schon in sozialen Bezügen steht, lernt es, mit diesen fertig zu werden und soziale Beziehungen aufzubauen.«[159]

HANDLUNGSSPIELRÄUME DES SELBST – EIN FORSCHUNGSPROJEKT

Wenn man Autonomie »messen«, also untersuchen möchte, ob sie als Persönlichkeitseigenschaft bei verschiedenen Menschen unterschiedlich stark ausgeprägt ist, und darüber hinaus noch wissen will, ob eine solche Persönlichkeitseigenschaft in irgendeiner Weise wirksam wird, wenn es um Entscheiden und Handeln geht, muss man ein ziemlich komplexes Untersuchungsdesign entwickeln. Denn man muss ja zunächst ein Instrument haben, mit dem man die Ausprägung von Autonomie und Konformität auf der Ebene der Persönlichkeit bestimmen kann, um dann dieselben Personen, bei denen man diese Ausprägung bestimmt hat, in Situationen zu beobachten, in denen sie Entscheidungen treffen.

Genau das haben wir gemacht, indem wir unter Federführung unseres Kollegen Ali Wacker einen Fragebogen entwickelt haben, mit dem Personen auf einer Autonomieskala eingeschätzt werden konnten, und dann mit solchen Personen eine Reihe von – im Vergleich zu den klassischen Experimenten – harmlosen Tests durchgeführt haben. Bevor wir das und vor allem die Ergebnisse, die dabei herausgekommen sind, näher darstellen, noch einige Ausführungen dazu, wie »Autonomie« in Psychologie und Sozialpsychologie verstanden wird.

Insgesamt wird der Begriff »Autonomie« in der Psychologie eher beiläufig und ohne klare begriffliche Bestimmung verwandt. Eine zentrale Rolle spielt der Autonomiebegriff in der Selbstbestimmungstheorie (self-determination-theory) von Edward Deci und Richard Ryan,[160] die in den Erziehungswissenschaften international große Beachtung findet. Die Autoren sahen Autonomie (hier bedeutungsgleich mit Selbstbestimmung = self-determination) ursprünglich als eines von zwei angeborenen Grundbedürfnissen des Menschen. »Manche Handlungen erlebt man als frei gewählt; sie entsprechen den Zielen und Wünschen des individuellen Selbst. Andere werden dagegen als aufgezwungen erlebt, sei es durch andere Personen oder intrapsychische Zwänge. In dem Ausmaß, in dem eine motivierte Handlung als frei gewählt erlebt wird, gilt sie als selbstbestimmt oder autonom.«[161] Die beiden anderen Grundbedürfnisse sind dieser Theorie zufolge a) das Bedürfnis nach Kompetenz bzw. der Erfahrung der eigenen Wirksamkeit sowie b) das »Bedürfnis nach sozialer Eingebundenheit«, was also wiederum den konformistischen Pol bildet.

Als Persönlichkeitsmerkmal ist Autonomie in der Psychologie jedoch verblüffend wenig untersucht. Eine Ausnahme bildet die Bindungsforschung, die sichere Bindungen als Bedingungen für eine gelingende Persönlichkeitsentwicklung betrachtet und dazu auch die Fähigkeit zu eigenverantwortlichem Urteilen und Handeln zählt.[162] In der Entwicklungspsychologie des Jugendalters wird mit dem Konzept der »emotionalen Autonomie« gearbeitet, die die zunehmende Ablösung von den Eltern bezeichnet; daneben gibt es Konzeptualisierungen von »Autonomie« in der Arbeitswelt.[163] Schließlich spielt Autonomie eine Rolle in Kohlbergs Theorie der Moralentwicklung, in der Personen auf dem Level postkonventioneller Moral sich »von den Regeln und

Erwartungen anderer unabhängig gemacht« haben und »ihre Werte im Rahmen selbstgewählter Prinzipien« definieren.[164]

Gesundheitspsychologen thematisieren vorrangig die *Folgen* gelungener Autonomieerfahrung bzw. die Konsequenzen der Einschränkung von Autonomie für die psychische Verfassung des Einzelnen. So wird Autonomie bei Peter Becker als Voraussetzung und Bedingung psychischen Wohlbefindens verstanden.[165] Zentrale Merkmale autonomer Menschen seien »innere Freiheit« und »Unabhängigkeit«. »Für seelisch gesunde Menschen ist vor allem kennzeichnend, dass sie sich frei entwickeln, ihre eigenen Anlagen und Potentiale auf schöpferischem Weg zur Entfaltung bringen und einen gewissen Widerstand gegen Enkulturation leisten. Sie orientieren ihr Verhalten nicht an von außen aufgezwungenen oder kritiklos übernommenen Normen und Wertvorstellungen, sondern erreichen die Stufe der autonomen Moral und der Selbstverantwortlichkeit für sich und andere«.[166] Autonomen Persönlichkeiten werden zusätzlich eine Reihe von verwandten Eigenschaften wie Selbstbewusstsein, Verantwortungsbereitschaft etc. zugeschrieben, so dass Autonomie als eine Komponente eines mehrdimensionalen Konstrukts der gesunden und »reifen« Persönlichkeit erscheint. Umgekehrt sieht Becker in der Unterdrückung von Selbstverwirklichung die »Gefahr der Selbstentfremdung und der Entwicklung psychischer Störungen«.[167]

Empirisch haben wir Autonomie vor diesem Hintergrund als ein multidimensionales Persönlichkeitsmuster definiert, das eng mit der Selbstwahrnehmung von Personen verbunden ist und mit Hilfe einer Skala gemessen wurde, auf der Befragte eintragen konnten, wie hoch sie etwa ihr *Selbstwertgefühl* einschätzten, ob sie sich für »robust« und *widerstandsfähig* oder für *ängstlich* hielten, ob sie sich selbst die *Verantwortung für ihr Leben* zuschrieben, *unklare Situationen und Ungewissheit* gut ertragen konnten und ob sie *hohe Erwartungen an ihre Selbstwirksamkeit hegten.* Diese Autonomieskala, mit dem schönen Namen MAUS (Multidimensionale AUtonomieSkala) versehen, berücksichtigte in Gestalt von bewertbaren Aussagen alle wesentlichen Komponenten der psychologischen Autonomiediskussion, wie wir sie eben kurz vorgestellt haben.[168]

Dieser Fragebogen wurde von 1131 Studierenden unterschiedlicher Fächer und Universitäten ausgefüllt, davon waren 434 männlich und 697 weiblich. Studierende haben wir deshalb als Untersuchungsgruppe gewählt, weil es sich dabei in der Regel um junge Erwachsene handelt, die ihre Persönlichkeitsentwicklung im Wesentlichen abgeschlossen haben, aber sich noch nicht unter privaten und beruflichen Zwängen finden, die die Selbstbeschreibung ihres Entscheidungsverhaltens schon geprägt hätten. Nach der Befragung stellte sich auf der Basis der üblichen Signifikanzmessungen heraus, dass die Skala in dem Sinn hervorragend funktionierte, als wir deutliche Unterschiede im Antwortverhalten feststellen konnten, die in sich konsistent waren. Deshalb war es möglich, aus der Gesamtheit der Befragten 56 Personen auszuwählen, von denen 31 die höchsten bzw. 25 die niedrigsten Autonomiewerte aufwiesen. Mit diesen auf der Skala maximal kontrastierenden Personen haben wir dann biographische Interviews geführt, um einen Eindruck zu gewinnen, wie sie ihr Entscheidungsverhalten selbst darstellten, wahrnahmen und bewerteten. In einem weiteren Untersuchungsschritt luden wir dieselben Personen dann zu Experimenten ein, die unterschiedliche Formen von Entscheidungen forderten. Die Situationen wurden dabei systematisch variiert (Allein- und Gruppensituationen; Situationen mit unbekannten und vertrauten anderen Teilnehmern und Teilnehmerinnen etc.). Dabei wurden klassische Überzeugungs- und Konformitätsexperimente durchgeführt sowie kooperative Problemlösungsaufgaben gestellt, und schließlich führten wir ein Konformitätsexperiment durch, bei dem auch die Hirnakti-

Bitte kreuzen Sie an, wie sehr die folgenden Aussagen im Allgemeinen auf Sie zutreffen, d.h. wie gut Ihr übliches Denken und Handeln durch die jeweilige Aussage beschrieben wird. Die sechsstufige Antwortskala hat die Endpunkte *stimme nicht zu* (1) und *stimme völlig zu* (6).

	stimme nicht zu (1)					stimme völlig zu (6)
Wenn ich Pläne habe, verfolge ich sie auch.	❏	❏	❏	❏	❏	❏
Ich kann mehrere Dinge gleichzeitig bewältigen.	❏	❏	❏	❏	❏	❏
Ich bin ein entschlossener Mensch.	❏	❏	❏	❏	❏	❏
In mir steckt genügend Energie, um alles zu machen, was ich machen muss.	❏	❏	❏	❏	❏	❏

Bitte geben Sie an, inwiefern die folgenden Aussagen im Allgemeinen auf Sie zutreffen. Für die Beantwortung steht Ihnen eine sechsstufige Skala mit den Endpunkten *stimme überhaupt nicht zu* (1) und *stimme sehr zu* (6) zur Verfügung:

	stimme überhaupt nicht zu (1)					stimme sehr zu (6)
Ich übernehme gerne Veranwortung.	❏	❏	❏	❏	❏	❏
Es hat sich für mich als gut erweisen, selbst Entscheidungen zu treffen, anstatt mich auf das Schicksal zu verlassen.	❏	❏	❏	❏	❏	❏
Ich habe häufig das Gefühl, dass ich wenig Einfluss darauf habe, was mit mir geschieht.	❏	❏	❏	❏	❏	❏
Bei wichtigen Entscheidungen orientiere ich mich oft an dem Verhalten von anderen.	❏	❏	❏	❏	❏	❏

Ausschnitt aus dem Fragebogen »MAUS 30«.

vität gemessen wurde – schließlich könnte es ja sein, dass die Fähigkeit zu autonomem Verhalten auch ein Korrelat auf neuronaler Ebene hat.[169]

Zu den Experimenten im Einzelnen

Zunächst führten wir ein sogenanntes Persuasionsexperiment durch – es ging also um die Manipulation von Überzeugungen. Bekanntlich ist der Erfolg von Überzeugungsarbeit oft nicht nur von der Qualität der vorgetragenen Argumente abhängig, sondern auch vom Charisma oder der Autorität dessen, der sie vorträgt – exakt identischen Argumenten kann mehr Überzeugungskraft zukommen, wenn sie einer hochangesehenen Quelle zugeschrieben werden. Wir wollten daher wissen, ob sich unsere »Konformen« eher von einer prestigeträchtigen Quelle vereinnahmen ließen als die Nonkonformisten.

Dazu präsentierten wir jeweils der Hälfte der Versuchspersonen einen Text mit dem Titel »Die große deutsche Armut«, einmal als »stark persuasive Quelle«, nämlich fiktiverweise verfasst von Helmut Schmidt als Autor der ZEIT, und einmal als »schwach persuasive Quelle« mit einem fiktiven FOCUS-online-Autor namens »Herbert Brendstrup«. Beide Versionen des Artikels waren mit einem Foto des angeblichen Autors versehen und in ihrem Layout dem entsprechenden Medium angepasst. Inhaltlich legt der Artikel den Eindruck nahe, das Ausmaß der Armut in Deutschland werde übertrieben dargestellt, und argumentiert im Kern, dass Armut oft auf persönliche Ursachen zurückzuführen sei.

Sozialstaatsdebatte
Die große deutsche Armut
Ein Kommentar von Focus-Korrespondent Herbert Brendstrup, Berlin

Die Botschaft der nackten Zahlen erscheint unabweisbar. Wer den Ergebnissen der Berliner Wirtschaftsforscher des DIW folgt, muss die Deutschen auf dem Weg in die Verelendung sehen. Ein Viertel der 19- bis 25-Jährigen gilt nach der DIW-Expertise als »arm«, bei Alleinerziehenden mit minderjährigen Kindern sind dies sogar 40 Prozent.

Aber es sind gerade die Kennziffern dieser beiden Bevölkerungsgruppen, die grundsätzliche Fragen nach dem zugrunde liegenden Armutsbegriff aufwerfen.

Denn Armut ist nicht immer nur etwas, das über die Menschen als unausweichliches Schicksal herniederkommt. Es gibt auch die mehr oder weniger bewusste Entscheidung für Lebenswege, die in Armut führen können. Und die Diskussion ist überfällig, inwieweit es die Pflicht und Schuldigkeit der Gesellschaft ist, hier für Ausgleich zu sorgen.

Zu fragen ist erstens: Fällt es unter die Fürsorgepflicht der Solidargemeinschaft, wenn immer mehr junge Erwachsene immer früher in eine elternunabhängige Existenz streben und damit rechnerisch die Armutsstatistik bevölkern?

Zu fragen ist zweitens: Kann der weiter wachsende Anteil Alleinerziehender – und die Entscheidung zu einer Trennung ist ebenso wie diejenige zu einer Bindung eine höchst persönliche – einen Versorgungsanspruch durch die Allgemeinheit begründen?

Von den Berliner Wissenschaftlern werden die genannten Gruppen als jene mit den höchsten Zuwachsraten bei der »Armut« ausgewiesen. Zu hinterfragen ist, inwieweit persönliche Entscheidungen über Lebensweisen von einem Sozialstaat aufgefangen werden müssen. Armut ist nicht nur Schicksal. Sicher, das ist sie gewiss auch, in vielen Fällen eben auch ein unfreiwilliges. Und vor allem wenn Kinder in Mitleidenschaft gezogen werden, kann das niemanden gleichgültig lassen. Aber wenn wir die Freiheit und Risiken der Lebensführung nur noch in den Kategorien eines solchen »Armuts«-Begriffs durchrechnen, sind wir eines Tages tatsächlich alle arm – und zwar an Freiheit.

http://www.focus.de/politik/deutschland/kommentar/tid-17466/
armut_aid_486879.html

Nach dem Lesen des Artikels wurden die Probanden aufgefordert, ihn zu bewerten – ob die Darstellung »fair und ausgewogen« erschien, ob »die Quelle glaubwürdig« und der »Verfasser kompetent« und »vertrauenswürdig« war. Besonders autonome Versuchspersonen, so unsere Hypothese, müssten sich den Texten gegenüber kritischer verhalten; besonders konforme der autoritativen Quelle, also Helmut Schmidt, mehr Vertrauen entgegenbringen. Um es kurz zu machen: Die Hypothese erwies sich als falsch, in den Bewertungen gab es keine signifikanten Unterschiede zwischen den »Highs« und den »Lows«. Insgesamt wurde dem fiktiven Autor Schmidt mehr Vertrauen gezollt als dem fiktiven Autor Brendstrup, aber das galt für Autonome in gleichem Maße wie für Konforme.

MORALISCHES URTEILEN

Ein anderer Test, den die Studierenden absolvierten, richtete sich auf ihr moralisches Urteilsvermögen. Weil die Frage nach der autonomen Urteilsfähigkeit von Menschen sich oft vor allem im Zusammenhang mit moralischen Fragen stellt, ließen wir unsere Probanden einen von dem Konstanzer Psychologen Georg Lind entwickelten Test bearbeiten, der nach Urteilen zu moralischen Dilemmata und nach Begründungen dieser Urteile fragt. Der Test folgt der bekannten Theorie der Moralentwicklung von Lawrence Kohlberg, die annimmt, dass moralisches Urteilen im Zuge der Persönlichkeitsentwicklung drei Stufen durchläuft. Ausgangspunkt der Entwicklung ist nach Kohlberg das präkonventionelle Niveau kleiner Kinder, das von einer Art vorsozialem, naivem Egozentrismus geprägt ist, darauf folgt das konventionelle Niveau der Orientierung an sozialen Regeln und Normen (auf dieser Stufe bleibt der Konformist stehen) und schließlich das dritte, postkonventionell genannte, das zu autonomen, von allgemeinen moralischen Prinzipien geleiteten Urteilen befähigt. Der »Moralisches-Urteil-Test« konfrontiert die Probanden mit zwei Dilemmasituationen, für die sie das Verhalten der auftretenden Personen auf einer siebenstufigen Skala beurteilen sollen (»Halten Sie das Verhalten von X oder Y für eher richtig oder falsch?«).[170] Zu erwarten wäre, dass autonome Personen stärker zu postkonventionellen Begründungen ihrer Urteile greifen und Konforme mehr zu konventionellen.

Die gute Nachricht: Unsere Versuchspersonen rangierten überdurchschnittlich oft auf dem höchsten, also dem postkonventionellen Niveau der moralischen Urteilskraft. Hinsichtlich unserer eigentlichen Fragestellung nach den Unterschieden zwischen »Autonomen« und »Konformen« erwies sich unsere Hypothese allerdings wieder als falsch. Im moralischen Urteil ergaben sich zwar Unterschiede zwischen den Geschlechtern, nicht aber zwischen »Highs« und »Lows«.

Adolf im Bonker

Der dritte Untersuchungsteil kommt einer »natürlichen« sozialen Situation am nächsten: Den Versuchspersonen wurde in gemischten Gruppen von »Highs« und »Lows« der umstrittene kurze Animationsfilm »Adolf im Bonker« von Walter Moers gezeigt – eine Hitler-Persiflage, die hinsichtlich der Frage umstritten ist, ob die NS-Geschichte einen so komischen und spielerischen Umgang erlaube oder ob ein solcher Film nicht den Nationalsozialismus bzw. den »Führer« verharmlose.

Umstritten: Adolf im Bonker, Walter Moers 2006.

Weil autonome Persönlichkeiten eher zu extrovertiertem Verhalten neigen, lautete die Hypothese hier, dass die »Highs« die Diskussionen nach Anschauen des Films dominieren würden – was sich anhand der Länge und Häufigkeit ihrer Wortbeiträge, der Unterbrechungen anderer Sprecher anhand der Gesprächsprotokolle etc. leicht auszählen ließ. Aber nichts dergleichen passierte. Wir sahen Niedrigautonome mit ausgeprägtem Mitteilungsbedürfnis genauso wie Hochautonome, die der Fragestellung gegenüber indifferent blieben und kein besonderes Interesse zeigten, ihre Meinung ins Gespräch einzubringen.

Das Konformitätsexperiment

Die »Königsdisziplin« unserer Versuchsreihe war dann das Konformitätsexperiment. Wie im klassischen Experiment von Asch mussten Versuchspersonen ein Urteil in Anwesenheit anderer abgeben – die so taten, als wären sie ebenfalls nichtsahnende Versuchspersonen, die in Wirklichkeit aber heimlich instruiert worden waren, in einer Mehrzahl der Durchgänge einstimmig falsche Antworten zu geben, also gewissermaßen zu behaupten, dass 2 + 2 = 5 sei. Asch hatte damals die Linienvergleiche bewusst klar und eindeutig gestaltet, um jede Ungewissheit über die richtige Antwort bei den verblüfften Probanden auszuschließen.

Das Ergebnis war, dass danach immerhin ein knappes Viertel der Gruppe auf ganzer Linie widersprach – was aber im Umkehrschluss bedeutete, dass drei Viertel ihr mindestens einmal nachgaben. Im Durchschnitt folgten die Versuchspersonen in einem Drittel aller Durchgänge der offensichtlich falschen Mehrheitsmeinung. Zahlreiche Wiederholungen des Experiments erbrachten seither immer ähnliche Ergebnisse. Aber bei Asch war die Frage offen geblieben, ob die beträchtlichen Unterschiede im Verhalten der Probanden – von völliger Unabhängigkeit bis

Asch modernisiert: Welches Feld ist heller bzw. dunkler?

zu völliger Konformität ist alles dabei – auf stabile Persönlichkeitseigenschaften der Beteiligten zurückzuführen waren, die dann auch über das Experiment hinaus wirksam wären.

Wir haben für dieses Experiment unterschiedlich helle und dunkle Felder auf einer Leinwand gezeigt und die Probanden jeweils urteilen lassen, was sie als »heller« bzw. »dunkler« sahen. Neben der echten Versuchsperson waren jeweils drei Konfidenten anwesend, und die Sitzordnung ergab automatisch, dass die echte Versuchsperson als letzte ihr Urteil abzugeben hatte.

In den jeweils 25 Durchgängen gaben die Konfidenten konsistent richtige (8 Durchgänge), konsistent falsche (12 Durchgänge) oder heterogene (5 Durchgänge) Antworten. Letztere wurden eingefügt, um die Situation glaubwürdiger erscheinen zu lassen.

Die Instruktion lautete folgendermaßen:

In dieser Untersuchung haben Sie folgende Aufgaben:
1. Fixieren Sie bitte den Punkt in der Mitte des Bildschirmes.
2. Es werden immer zwei Quadrate gezeigt, die mit einer unterschiedlichen Anzahl von kleineren schwarzen Quadraten gefüllt sind – eins links, das andere rechts vom Fixationspunkt.
3. Bitte sagen Sie A, wenn das linke Quadrat mehr schwarze Quadrate zeigt, und B, wenn das rechte mehr schwarze Quadrate zeigt.
4. Geben Sie Ihre Antworten bitte der Reihe nach.
5. Wenn Sie nicht sicher sind, raten Sie bitte!

Hier war die Hypothese einfach: konforme Versuchspersonen würden sich eher den Urteilen der Konfidenten anschließen, autonome sich eher auf ihr eigenes Urteil verlassen. Tatsächlich zeigte sich eine recht große Bereitschaft der Probanden, entgegen ihrem eigenen Sinneseindruck der Mehrheitsmeinung zu folgen. Bei zwölf Durchgängen mit konsistent falsch vorgegebener Mehrheitsmeinung folgte fast die Hälfte der abgegebenen Urteile der unrichtigen Einschätzung der anderen.[171] Der gewünschte Konformitätsdruck konnte also durch das Experiment hervorgerufen werden, das damit als gelungene Replikation des von Asch beschriebenen Befundes gewertet werden kann. Allerdings zeigten sich bei den konsistent falschen Vorgaben vonseiten der Konfidenten keine statistisch bedeutsamen Unterschiede zwischen den Gruppen – die Autonomen urteilten *nicht* autonomer als die Konformen. Dieses Ergebnis des Experiments spiegelt also in keiner Weise die vom Fragebogen ermittelten Selbsteinschätzungen wider. Die Verteilung der angepassten Antworten wies sogar einen »Niedrigautonomen« als denjenigen aus, der sich von allen 56 Personen am wenigsten angepasst hatte, während sich an der Spitze der Anpassung ein

»Hochautonomer« fand. Es gab sogar eine leichte statistische Tendenz, dass Anpassungen an die Gruppenmeinung in der Gruppe der Hochautonomen häufiger vorkamen als in der Gruppe der Niedrigautonomen!

Das neurowissenschaftliche Konformitätsexperiment

Zu einem späteren Zeitpunkt und mit anderen Versuchspersonen wurde dann das Konformitätsexperiment unter der Leitung von Sina Trautmann-Lengsfeld und Christoph Herrmann so modifiziert, dass die Versuchspersonen auf einem Bildschirm die vorgebliche Einschätzung einer Gruppe sahen, während sie selbst ihr Urteil zu den Hell-Dunkel-Bildern abzugeben hatten.

Die Vereinfachung der Testsituation war dadurch notwendig geworden, dass bei den Testpersonen während der Durchgänge der visuellen Reizdarbietung die Aktivitäten auf Gehirnebene per EEG gemessen wurden –, denn wir wollten wissen, ob die »falsche«, nämlich an falsche Urteile von anderen angepasste Entscheidung der Versuchspersonen sich auch auf der neuronalen Ebene abbilden ließe.

Die entsprechenden Untersuchungen, die an der Universität Oldenburg mit 27 weiblichen Testpersonen durchgeführt wurden, zeigten – genau wie die in Essen durchgeführten Konformitätsexperimente – eine Anpassung an die falsche Gruppenmeinung in etwa der Hälfte der Fälle, was bemerkenswert ist, weil hier die Gruppenmeinung nur angezeigt wurde, die Gruppenmitglieder aber nicht anwesend waren. Schon die bloße Information über eine vorgebliche Mehrheitsmeinung scheint also in vielen Fällen hinreichend, das eigene Urteil anzupassen. Und auch ein weiterer Befund unserer Oldenburger Kollegen ist bemerkenswert: Auf der Ebene der neuronalen Verarbeitung konnte nämlich gezeigt werden, dass die vorgebliche Gruppenmeinung bereits den visuellen Verarbeitungsprozess beein-

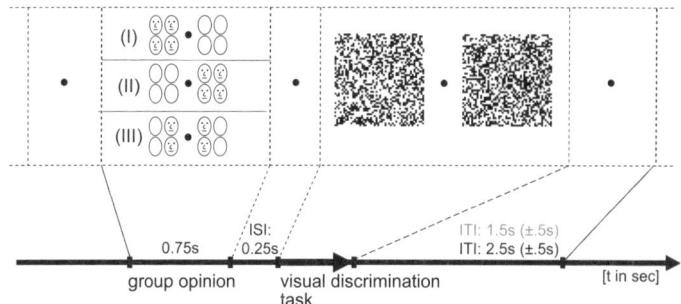

Schematische Darstellung des Experiments von Trautmann-Lengsfeld und Herrmann.[172]

flusste, nicht erst die explizite Abgabe des Urteils, welcher Teil des visuellen Reizes heller bzw. dunkler war! Das heißt: Die Versuchspersonen »sahen« den Reiz so, wie die Gruppe es vorgegeben hatte; sie entschieden sich also nicht etwa bewusst, sich an eine eigentlich als falsch empfundene Gruppenmeinung anzuschließen! Trautmann-Lengsfeld und Herrmann resümieren daher: »Unsere Studie bestätigt das frühere Ergebnis von Berns et al. (2005), die gezeigt hat, dass Konformität bereits Wirkung auf den frühen visuellen Verarbeitungsprozess hat.«[173] In einer weiteren Studie mit jeweils zehn hoch- bzw. niedrigautonomen Probandinnen konnten Trautmann-Lengsfeld und Herrmann feststellen, dass die Niedrigautonomen sich der (vermeintlichen) Gruppenmeinung häufiger anschlossen als die Hochautonomen, woraus sie den Schluss ziehen, dass Dispositionen zu konformem Verhalten eher auf der Ebene der neuronalen Verarbeitung als auf der des bewussten Entscheidens wirksam werden. Sollte sich dieses Ergebnis im Rahmen weiterer Experimente bestätigen lassen, käme das einer Sensation gleich: denn wir hätten dann wissenschaftliche Evidenz dafür, dass die soziale Situation die individuellen Entscheidungen nicht nur im Sinn einer bewussten Anpassung beeinflusst (»Ich seh es ja anders, aber wenn die alle meinen ...«), sondern schon die Wahrnehmung von vornherein der vorgegebenen Gruppenmeinung folgt!

Zusammenfassung der Ergebnisse: Bin ich autonom? Und wenn ja, warum nicht?

Fassen wir die Ergebnisse unserer Experimente zusammen, kommen wir zu einem zunächst sehr ernüchternden Befund: Die Zuordnung auf einer persönlichkeitspsychologischen Skala, die eher autonome von eher konformen Persönlichkeiten unterscheidbar macht, erlaubt keinerlei Voraussage darüber, wie diese Personen sich in Entscheidungssituationen verhalten werden. Autonomie ist zumindest nicht unter den Bedingungen entscheidungs- und handlungsrelevant, die wir untersucht haben. Zusammen mit den historischen Fallstudien und den Befunden aus den klassischen Experimenten können wir konstatieren: Menschen tendieren in Gruppensituationen zu konformem Verhalten, gleichgültig, ob sie sich für autonom halten oder nicht. Primär werden die individuellen Entscheidungen und Handlungen durch soziale Bedingungen der Situation bestimmt, nicht durch persönliche psychologische Voraussetzungen. Entsprechend lassen sich Situationen danach unterscheiden, ob sie größere oder geringere Spielräume für autonomes Verhalten vorsehen. Innerhalb gleich großer oder kleiner Spielräume zeigen sich dann individuelle Differenzen, wobei der Anteil der sich autonom oder abweichend Verhaltenden stets erheblich geringer ist als der der Konformen.

Übrigens fällt dieser Befund nicht anders aus, wenn man die biographischen Spuren zum individuellen Entscheidungsverhalten verfolgt, wie wir es mittels der lebensgeschichtlichen Interviews machen konnten, die wir vor den Experimenten mit den Versuchspersonen durchgeführt hatten. Meist ließ sich schon am Verhalten der Gesprächspartnerinnen und -partner ablesen, ob sie auf der MAUS hoch oder niedrig rangierten, und die indirekten Selbstbeschreibungen im Fragebogen korrespondierten in den meisten Fällen mit den direkten im biographischen Interview. Selbstwahrnehmung, Selbstwirksamkeit und Selbstwertgefühl variieren stark im Sinne der MAUS und das bildet sich in den Interviews auch ab. Aber die Interviews geben noch mehr Hinweise, die uns zu verstehen helfen, wieso diese Unterschiede so gut wie keinen Einfluss auf das Verhalten haben: Zum Beispiel kann ein Grund für abweichendes Handeln gerade nicht in einem hohen Selbstwertgefühl und großem Selbstvertrauen liegen, wie es per definitionem als Kriterium für Autonomie gilt, sondern ganz im Gegenteil auf Angst und Unsicherheit zurückgehen: Wer sich über den erwarteten Verhaltensstandard unsicher ist, wählt vielleicht eher ein Verhalten, das von anderen als eigenständig oder gar eigenwillig betrachtet wird – unter anderem deswegen, weil er gerade aus Orientierungsunsicherheit auf eine Verhaltensweise zurückgreift, die er kennt.

Unabhängig von den im Fragebogen festgestellten Differenzen zwischen »Highs« und »Lows« gibt es nur sehr wenige biographische Interviews, in denen sich die Befragten als willensschwach, ziellos und unmotiviert zeigen. Die Unterschiede bestehen eher darin, ob jemand aus dem »Ich verfolge meine Ziele« ein identitätsstiftendes Motiv macht oder es einfach für normal und nicht weiter erwähnenswert hält, oder vielleicht sogar als Ziel hat, sich aber dafür schämt, dass er es nicht konsequenter oder erfolgreicher verfolgt. Auch neigen manche Interviewte dazu, offensichtlich eigene Entscheidungen als fremdgeleitet zu interpretieren und darzustellen, während andere umgekehrt deutlich außengesteuerte Entwicklungen als selbstinitiiert betrachten. Schon Solomon Asch hat einen seiner Probanden, der sich nicht an die Mehrheitsmeinung anpasste, mit dem Satz zitiert: »Das Experiment verlangte, dass ich ehrlich antwortete«. Er habe also nur getan, was man ihm gesagt hat – nach demselben Muster pflegen Befehlsempfänger rückblickend ihr Handeln zu begründen. Was man auf den ersten Blick als Autonomie deuten würde, könnte ironischerweise auch schlicht und einfach Gehorsam sein.

Das alles tut nun aber der Bedeutung keinen Abbruch, die dem Autonomieideal im Selbstverständnis moderner Menschen zukommt. Selbstkonzepte sind nicht bedeutungslos, nur weil sie sich nicht so im Verhalten ausdrücken, wie man sich das als Beobachter vorstellen würde. Sich selbst und sein Verhalten als autonom zu definieren und empfinden, kann für eine Person auch dann wichtig sein, wenn man ihr Verhalten von außen betrachtet ganz anders klassifizieren würde. Man könnte sagen: Alle, gleich ob autonom oder konform, wissen, was in einer individualistischen, kompetitiven Gesellschaft von ihnen erwartet wird und wo sie diesen Erwartungen entsprechen können – und wo nicht. Ob man dann aus Autonomie, hohem Selbstwertgefühl und Extrovertiertheit eine »Daseinsthematik« (Hans Thomae) gemacht oder ob man solche Eigenschaften eher nicht hat, ist für die Fähigkeit, in der Lebenswelt zu bestehen und die Erwartungen und Anforderungen zu erfüllen, im Normalfall unerheblich.

Damit kommen wir zurück auf die normative Dimension des Autonomiekonzepts und auf die Frage, in welchem Maß Kooperation in sozialen Gruppen Autonomie zugleich voraussetzt und einschränkt. Denn wenn die menschliche Gehirnentwicklung auf Kooperation ausgelegt ist und die Koordination der Wahrnehmungen, Deutungen und Handlungen vieler Einzelner das zentrale Handlungsformat der menschlichen Lebensform ist, dann muss Autonomie eine Fähigkeit sein, die ihr Maß an den jeweiligen sozialen Kontextbedingungen findet: So betrachtet lautet dann die angemessene Frage nicht, wie autonom oder konform eine Person ist, sondern ob sie sich situationsflexibel autonom oder konform verhalten kann.

Mit einer solchen Perspektive, die implizit auch in den eingangs erwähnten staatsrechtlichen und juristischen Grundannahmen enthalten ist, wird die Frage nach der Autonomie von einer normativen zu einer empirischen. Aus der Perspektive einer Gruppe oder einer Gesellschaft muss es als wünschenswert erscheinen, dass eine ihr zugehörige Person sich in vielerlei Hinsicht konform verhält.

Das Ausmaß an erforderlicher Konformität nimmt mit der fortschreitenden Entwicklung moderner Gesellschaften sogar kontinuierlich zu, weil die Synchronisierungsanforderungen in zeitlicher, arbeitsteiliger und kommunikativer Hinsicht immer zwingender werden. Eine weitgehend immobile und undynamische vormoderne Gesellschaft erfordert nicht Konformität, sondern allenfalls Zwang zum Gehorsam; sie basiert nicht auf Zustimmung, sondern auf Tradition, Macht und Gewalt. Zugleich aber erfordert die zunehmende funktionale Differenzierung von Rollen und Rollenerwartungen mehr und mehr ein autonomiefähiges Subjekt, das zwischen den Rollen wechseln und sich je nach situativer Anforderung konformer oder autonomer verhalten können muss. Autonomie und Konformität bilden also auch in modernen Gesellschaften ein Spannungsverhältnis, das die Individuen nur dann auflösen können, wenn sie zu entscheiden in der Lage sind, in welcher Situation jeweils eher autonomes oder eher konformes Verhalten angemessen ist. Total autonome sind daher ebenso soziopathisch wie vollständig konforme Persönlichkeiten. Wenn es in einer hochindividualisierten Gesellschaft viele Menschen vorziehen, sich für nonkonformistisch zu halten, kann das paradoxerweise gerade aus Gründen der Konformität geschehen.

Aber nicht nur für die Gruppe oder die Gesellschaft ist es vorteilhaft, wenn ihre Mitglieder souverän dechiffrieren können, wann autonomes und wann konformes Verhalten als angemessen erscheint. Auch die einzelne Person gewinnt in ihrer Orientierung an dem, was die anderen tun, ein enormes Maß an Deutungs- und Entscheidungssicherheit. Die Menge der in der Situation verfügbaren Informationen für das Treffen einer Entscheidung steigt ja mit der Anzahl der anwesenden Personen, die ihre (einheitliche) Meinung abgeben – daher kann es sehr funktional sein, sich der mehrheitlichen Auffassung anzuschließen. Es sieht mithin so aus, als sei unsere Orientierung an Gruppen- und Mehrheitsmeinungen noch erheblich mehr als eine bloße Anpassungsleistung, die man je nach Geschmack als praktisch oder als unangenehm empfinden kann. Sie ist wahrscheinlich eine sehr tief verankerte basale Determinante menschlicher Orientierungsleistungen.

KONFORMISMUS UND EVOLUTION

Die meisten der genannten konformistischen Verhaltensweisen haben sich deshalb etabliert, weil sie unseren Vorfahren handfeste Vorteile boten. Zum einen war es essentiell, die Gruppe zusammenzuhalten – und offensichtlich erleichtert Konformismus den Erhalt stabiler Gruppenstrukturen. Funktional ist konformistisches Verhalten auch dann, wenn eine Gruppe sehr schnelle und wichtige Entscheidungen treffen musste, z. B. in Situationen, in denen es um Leben und Tod ging: Man musste vor einem Fressfeind fliehen oder eine Nahrungsquelle finden – und das ließ sich am einfachsten machen, indem man demjenigen folgte, der behauptete, er hätte den Fressfeind gesehen oder die Nahrungsquelle gefunden. Solche Funktionen wurden in Gestalt von Spähern, Scouts usw. auch institutionalisiert, und es wäre zweifellos dumm gewesen, deren Auskünften nicht zu folgen. Natürlich waren dabei Fehler nicht ausgeschlossen, aber problematisch wäre es vor allem, wenn man aufgrund einer Fehlwahrnehmung einmal zu wenig vor einem Fressfeind geflohen wäre; einmal zu viel ist vergleichsweise weniger schlimm. Es kommt also gerade nicht auf Fehlerfreiheit an, sondern nur darauf, *bestimmte* Fehler zu verhindern, vor allem solche, die die Existenz der Gruppe bzw. die ihrer Mitglieder gefährden, und hier kann der Konformismus entscheidende Vorteile bieten.

Auch wenn es heute glücklicherweise meist nicht mehr so dramatisch zugeht, kann Konformismus unter bestimmten Umständen immer noch vorteilhaft sein. Allerdings ist unter existentiellen Gesichtspunkten der Zeitdruck bei uns wesentlich geringer, als er es bei den Entscheidungen auf Leben und Tod war, die unsere Vorfahren vor Hunderttausenden von Jahren irgendwo in der Steppe treffen mussten, und wir haben unendlich viel mehr externe Daten zur Beurteilung von Situationen zur Verfügung. Das führt freilich nicht immer zu einer besseren Beurteilung, sondern eben auch zu erhöhten Steuerungs- und Manipulationsmöglichkeiten; außerdem kann es viel eher kognitive Dissonanz und Entscheidungsunsicherheit zur Folge haben. Auch ist unsere Toleranz gegenüber Fehlentscheidungen wesentlich geringer geworden: Wir akzeptieren es zu Recht nicht mehr, wenn Menschen sterben müssen, weil die Mitglieder der Gruppe sich auf die erstbeste Lösung geeinigt haben, statt sich gründlich mit dem Problem auseinanderzusetzen. Wenn es also darum geht, wirklich die beste Lösung zu finden, dann ist Konformismus sicher nicht besonders hilfreich.

WEGE ZUR SICHERUNG VON AUTONOMIE

Doch was sind die Faktoren, die Autonomie gleichsam unterlaufen? Und was kann man unternehmen, um Autonomie zu sichern und den problematischen Konsequenzen des Konformismus zu entgehen? Wie wir mehrfach gesehen haben, kann man sich nicht einfach dazu entschließen, autonom zu handeln. Ob man von seiner Fähigkeit zu autonomem Handeln Gebrauch machen kann, hängt häufig von Faktoren ab, die man selbst nicht in der Hand hat. Insofern dürfte ein Ansetzen auf der individuellen Ebene nur begrenzten Erfolg haben. Nicht weniger notwendig ist es, das Unterlaufen von Autonomie durch die Dynamik einer Gruppe zu verhindern. Doch was muss man dazu unternehmen? Wie kann man also die Interaktion von Gruppen so regeln, dass sie unsere Autonomie nicht oder nur in geringerem Maße gefährdet?

Schauen wir uns dazu noch einmal kurz die Faktoren an, die Autonomie in Frage stellen. Wie schon mehrfach bemerkt, spielen hier vor allem Rückkopplungsprozesse eine entscheidende Rolle. Gemeint ist damit eine wechselseitige Abhängigkeit zwischen den Reaktionen der einzelnen Gruppenmitglieder, so dass eine bestimmte Reaktion eines Mitglieds es wahrscheinlicher macht, dass andere ebenso reagieren, was wiederum zu einer weiteren Steigerung der Wahrscheinlichkeit entsprechender Reaktionen bei den verbliebenen Mitgliedern führt etc. Zu beobachten war dieses Muster bereits bei den großen Spekulationsblasen des 17. und 18. Jahrhunderts, in denen die Spekulanten einander zuerst wechselseitig zu immer grotekeren Übertreibungen bei der Bewertung von Tulpenzwiebeln und Aktien veranlassten, um sich dann wenig später beim Zusammenbruch der Spekulation gegenseitig in Panik zu versetzen. Und in kleinerem, aber noch verhängnisvollerem Maßstab haben wir gezeigt, wie wechselseitige Orientierungen am Verhalten der anderen zu Entscheidungen führen, die keiner der Einzelnen für sich gefällt hätte, die in der Gruppensituation aber plausibel erscheinen.

Wenig überraschend ist auch, dass die Wirkungen, die eine Gruppe auf ihre Mitglieder ausübt, stärker werden, wenn sich zumindest ein Teil der Gruppe sehr konsistent verhält. Belege dafür gibt es bereits bei Tieren: So kann z. B. ein ferngesteuerter »Roboterfisch« das Verhalten eines Fischschwarms beeinflussen.[174] Der Trick funktioniert auch noch bei Menschen. Eine Minderheit von Gruppenmitgliedern, die konsequent z. B. im Kreis läuft, kann auf die Dauer die Mehrheit dazu veranlassen, das Gleiche zu tun. Eine mögliche Erklärung für dieses Phänomen lautet, dass Gruppenmitglieder, die über eine wichtige Information verfügen, sich üblicherweise besonders zielstrebig bewegen – es ist daher in der Regel vorteilhaft, ihnen zu folgen.[175] Die Beobachtung wird durch die oben skizzierten Experimente bestätigt: So waren die Konformitätszwänge etwa in den Experimenten von Asch dann besonders wirksam, wenn die Gruppe konsistent agierte. Umgekehrt sank bei den Versuchspersonen die Zustimmung zu der falschen Antwort drastisch, sobald andere Gruppenmitglieder ebenfalls abwichen und die richtige Antwort gaben.

Weitere Details, die in eine ähnliche Richtung weisen, lassen sich aus Untersuchungen zu Entscheidungsprozessen in Gruppen entnehmen.[176] Auch diese Experimente sprechen dafür, dass Konformitätszwänge umso stärker werden, je homogener die jeweilige Gruppe z. B. hinsichtlich ihrer sozialen und kulturellen Zusammensetzung ist. Dieses Phänomen ist in der Sozialpsychologie unter dem Begriff »group think«[177] vielfältig beschrieben worden –, gerade weil es zu folgenschweren Fehleinschätzungen führt. Ein Beispiel dafür liefert die Katastrophe der Raumfähre Columbia, die bei der Rückkehr zur Erde am 1. Februar 2003 verglühte. Grund dafür war eine Beschädigung der

Hitzeschutzkacheln, die die Fähre beim Wiedereintritt in die Erdatmosphäre schützen sollten. Die Beschädigung ging zurück auf ein Stück Schaumstoff, das sich kurz nach dem Start vom Außentank gelöst hatte. Der Zwischenfall war gefilmt worden und hatte sofort zu einer Untersuchung durch ein Team von Ingenieuren geführt, die zu dem Schluss kamen, dass Anlass zu ernster Besorgnis bestand. Doch die Leiterin des für die Aufsicht über den Flug zuständigen »Mission Management Teams« verhinderte eine Auseinandersetzung mit dem Thema, so dass mögliche Gegenmaßnahmen noch nicht einmal diskutiert wurden. Dieser Fall ist umso bemerkenswerter, als sieben Jahre zuvor schon die »Challenger« kurz nach dem Start aus einem ähnlich banalen Grund explodiert war und auch hier Gruppendenken die eigentliche Ursache war: Hier erfolgte die Startfreigabe, weil das Management der NASA seine Effizienz unter Beweis stellen wollte, wozu eine Verschiebung des Starts in Widerspruch gestanden hätte. In einer späteren Analyse heißt es: »Jeder Hinweis auf ein mögliches Versagen des Systems hätte weitere Ausgaben nach sich gezogen, eine Schlußfolgerung, der sich die NASA angesichts ihrer Verpflichtung auf Effizienz und Wirtschaftlichkeit entschieden widersetzte.«[178] Die Verantwortlichen befragten vor dem Start folgerichtig das Management der NASA und nicht die Ingenieure, die auf eine Verschiebung gedrängt hätten. Sieben Sekunden nach dem Start explodierte die »Challenger«. Diese beiden Beispiele sind vor allem deswegen bemerkenswert, weil sie zeigen, wie schnell Gruppen dazu tendieren, sich auf eine gemeinsame Perspektive zu einigen, was besonders in Gefährdungssituationen unter Stress zu Selbstverstärkungseffekten führt. Auch aus der Politik gibt es eine Fülle vergleichbarer Beispiele, in der sichtbare Gegenevidenzen und Widersprüche zugunsten der Gruppenmeinung ignoriert werden – schon das Trojanische Pferd wurde unter Missachtung plausibler Warnungen in die Stadt geholt.[179] In der Organisationspsychologie finden sich daher eine Fülle von Hinweisen, wie Gruppendenken vermieden werden kann – zum Beispiel, indem Hinweise auf Fehler prämiert und nicht negativ betrachtet werden, indem auch unwahrscheinliche Handlungsfolgen angesprochen werden sollen, eine Kultur der Aufmerksamkeit oder Achtsamkeit (»mindfulness«) gepflegt werden soll, Gruppen heterogen und mit flachen Hierarchien zusammengesetzt werden und die Kategorie der »Erfahrung« einen geringen Stellenwert hat.[180]

Die Mitglieder homogener Gruppen neigen dazu, einander in ihren Einschätzungen zu bestärken, und zwar auch dort, wo ein wenig Gegenwind geboten wäre –, z. B. wenn alle zu vorsichtig oder alle zu unvorsichtig agieren. In einer heterogenen Gruppe dagegen wird sich eher ein Mitglied finden, das einen falschen Gruppenkonsens in Frage stellt. Heterogene Gruppen haben jedoch nicht nur den Vorteil, dass sie aufgrund der unterschiedlichen Perspektiven ihrer Mitglieder eher zu angemessenen Situationsbewertungen kommen, vielmehr ist hier auch die Chance größer, einen Experten für ein neues Problem zu finden. Schließlich spielen auch Hierarchien eine wichtige Rolle. In Gruppen mit einem großen Hierarchiegefälle üben die mächtigen Mitglieder einen besonders starken Konformitätsdruck auf die weniger mächtigen aus.

Die Iowa Electronic Markets

Doch es gibt Modelle, die den Prinzipien der Heterogenität in weit höherem Maße gerecht werden und zu äußerst überzeugenden Ergebnissen kommen, wenn es darum geht, die Urteile unterschiedlicher Personen zu einem Gesamturteil zusammenzufassen. Ein Beispiel dafür bieten sogenannte Prognosemärkte wie die »Iowa Electronic Markets«.[181] Dabei handelt es sich um ein durch die Universität von Iowa betriebenes Projekt, das Voraussagen zu Wahlen, aber z. B. auch zur Entwicklung von Aktienmärkten oder dem Gewinn von Firmen macht. Und es macht dies mit bemerkenswertem Erfolg: Eine Untersuchung von Joyce Berg und Kollegen[182] hat gezeigt, dass die Voraussagen des Projekts zu den amerikanischen Präsidentschaftswahlen in 74 % der Fälle besser waren als die professioneller Wahlforschungsinstitute. Und während die Voraussagen der Wahlforscher um durchschnittlich 1,62 Prozentpunkte von dem tatsächlichen Ergebnis abwichen, betrug die Abweichung bei den Iowa Electronic Markets durchschnittlich nur 1,33 Prozentpunkte. Noch größer ist der Unterschied bei längerfristigen Voraussagen, die 100 Tage vor der Wahl abgegeben werden. Hier schnitt der Prognosemarkt stets besser ab als die professionellen Wahlforschungsinstitute. Das ist auch insofern bemerkenswert, als die Voraussagen nicht von professionellen Experten stammen, vielmehr kann jeder hier seine Stimme abgeben.

Was also ist der Zaubertrick? Und warum treten hier nicht die typischen Fehler auf, die Gruppenentscheidungen so in Verruf gebracht haben? Grob gesagt liegt dies daran, dass die Entwickler des Projekts ziemlich genau darauf geachtet haben, die oben skizzierten Konstruktionsfehler von Gruppenentscheidungen zu vermeiden. Und das heißt nichts anderes, als dass sie versucht haben, möglichst gute Voraussetzungen für autonomes Verhalten der Gruppenmitglieder zu schaffen.

Konkret bedeutet dies, dass jeder Teilnehmer eine Wette auf den Ausgang der Wahl abschließt. Dabei richtet sich der Preis der Wette nach dem derzeitigen Stand der Voraussage für den Bewerber, auf den man wetten will. Wenn man auf einen Kandidaten wetten will, dem derzeit ein Ergebnis von 40 % vorausgesagt wird, dann bezahlt man 40 Cent, liegt die Prognose bei 60 Prozent, muss man 60 Cent bezahlen. Siegt der Kandidat, für den man gewettet hat, dann erhält man einen Dollar – je schlechter der Kandidat vorher stand, desto höher ist also der Gewinn am Ende. Außerdem kann man mit Wetten handeln; wenn also die Chancen des eigenen Kandidaten gestiegen sind, kann man auch vor dem Ausgang der Wahl seine Wette zu einem höheren Preis wieder verkaufen.

Da man nur einen Gewinn erzielen kann, wenn die eigene Voraussage stimmt, hat man ein großes Interesse daran, nur richtige Prognosen zu machen und die eigenen politischen Vorlieben hintanzustellen – sonst muss man damit rechnen, sein Geld zu verlieren. Doch das alleine erklärt nicht, warum die Voraussagen so genau sind und warum es hier nicht zu den Übertreibungen kommt, für die die echten Börsen bis heute berüchtigt sind. Wenn alle sich einig sind, dass Barack Obama gegen Mitt Romney gewinnt, dann müssten die Wetten letztlich nahe bei 100 Prozent für Obama liegen und wären damit wesentlich ungenauer als die Wahlforschungsinstitute – auch die Anhänger von Mitt Romney wollen schließlich Geld gewinnen.

Warum passiert dies aber nicht? Hier kommt die Möglichkeit ins Spiel, mit den Wetten zu handeln. Sie erst erklärt, dass das Projekt nicht nur einfach richtig voraussagt, *wer* gewinnen wird, sondern auch die zutreffende Prozentzahl angibt. Nehmen wir an, Sie sind davon überzeugt, dass Obama gewinnen wird, doch gleichzeitig meinen Sie, dass seine Erfolgschancen derzeit überschätzt werden: Er wird am Ende nicht 60 Prozent der Stimmen erhalten, sondern nur 55 Prozent. In diesem Falle haben Sie ein starkes Motiv, eine Wette auf seinen Konkurrenten Mitt Romney zu kaufen. Nicht weil Sie sich einreden, dass er doch eine realistische Gewinnchance hat, sondern weil Sie davon ausgehen, dass Romney in ein paar Tagen besser dastehen, d. h. von 40 Prozent auf 45 Prozent steigen wird. Und dann können Sie Ihre Wette mit Gewinn wieder verkaufen.

Entscheidend ist nun, dass Sie durch den Kauf einer Wette auf Mitt Romney einen Korrekturmechanismus in Gang setzen. Sie verstärken nämlich die Nachfrage nach Wetten für Mitt

Romney und erhöhen damit automatisch den Kurs für die entsprechenden Wetten. Und damit kommen Sie auch zu Ihrem Gewinn. Anders als an der richtigen Börse hat es also gar keinen Sinn, irgendeiner Hysterie zu folgen. Das System ist von vornherein so konstruiert, dass Übertreibungen ausgeglichen und Rückkopplungseffekte vermieden werden. Wer einer Übertreibung folgt, der muss damit rechnen, Geld zu verlieren. Und weil jeder weiß, dass das endgültige Ergebnis sehr nahe an dem wirklich Ausgang sein wird, hat er ein massives Interesse daran, sich auf sein eigenes bestes Urteil zu verlassen – also als autonomes Subjekt aufzutreten. Und davon profitiert die ganze Gruppe, weil sie zu einer besseren Voraussage bzw. Entscheidung gelangt.

Natürlich handelt es sich auch hier nicht um das Wundermittel, das alle Probleme von Gruppenentscheidungen beseitigen würde. Es wäre wenig sinnvoll, wenn wir in Zukunft Wetten auf die Resultate von mathematischen Gleichungen oder die Lösungen von logischen Problemen abgeben würden. Aber das sind ja ohnehin keine Probleme, in denen Gruppenentscheidungen gefragt sind. Außerdem ist das Verfahren in vielen Fällen nicht anwendbar oder einfach zu aufwendig, doch es zeigt, dass die obigen Prinzipien offenbar funktionieren. Entscheidend ist hier, dass Gruppenentscheidungen von der Autonomie der beteiligten Individuen profitieren können. Autonome Individuen können also in eine Gruppe integriert werden – und das zum Vorteil von beiden Seiten: dem der Individuen und der Gruppe.

Gleichzeitig wird damit deutlich, dass es kein Zufall ist, wenn Gruppenentscheidungen manchmal so erbärmlich in die Irre gehen, in anderen Fällen dagegen grandiose Ergebnisse erzielen. Es kommt darauf an, die Entscheidungen so zu organisieren, dass die Individuen sich nicht aufeinander verlassen oder gar gegenseitig beeinflussen, vielmehr müssen sie ein möglichst starkes Motiv haben, ihr eigenes Urteilsvermögen so weit wie möglich anzustrengen. Wenn man dann noch darauf achtet, dass man eine möglichst heterogene Gruppe hat, dann sind die Voraussetzungen für eine angemessene Entscheidung gut.

Autonomie als Funktion von Beziehungen

Es gibt jedoch noch einen weiteren Faktor, der die Sache komplizierter macht. Denn autonomes Verhalten ist gerade in Extremsituationen leichter möglich, wenn man über unterstützende soziale Beziehungen verfügt – also Bündnisse gegen mächtigere oder dominierende Auffassungen bilden kann. Sichtbar wurde dies bereits im Milgram-Experiment:

Während die Versuchspersonen in der ursprünglichen Bedingung völlig auf sich allein gestellt waren, konnten sie in der »Bring-a-friend«-Bedingung einen Freund mit ins Labor bringen. Das erlaubte den Probanden, sich den formalistisch begründeten Aufforderungen (»Das Experiment erfordert, dass Sie weitermachen«) zu widersetzen und das Experiment abzubrechen. Die bestehende soziale Beziehung öffnete hier einen Raum für autonomes Verhalten gegenüber dem Versuchsleiter, während die soziale Beziehung im Basis-setting diesen Raum gerade verschloss.

Dies stützt unsere Auffassung, dass Autonomie keine Persönlichkeitseigenschaft ist, die immer wirksam wird, sondern – worauf ja schon unsere eigenen Experimente hinweisen – der Normsetzung im jeweiligen sozialen Gefüge unterliegt. Ob man sich autonom verhält oder nicht, hinge in dieser Sicht auch davon ab, ob das soziale Setting eher autonomes oder eher konformes Verhalten fördert. Darauf würden auch die Beobachtungen aus dem Bereich prosozialen Verhaltens unter extremen Bedingungen hinweisen, die wir im Folgenden darstellen werden.

Hilfe für Verfolgte

Gerade in einer Diktatur, die wie die nationalsozialistische eine »Zustimmungsdiktatur« (Götz Aly) ist, also von einer Bevölkerungsmehrheit akzeptiert und unterstützt wird, erfordert es vom Einzelnen ein hohes Maß an Ich-Stärke und Autonomie, sich anders zu verhalten, als es gefordert scheint –, zumal dann, wenn autoritäre Erziehungs- und Verhaltensnormen die gesellschaftliche Normalität viel stärker prägen als in der Gegenwart. Was heute in der Rückschau bei der Forderung nach »Zivilcourage« oft übersehen wird: Hilfeverhalten, die Unterstützung für Verfolgte, das Eintreten für Ausgegrenzte galt damals nicht als wünschenswertes, sondern als abweichendes Verhalten, weil es gegen die Solidaritätsnormen verstieß, die auf die Mitglieder der »Volksgemeinschaft« beschränkt waren. Man kann das an dem bemerkenswerten Sachverhalt verdeutlichen, dass eine »unterlassene Hilfeleistung« erstmals im Nationalsozialismus zu einem Straftatbestand wurde. Der Umfang der Personengruppe, der man im Notfall Hilfe zu leisten hatte, beschränkte sich aber auf die »Volksgenossen« und schloss die verfolgten Bevölkerungsgruppen systematisch aus. Ganz im Gegenteil war es ein strafbewehrter Verstoß, »Volksschädlingen« und »Gemeinschaftsfremden« Hilfe und Unterstützung zukommen zu lassen. Vor diesem Hintergrund ist es doch bemerkenswert, dass sich immerhin einige tausend Personen gegen diese Solidaritätsnormen verhalten haben und gegen die vermeintliche Staatsräson und das sogenannte »gesunde Volksempfinden« Juden versteckt oder sich auf andere Weise unterstützend verhalten haben. Gemessen an den 80 Millionen Einwohnern Deutschlands zu jener Zeit ist das eine verschwindend kleine Zahl, aber das macht die Abweichung nur noch deutlicher und eindrucksvoller.

Bemerkenswert ist dabei, dass Helfer und Retter, nach allem, was wir wissen, keine Menschen mit besonderen biographischen Hintergründen und psychologischen Merkmalen waren. Es gab unter ihnen mehr oder minder dieselben Anteile von Gebildeten und Ungebildeten, Gläubigen und Atheisten, Spielern und Spießern wie in der Gesamtbevölkerung. Susanne Beer stellt in ihrer Untersuchung aber die folgenden gemeinsamen Merkmale von Helferinnen und Helfern fest: »Als die Nationalsozialisten an die Macht kamen, waren sie [die Helferinnen und Helfer] zwischen 30 und 40 Jahre alt. In den 1940er Jahren befanden sie sich in der Mitte ihres Lebens, in der zentrale Fragen der Familien- und Karriereplanung bereits gefallen waren. Viele von ihnen gehörten den mittleren sozialen Schichten an. Sie waren überdurchschnittlich gut gebildet und als kaufmännische Angestellte, Hausfrauen, Selbständige oder kleine Gewerbetreibende tätig. Ein Teil dieser Personen verfügte zudem über ungewöhnlich viel Wohnraum, andere profitierten von flexiblen Arbeitszeiten und einem günstigen Zugang zu Tauschgeschäften. Die besonderen Handlungsräume, die ihnen zur Verfügung standen, machen deutlich, dass die Hilfe für Verfolgte nicht auf eine Frage der Werthaltungen, Überzeugungen und moralischen Stärke reduziert werden kann. Praktiken der Solidarität beruhten immer auch auf mehr oder weniger günstigen sozialen Kontextfaktoren, an denen sich die Menschen im Rahmen ihrer Entscheidungsfindung orientierten. Wer einem stark regulierten und kontrollierten Arbeitsalltag unterlag und überdies noch gering entlohnt wurde, hatte schlichtweg schlechtere Ausgangsbedingungen, um alternative Handlungsmöglichkeiten zu entwickeln, als Menschen, die ihren Arbeitsalltag selbständig gestalten konnten und über ausreichend Geld verfügten, um sich selbst und andere Menschen durchzubringen.«[183]

Die Voraussetzung für abweichendes Verhalten bildet in dieser Sicht ein stabiler sozialer Rahmen, der seinerseits psychologische und materielle Unterstützung leistete – das heißt, die

Helferinnen und Helfer waren nicht allein in einem sozialen Universum, das mit ihnen nicht übereinstimmte. Zum anderen bestand meist in irgendeiner Form eine Nähe zu den Opfern, die oft situativ und zufällig entstand. Beginnen wir mit einem Beispiel, das sich in der deutschen Wehrmacht abgespielt hat. Das Militär ist eine extrem hierarchische Organisation, in der Befehle befolgt werden müssen und in der demzufolge nur besonders enge Handlungsspielräume existieren. Es gibt aber einen Fall, in dem zwei Wehrmachtsangehörige verhindert haben, dass Juden in ein Vernichtungslager deportiert wurden. Der Historiker Norbert Haase hat ihn eingehend beschrieben.[184] Es geht hier um die westgalizische Stadt Przemysl, die etwa 60 000 Einwohner hatte, von denen wiederum etwa ein Drittel Juden waren. Die Wehrmacht beschäftigte eine Reihe jüdischer Hilfskräfte unter anderem im Heereskraftfahrpark und in der Heeresunterkunftsverwaltung und hatte schon deshalb kein Interesse an den sogenannten »Aussiedlungsaktionen«, die gleichbedeutend mit dem Abtransport der jüdischen Bevölkerung in das Vernichtungslager Belzec waren.

Der Ortskommandant von Przemysl, Major Martin Liedtke, versuchte sich zusammen mit seinem Adjudanten, dem Hauptmann Dr. Albert Battel, einer solchen »Aussiedlung«, also der Deportation von Juden in ein Vernichtungslager, zu widersetzen. Dr. Battel war zuvor von Juden, die aus dem Ghetto entkommen waren, um Hilfe gebeten worden. Major Liedtke, sein Vorgesetzter, war erst wenige Wochen zuvor aus Griechenland nach Przemysl kommandiert worden. Er war deshalb in der Führung der Kommandantur sehr stark auf seinen erfahrenen Adjudanten Battel angewiesen. Der wiederum hatte zuvor schon verschiedentlich versucht, sich für Juden einzusetzen, die für die Wehrmacht arbeiteten, was auch der Grund dafür war, dass er in dieser verzweifelten Situation von ihnen erneut um Hilfe gebeten wurde.

In der Nacht zum 26. Juli 1942 wurde die jüdische Bevölkerung von Przemysl von der SS aus den Häusern geholt und zusammengetrieben. Gegen fünf Uhr morgens telefonierte Liedtke mit dem SS-Untersturmführer Adolf Benthin und bestand darauf, dass zumindest die jüdischen Männer, die für die Wehrmacht arbeiteten, von der Deportation ausgenommen würden. Dabei drohte er Benthin mit einer Beschwerde beim Generalstab, den er auch tatsächlich bereits per Funk über den Vorgang informiert hatte. Ohne aber die Reaktion des Generalstabs auf diese Mitteilung abzuwarten, sperrte Battel den einzigen Zugang zum Judenghetto, wobei die SS mit der Androhung von Maschinengewehrfeuer am Betreten des Ghettos gehindert wurde. Battel berief sich dabei darauf, dass er über Przemysl den Belagerungszustand verhängt habe, was juristisch korrekt war, praktisch aber eine herbe Demütigung und Provokation der SS darstellte. Die holte sich nun einen hochrangigen Beauftragten aus Krakau, der beim Generalstab eine Aufhebung der Sperrung bewirken sollte.

Da es in dieser höchst brisanten Situation absehbar war, dass die SS sich schließlich durchsetzen würde, sorgte Battel noch während der Sperrung dafür, dass etwa 90 Arbeiter mit ihren Familien in der Kommandantur unterkommen konnten. 240 weitere Personen ließ er aus dem Ghetto holen und brachte sie im Keller der Kommandantur unter. Battel und Liedtke hatten die Situation richtig eingeschätzt. Die Sperre wurde aufgehoben, und am 27. Juli wurde die sogenannte »Aussiedlungsaktion« wieder aufgenommen. Die in der Kommandantur untergebrachten Juden blieben etwa eine Woche versteckt, während der die Evakuierung des Ghettos ablief.

Zum damaligen Zeitpunkt wäre es für Battel und Liedtke völlig unmöglich gewesen, die Deportationen insgesamt zu stoppen, aber ihr ebenso überraschender wie couragierter Coup rettete einer großen Zahl von Menschen das Leben. Dabei spielte eine wichtige Rolle, dass Battel sich auf die Unterstützung Liedt-kes verlassen konnte und umgekehrt –, dass sich hier also zwei Menschen wechselseitig in ihrer Sichtweise unterstützten und eine Vertrauensbeziehung ausbildeten. Überdies existierte mit der SS eine feindliche Gegengruppe, der beide offensichtlich gern Schwierigkeiten bereiteten. Ebenso deutlich aber ist, dass die soziale Beziehung zu den Opfern, die besonders im Fall von Battel schon zuvor bestand, ein entscheidendes Motiv für die abenteuerliche Aktion lieferte.

In diesem Kontext entwickelten Liedtke und Battel ein beein-druckendes Maß an List und Realitätstüchtigkeit – schließlich hatte sich Battel mit der Verhängung des Belagerungszustandes ausgerechnet ein legalistisches Mittel gegen die SS verschafft. Und Battel und Liedtke war völlig klar, dass sie ihre Rettungsak-tion nur in einem kleinen Zeitfenster würden durchführen kön-nen; im Übrigen konnten sie auch davon ausgehen, dass die Sa-che für sie selbst glimpflich ausgehen würde. Abgesehen davon, dass Battel später im Rahmen einer Ansprache öffentlich gerügt wurde, hatte die Rettungstat denn auch keine negativen Folgen für die beiden.

Ein irritierenderer Fall ist der des Konzentrationslagerkom-mandanten Erwin Dold, dem bei seinen Aktionen freilich eine gehörige Portion Naivität zugutekam.[185] Erwin Dold, Jahrgang 1919, hatte sich mit 18 Jahren freiwillig zur Luftwaffe gemeldet und wurde 1937 zum Aufklärer ausgebildet. 1940 wurde er in Frankreich eingesetzt, 1941 in der Sowjetunion. Nach mehreren Verletzungen wurde er nur noch als »bedingt kriegsverwen-dungsfähig« eingestuft und als LKW-Fahrer auf einem Flug-platz eingesetzt. Das war Erwin Dold offenbar ein bisschen zu fade, denn Mitte 1944 bewarb er sich darum, Aufseher in einem Zwangsarbeitslager zu werden. Er wurde angenommen und schon im Dezember 1944 zum Schutzhaftlagerführer ernannt. Bis dahin deutet nichts darauf hin, dass Erwin Dold irgendetwas Überraschendes oder gar Widerständiges zu tun bereit gewesen wäre, aber als Lagerführer begann er, höchst ungewöhnliche Dinge zu tun. Dold verstand seine Aufgabe als Lagerführer offenbar so, dass er die Arbeitsfähigkeit der Häftlinge aufrechtzuerhalten hatte –, was konkret bedeutete, dass er sich sofort daran machte, die Lage der Häftlinge zu verbessern. Zunächst verhängte er Quarantäne über das Lager; kein Häftling durfte es mehr zur Zwangsarbeit verlassen. Zu seinen weiteren Aktivitäten zählten die Erhöhung der Brotrationen, die Bereitstellung besseren Schuhwerks, die Erneuerung der Pritschen in den Häftlingsbaracken. Die Frage ist natürlich, worum es dabei ging: den Häftlingen zu helfen oder sie gar zu retten, oder schlicht darum, sie soweit am Leben zu halten, dass sie noch arbeiten konnten. Auch wenn diese Frage im Rückblick nicht zu beantworten ist, bleibt festzuhalten, dass Dold sich deutlich anders verhielt als alle anderen Lagerführer – die Aussagen von überlebenden Zeugen belegen das nachdrücklich.

Als Dold dann in den letzten Kriegsmonaten zum Kommandanten des Konzentrationslagers Dautmergen ernannt wurde, begann er schließlich den Rahmen legalen Handelns deutlich zu überschreiten: Er organisierte mit gefälschten Fahrbefehlen ganze LKW-Ladungen Kartoffeln, besorgte Decken für die Häftlinge, ließ illegal Vieh schlachten und transportierte das Fleisch mit Hilfe von Gefangenen, die als Wehrmachtssoldaten verkleidet waren, ins Lager. Schließlich verweigerte Dold eine angeordnete Erschießung von 22 russischen Kriegsgefangenen; daraufhin erhielt er die Rüge, dass aus ihm »nie ein guter SS-Mann« werden würde.

Nach dem Einmarsch französischer Truppen im April 1945 stellte Dold sich freiwillig. Man machte ihm den Prozess; im Februar 1946 wurde der abweichende KZ-Kommandant dann freigesprochen, weil eine Reihe ehemaliger Häftlinge vehement für ihn eingetreten war.

Bemerkenswert ist, dass Dold keinerlei grundsätzliche Zweifel am nationalsozialistischen System zu hegen schien, sich zugleich aber so etwas wie eine praktische Moralität bewahrt hatte. Diese war christlich begründet – Dold war gläubiger Katholik, ebenso wie seine Ehefrau, die – wie spätere Interviews belegen – voll hinter dem Verhalten ihres Mannes gestanden und ihn darin bestärkt hatte. Auch bei ihr erfordert die Überzeugung, dass man an der Stelle ihres Mannes gar nicht anders hätte handeln können, keine Umwege über ethische oder moralphilosophische Erwägungen. Dold war in der Position, etwas für die Häftlinge tun zu können, und tat das aus normativen Verpflichtungen »den Menschen« gegenüber auch. Er nahm dabei erhebliche persönliche Risiken in Kauf, konnte sich aber auf den Rückhalt durch seine Ehefrau verlassen.

Mit der Übertragung der Verantwortung für das größere Lager Dautmergen begann Dold sich radikal abweichend zu verhalten, indem er Verhaltensweisen zeigte, die ihn im Fall ihrer Entdeckung in erhebliche Schwierigkeiten gebracht hätten. Dold hatte sich also für ein Verhalten entschieden, das den Häftlingen das Leben erleichterte und in einigen Fällen gewiss auch rettete, und an seinem Fall wird deutlich, dass sich seine Risiko- und Hilfsbereitschaft zugunsten der Häftlinge immer weiter erhöhten.

Das ist, sozialpsychologisch betrachtet, ein enorm wichtiges Phänomen, denn es bringt uns von der falschen Vorstellung ab, dass es so etwas wie geborene Helfer oder Retter gibt. Wenn man sich einmal für eine bestimmte Handlungsweise entschieden hat, steigt die Wahrscheinlichkeit, dass man sich in einer vergleichbaren Situation wieder in dieselbe Richtung entscheidet. Warum? Weil die Abweichung von der ursprünglichen Entscheidungsrichtung nachträglich in Frage stellen würde, was man zuerst getan hat –, und Menschen korrigieren sich nicht gern, sondern bestätigen die Richtigkeit ihrer früheren Handlungen dadurch, dass sie ihre Entscheidung in neuen Situationen wiederholen. Und weil sich mit dem abweichenden Verhalten die eigene soziale Position verändert – man gehört damit nicht mehr zur Mehrheitsgesellschaft, sondern potentiell zur Minderheit der Verfolgten. Das alles ist keine Frage der Moral, sondern eine der Psychologie, und wie wir im Verhalten von Holocausttätern eine zunehmende Gewöhnung an das Töten und eine professionelle Normalisierung des Mordens beschreiben können, so lassen sich umgekehrt regelrechte Helferkarrieren beschreiben, in denen Menschen, die sich ursprünglich gar nicht als systemkritisch verstanden haben, immer weiter auf eine Bahn geraten, die vom System abweicht. Das kann so weit führen, dass Personen wie Battel oder Dold das Risiko offener Konfrontationen mit der SS eingehen und nach den damaligen Maßstäben völlig abwegig oder sogar kriminell handeln.

Wie die geschilderten Beispiele zeigen, spielen äußere Rahmenbedingungen dabei eine entscheidende Rolle: Ein KZ-Kommandant hat einen größeren Handlungsspielraum als ein Wachmann, ein Ortskommandant kann mehr tun als ein einfacher Wehrmachtsoldat. Zugleich zeigen die Fälle, dass man es auch im Nationalsozialismus und im Krieg nicht mit hermetischen Situationen zu tun hat, die dem Einzelnen keinerlei Spielräume lassen; es ist nur risikoloser, diese Spielräume nicht zu nutzen.

Wir haben oben schon den Bystander-Effekt erwähnt. Während dabei die Passivität aller Herumstehenden jeden Einzelnen in seiner Unschlüssigkeit darüber bestärkt, ob seine Hilfe gefordert ist oder nicht, weshalb er sich dann ebenfalls dafür entscheidet, passiv zu bleiben, haben Experimente zum Hilfeverhalten gezeigt, dass die Entscheidung zur Hilfe sehr stark davon abhängig ist, *wer* Unterstützung benötigt: Attraktiven Menschen wird eher geholfen als unattraktiven; Menschen, die ihren äußeren Merkmalen nach der Wir-Gruppe entsprechen, zu der man sich selber zählt, hilft man eher als solchen, die man fremden Gruppen zuordnet. Personen, die – wie zum Beispiel Betrunkene – ihre Notlage selbst verursacht zu haben scheinen, wird seltener geholfen als Menschen, die ohne eigenes Zutun in eine üble Lage geraten sind.[186] Man sieht hier, welche sozialen Faktoren in einer Situation, in der es um individuelle Entscheidungen zu gehen scheint, intervenieren.

Man kann sich überlegen, was diese Befunde für die Hilfsbereitschaft nichtjüdischer Deutscher gegenüber Menschen bedeutete, die von antisemitischer und rassistischer Propaganda aus der Wir-Gruppe ausgegrenzt und zunehmend der Verelendung und Verwahrlosung ausgesetzt wurden. Und selbst wenn eine Person in einem solchen Klima die Not der anderen wahrnahm und sich zum Helfen veranlasst sah, war das immer noch nicht gleichbedeutend damit, tatsächlich auch einen Handlungsspielraum für das Helfen zu sehen und sich selbst zuzutrauen, erfolgreich Unterstützung leisten zu können. Scheiternde Hilfeversuche bringen möglicherweise viele Menschen in Gefahr; insofern kann auch die Entscheidung, eine Hilfeleistung zu unterlassen und sich konform zu verhalten, auf eine autonome Entscheidung zurückgehen.

Hilfeverhalten hängt auch nicht einfach davon ab, wie gebildet oder religiös jemand ist. Da gibt es etwa die verwitwete Frau Lange in Berlin, die eine kleine Kammer in ihrer Wohnung zwei jungen untergetauchten Juden zur Verfügung stellt. Wie Cioma Schönhaus, einer der beiden Juden, der mit ihrer Hilfe überleben konnte, berichtet, hat Frau Lange dabei nur eine Sorge: »Was sage ich meinem Sohn, wenn der von der Front auf Urlaub kommt? Er ist vielleicht gar nicht damit einverstanden, dass ich Juden beherberge. Und ich erwarte ihn in den nächsten Tagen.«[187] Frau Langes Sorge erweist sich als unbegründet. Der überraschte Sohn ist begeistert über das Verhalten seiner Mutter und freut sich, die beiden Untergetauchten kennenzulernen. Er zeigt ihnen Fotos von Judenerschießungen im Osten und beschwört sie, im Untergrund zu bleiben und extrem vorsichtig zu sein. Er selbst sei froh, dass sie, während er an der Front sei, jedenfalls seine Kammer benutzen und seine Schallplatten hören könnten.

Ein anderer Helfer im Umkreis von Cioma Schönhaus ist der biedere Herr Jankowski, der von Amts wegen dafür zuständig ist, Ausweispapiere für russische Emigranten auszustellen, und der seine Position dafür nutzt, auch den untergetauchten Juden Schönhaus mit solchen Papieren zu versorgen. Jankowski hatte geradezu auf eine solche Gelegenheit zum Helfen gewartet, weil er darunter litt, russischen Offizieren und Adligen, die mit den Deutschen kollaborierten, Ausweise ausstellen zu müssen, während gleichzeitig russische Kriegsgefangene verhungerten und russische Frauen in der Zwangsarbeit zugrunde gingen.

In beiden Fällen offerieren die Verfolgten geradezu Gelegenheiten, um abweichendes Verhalten an den Tag zu legen. Ohne diese Gelegenheiten wären Frau Lange und ihr Sohn ebenso wie Herr Jankowski wahrscheinlich niemals zu einer Widerstandshandlung veranlasst gewesen. Hier ergibt sich die Abweichung wieder aus dem sozialen Kontext. Zu dieser gehört auch, dass die sozialen Räume der Mehrheitsbevölkerung und der Verfolgten weitgehend voneinander abgeschottet waren.

Als der mit einer sogenannten »Arierin« verheiratete und deshalb noch nicht aus Deutschland deportierte Jude Victor Klemperer am 18. Februar 1942 einen Gemüseladen aufsucht, geschieht etwas Überraschendes. Die Gemüsefrau bietet Klemperer, der mit dem vorschriftsmäßigen Stern am Mantel deutlich als Jude zu erkennen ist, Lebensmittel an, obwohl er dafür keine Marken hat. Als er diese dankbar bezahlen will, geht eine andere Kundin, eine alte Dame, dazwischen und besteht darauf, für ihn zu bezahlen. Klemperer gerät vollends in Verwirrung, als die Gemüsefrau ihn bittet, in Zukunft besser abends zu kommen, da könne sie ihm mehr geben. Am Tag sei das zu auffällig, weil sie auch die SA beliefere. Klemperer erklärt ihr daraufhin, Juden dürften nur noch zwischen drei und vier Uhr nachmittags einkaufen, worauf sie entgegnet: »Dann kommen Sie in Ihrer Zeit vorbei – ich werde Ihnen ein Zeichen geben, wenn die Luft rein ist.«[188]

Victor Klemperer, dem zu diesem Zeitpunkt schon fast sämtliche Existenzmöglichkeiten genommen sind, der geschlagen, beschimpft, angespuckt und zur Zwangsarbeit verpflichtet worden ist, verlässt, wie er hinterher in sein Tagebuch schreibt, den Gemüseladen regelrecht »erschüttert«. Nur wenige wussten allerdings, dass sie mit freundlich gemeinten Äußerungen die Angesprochenen in erhebliche Gefahr brachten. Klemperer wundert sich ohnehin verschiedentlich darüber, wie wenig die nichtjüdischen Deutschen über die Situation der noch in Deutschland lebenden Juden wissen und dass sie keine Ahnung davon haben, dass Juden weder die Straßenbahn benutzen noch zu beliebigen Zeiten einkaufen dürfen. Dass die Perfidie der Bürokraten schon längst ersonnen hatte, dass sie kein Fahrrad mehr besitzen, keine Zeitungen mehr abonnieren und keine Haustiere mehr halten durften, war den meisten ebenfalls entgangen, aus Desinteresse oder deshalb, weil solche Maßnahmen lediglich den jüdischen Organisationen mitgeteilt, aber ansonsten nicht öffentlich bekannt gemacht wurden. Marie Jalowicz berichtet sogar von Polizisten, denen nicht bekannt war, dass Juden ab dem 24. März 1942 keine öffentlichen Verkehrsmittel mehr benutzen durften (»Ach«, so sagte einer überrascht, »macht doch diesen Scheißstern ab, steigt in die U-Bahn und fertig ist die Laube.«)[189] Sie resümiert: »Nicht einmal die Polizisten wussten von all den gesetzlichen Vorschriften, all den kleinen Schikanen, mit denen wir Juden gegängelt wurden. Die ganz normalen Bürger kannten sie umso weniger.«[190]

Das mag übrigens eine Ursache dafür gewesen sein, dass die

Einführung des Judensterns im September 1941 dazu führte, dass die Bevölkerung eher mit den Betroffenen sympathisierte, als sich noch weiter von ihnen zu distanzieren, was Propagandaminister Goebbels mit tiefer Empörung erfüllte. Wie sich auch in den erwähnten Hilfeexperimenten gezeigt hat: Prozesse von Entsolidarisierung können stattfinden, ohne dass die Nichtbetroffenen das wahrnehmen müssen.

Gleichwohl stellen die beiden Damen aus dem Laden im Berlin des Jahres 1942 eine Ausnahme dar, obwohl Klemperer gelegentlich notiert, dass sogenannte »arische« Deutsche ihn auf der Straße oder in der Trambahn ansprechen und ihm versichern, sie empfänden es als Schande, wie mit den Juden umgegangen wird. Von solchen Unmutsäußerungen ist es aber noch ein weiter Weg zu kleinen Hilfeleistungen, wie sie die Gemüsefrau erbringt, und von dort wiederum ist es ein großer Schritt dazu, jemanden zu schützen oder zu verstecken. Das Spektrum, das zwischen Gesten der Solidarität und dem Verstecken von Verfolgten liegt, ist breit. Es reicht vom Familienvater, der seine Kinder auffordert, Juden demonstrativ zu grüßen, über Personen wie dem von dem Schauspieler Michael Degen beschriebenen »meschuggenen SS-Mann«, der Degens Mutter und ihn selbst aus unerfindlichen Gründen regelmäßig mit Lebensmitteln versorgt, weiter über Menschen, die ihre Ausweise als verloren melden, sie in Wahrheit aber organisierten Helfern im Untergrund zur Verfügung stellen, bis hin zu Personen, die unter eigenem Verhaftungsrisiko Juden aufnehmen und manchmal über Jahre hinweg verstecken.

Das Risiko, das die nichtjüdischen Deutschen mit ihrem jeweiligen Verhalten eingehen, ist entsprechend geringer oder größer: Der Kontakt mit Juden in der Trambahn hätte allenfalls zu einer Rüge geführt, das Anbieten von Gemüse vielleicht zu einer Vorladung und Ermahnung, das Weitergeben von Ausweispapieren zu erheblichen Schwierigkeiten, das Verstecken eines Verfolgten zu Gefängnis- oder Lagerhaft. Andererseits war der Druck auf die Bevölkerung, wie man heute weiß, keineswegs so groß und umfassend, wie es in der Nachkriegszeit gern dargestellt wurde. Auch das Wissen darum, was den deportierten Juden geschah, war weit verbreitet.[191] Risikolose Unterstützungsleistungen, die natürlich auch halfen, das vielleicht doch noch vorhandene schlechte Gewissen zu beruhigen, sind nicht selten vorgekommen. Oder auch Unterlassungen, die überraschend anmuten. Marie Jalowicz, die mehrere Jahre untergetaucht in Berlin überlebte, wurde nicht denunziert, obwohl alle Bewohner eines Mietshauses, in dem sie für einen langen Zeitraum untergekommen war, von ihrer illegalen Existenz wussten.[192] Nicht wenige Menschen brachten mit solchen Unterlassungen oder ihren Sympathiebezeugungen für einzelne Juden ihre Antipathie gegen das Nazi-System zum Ausdruck und fanden darin ein kleines persönliches Mittel des politischen Protests.

Bestehende soziale Beziehungen können, wie gesagt, eine wichtige Voraussetzung für Unterstützung und Hilfe sein, sie sind aber keineswegs immer ausreichend dafür, dass diese Unterstützung auch tatsächlich geleistet wird. Umgekehrt können sie gerade Anlass sein, Freundschaften aufzukündigen oder gar Ehe- oder Geschäftspartner loszuwerden.[193] Soziale Nähe allein ist also kein zwingender Grund für Solidarität; sie kann, wie auch die Forschung zur Denunziation im »Dritten Reich« zeigt, umgekehrt sogar einen Grund für Unmenschlichkeit liefern.[194] Jan Philipp Reemtsma hat darauf hingewiesen, dass gerade Nachbarn prädestiniert sein können, antisoziales Verhalten zu zeigen, wenn das unter veränderten Bedingungen folgenlos möglich war – Nachbarschaft als Gewaltressource.[195] Auch auf diese Weise bildet sich ab, dass autonomes wie konformes Verhalten nur innerhalb spezifischer sozialer und situativer Rahmenbedingungen handlungsrelevant wird.

Juden, die untergetaucht waren, um einer Deportation zu

entgehen, oder die von einem Transport geflohen sind, befanden sich oft in einer so verzweifelten Lage, dass sie sich entschließen mussten, einfach jemanden anzusprechen und um Hilfe zu bitten, um etwas zu essen oder um einen Unterschlupf für eine Nacht. In einer neuen Studie zum Hilfeverhalten, die erstmals ein Verfahren der Netzwerkanalyse verwendet hat,[196] konnte gezeigt werden, dass der Anstoß für Hilfeleistungen mehrheitlich von Verfolgten ausging – was wiederum darauf verweist, dass es für Mitglieder von Mehrheitsbevölkerungen keineswegs selbstverständlich ist, die Notlagen von Angehörigen von Minderheiten wahrzunehmen (daneben korrigiert dieser Befund das Klischee von den wehr- und hilflosen Opfern).

In diesem Sinne setzte sich eine polnische Landarbeiterin, die ganz allein und ohne Hilfe Juden versteckte, einem deutlich höheren Risiko aus als ein dänischer Fischer, der im Rahmen der berühmten kollektiven Rettungsaktion der dänischen Juden eine jüdische Familie nach Schweden brachte. Während das Verhalten der Landarbeiterin abweichendes und mindestens in diesem Sinn autonomes Verhalten darstellte, handelte der dänische Fischer konform, nämlich in Übereinstimmung mit seinem gesellschaftlichen Umfeld. In der nachträglichen Sicht bewerten wir beide Verhaltensweisen gleich hoch, obwohl die eine autonom und die andere konform war.

Es gibt noch eine weitere wichtige soziale Variable im Hilfegeschehen: Die meisten Helferinnen und Helfer sind Teil von – mitunter höchst professionellen – Netzwerken. Es macht natürlich einen erheblichen Unterschied, ob man ganz auf sich allein gestellt ist oder ob man sich der technischen und emotionalen Unterstützung anderer versichern kann und eine soziale Rückendeckung genießt, die einem das Gefühl gibt, das Richtige und Notwendige zu tun. Ein sehr großes Helfernetzwerk existierte um den promovierten Rechts- und Staatswissenschaftler Franz Kaufmann in Berlin, der bis 1936 hohe Ämter in der

Helfer und Verfolgte: Hilfenetzwerk um Franz Kaufmann.[197]

Reichsfinanzverwaltung bekleidete und dann in den Ruhestand versetzt wurde, weil er aus einer jüdischen Familie stammte. Kaufmann, der während des Ersten Weltkriegs mehrfach ausgezeichnet wurde, bemüht sich bei Kriegsbeginn 1939 um eine Aufnahme als Kriegsfreiwilliger in die Wehrmacht, was abgelehnt wird. 1942 wird er zur Zwangsarbeit verpflichtet und beginnt, seine alten Verbindungen zu nutzen, um untergetauchten und flüchtigen Juden zu helfen. Er organisiert Ausweise oder lässt diese, unter anderem von dem bereits erwähnten Cioma Schönhaus, fälschen, besorgt Werksausweise von AEG, Telefunken und Siemens, Lebensmittelkarten usw. Kaufmann ist auch deswegen enorm erfolgreich, weil er aufgrund seiner früheren beruflichen Position über hervorragende Kontakte verfügt und darüber informiert wird, wenn eine seiner eigenen Aktionen oder einer seiner Leute ins Visier der Gestapo zu geraten droht.

Dieses Netzwerk wirkt länger als ein Jahr und rettet einer nicht genau bezifferbaren Anzahl von Personen das Leben. Im

August 1943 fliegt es auf, weil eine jüdische Frau, die sich mit Kaufmanns Hilfe im Berliner Untergrund aufhält, denunziert und verhaftet wird. Ihre Aussage löst eine ganze Kette von weiteren Verhaftungen aus, die schließlich zur Sprengung von Kaufmanns Organisation und zu seiner Inhaftierung führt. Im Februar 1944 wird er im Konzentrationslager Sachsenhausen erschossen.

Fassen wir zusammen: Die historischen Beispielfälle zeigen ebenso wie das Milgram-Experiment, dass verlässliche soziale Beziehungen und Rahmenbedingungen die Basis darstellen, von der aus man zu abweichendem Verhalten gelangen kann. Die Realisierung von Autonomie geschieht also nicht individuell, sondern braucht den sozialen Rahmen. Hieraus erklären sich dann auch unsere experimentellen Befunde ganz einfach – Konformitätsexperimente geben keinen Rahmen dafür vor, sich besonders autonom zu verhalten. Es gibt hier keinen internen oder externen Faktor, der die dispositionelle Eigenschaft Autonomie aktivieren würde.

Was ist öffentlich, was ist privat?

Wenn wir sagen, dass autonomes Handeln den Bezug auf bestimmte soziale Rahmenbedingungen benötigt, heißt das im Fall von abweichendem oder kriminalisiertem Verhalten, dass hier eine Vertrauensbeziehung bestehen muss, die von außen unzugänglich ist. Umgekehrt: Gelingt es, von außen in diese Beziehung einzudringen wie im Fall von Kaufmanns Netzwerk, wird sie zerstört. Damit ist Konspiration als eine zentrale Voraussetzung für abweichendes autonomes Handeln unter Extrembedingungen angesprochen. Voraussetzung dafür ist, dass es private Räume gibt, in denen Informationen ausgetauscht, Strategien ausgehandelt und Pläne gemacht werden können, ohne dass das jemand mitbekommt. Privatheit ist aber nicht einfach da, sondern bedarf ihrerseits gesellschaftlicher Bedingungen.

Das wird etwa daran deutlich, dass Öffentlichkeit und Privatheit im heutigen Sinn historisch recht junge Kategorien sind. »Öffentlichkeit als ein eigener, von einer privaten Sphäre geschiedener Bereich lässt sich für die feudale Gesellschaft des hohen Mittelalters soziologisch (...) nicht nachweisen.«[198] Auch in der griechischen Antike würde man eine solche Trennung zumindest begrifflich nicht vorfinden, obwohl es de facto eine Trennung von erwartbaren Verhaltensweisen gab, die für den öffentlichen Raum vorgesehen waren, und solchen, die nur »im Privaten« geschehen sollten.[199] Im Mittelalter und in der frühen Neuzeit gab es eine Differenzierung von privat und öffentlich im modernen Sinn nicht. Der Grund dafür ist einfach: Unter Bedingungen festgelegter Rollen von Adel, Feudalherrschaft, Diener-, Leibeigen- und Knechtschaft existiert weder eine zeitliche, noch eine räumliche, noch eine personale Sphäre, die so etwas wie die Trennung einer öffentlichen von einer privaten Person zugelassen oder sinnvoll gemacht hätte. Entsprechend gibt es so etwas wie eine personale Autonomie nach heutigem Verständnis praktisch nicht – wir haben ja schon unter anderem am Beispiel Antigones gesehen, dass ihre Autonomie an die Erfüllung eines übergeordneten Willens gebunden war.

Privatheit und Öffentlichkeit im modernen Sinn setzen ja erst einmal voraus, dass eine einzige Person in unterschiedlichen Rollen auftreten kann – und so etwas differenziert sich erst mit dem modernen Industriekapitalismus und der Entstehung einer bürgerlichen Gesellschaft aus. Das ist ein sehr langer Prozess, der überdies in unterschiedlichen Gesellschaftsschichten zeitlich sehr unterschiedlich ablief.

Denn während das sich herausbildende Bürgertum durch seine finanziellen Möglichkeiten zwischen Räumen mit eher öffentlichen Funktionen wie der Halle oder dem Salon und Räumen mit rein privatem Charakter differenzieren konnte, blieb Industrie- und Heimarbeitern oftmals nur ein einziger Raum, in dem sich Kochen, Schlafen, häusliche Tätigkeiten und nicht selten auch noch Näharbeiten etc. abspielten. Dasselbe Bild ergibt sich stadträumlich: Die bürgerliche Villa ist von der Öffentlichkeit durch Mauern, Gärten etc. abgeschirmt, während die Wohnungen der unteren Schichten oft direkt zur Straße liegen und nicht selten offen sind, etwa für gewerbliche Zwecke. »Eine Privatsphäre zu haben«, schreibt Antoine Prost, »war durchaus ein Klassenvorrecht: das eines Bürgertums, das komfortabel wohnte und Vermögen besaß. Die arbeitenden Klassen erlebten die wechselseitige Durchdringung von Privatheit und Öffentlichkeit notgedrungen in anderer, minder differenzierter Weise. So gesehen, wäre im 20. Jahrhundert die strikte Trennung des Privaten vom Öffentlichen nach und nach zu einem strukturierenden Moment ihres Alltags geworden.«[200]

Eine Trennung, die für die ganze Gesellschaft gilt, vollzieht sich freilich erst in der Nachkriegsmoderne, in der Wohnbauprogramme, sozialer Wohnungsbau und der wachsende Wohlstand auch Arbeitern Mehrzimmerwohnungen oder kleine Einfamilien- oder Reihenhäuser zu bewohnen erlauben, die sowohl nach außen hin abgeschottet sind, als auch für die Eltern und die Kinder je eigene Zimmer vorsehen, also erstmals persönliche Intimität in der heute noch gültigen Form erlauben. Diese Entwicklungen, die sich über viele Jahrzehnte und national wie regional ungleichzeitig vollziehen, sind vom politischen Aufstieg der jeweiligen Schichten nicht zu trennen: Eine Öffentlichkeit entsteht mit der wachsenden politischen Partizipation des Bürgertums und mit ihr eine zunehmende Differenzierung von öffentlichen und privaten Räumen. Je weiter sich die Gesellschaften politisch liberalisieren und je weiter das allgemeine Wohlstandsniveau anwächst, desto mehr gilt die Scheidung von privat und öffentlich für alle Gesellschaftsmitglieder. »Die Geschichte des privaten Lebens«, fasst Prost mit Recht zusammen, »ließe sich (...) als Geschichte seiner Demokratisierung lesen«.[201] Umgekehrt heißt das: Demokratie bedarf offenbar ebenso der Räume des Privaten wie jener des Öffentlichen.

Der räumlichen Differenzierung innerhalb der Häuser entspricht denn auch eine der gesellschaftlichen Funktionsbereiche: Während von den Frühzeiten der Industrialisierung bis in das beginnende 20. Jahrhundert hinein Wohnungen, Werkstätten, Läden sich in den denselben Straßenzügen und Blocks befanden und ganze Fabriken sich nahtlos an Mietshäuser anschlossen, trennt die Stadtplanung besonders der Nachkriegszeit Stadtviertel nach Funktionsbereichen – das Paradigma dafür wurde schon in städtebaulichen Visionen ab der Jahrhundertwende entwickelt und zum Teil bereits in den Siedlungen des »Neuen Wohnens« in den 1920er Jahren realisiert. Faktisch setzte es sich aber in Deutschland erst nach dem Krieg großflächig durch, weil durch die Bombardements soviel an gewachsener Struktur zerstört worden war, dass man sich nun daran machen konnte, die Städte nach als modern empfundenen Kriterien wieder aufzubauen.

Dabei gilt für den Wiederaufbau der besonders zerstörten deutschen Städte, dass die Wiederaufbaupläne bereits während des Krieges in den Mitarbeiterstäben Albert Speers entwickelt worden waren, denen die alliierten Bombardierungen ganz recht kamen. Denn während noch in vielen Städten der ersten Jahrhunderthälfte eine oft chaotisch scheinende Durchmischung der Viertel mit Wohnungen, Schuppen, Werkstätten, Geschäften usw. bestand, strebte die »neue Stadtplanung, programmatisch gefasst in der Charta von Athen (1930), (...) nach organisierter Rationalität. Doch zunächst, solange das Wachstum der Städte durch die Wirtschaftskrise unterbrochen war, blieb dies ein bloß theoretischer Vorsatz. Maßgeblich für den

Städtebau wurde die Charta erst, nachdem der Bombenhagel des Krieges ganze Stadtquartiere zerstört hatte und dann die Urbanisierung immer schneller fortschritt. Das ›zoning‹ setzte sich durch und trennte Industrie- und Wohngebiete.«[202]

Was im Bürgertum vorgeprägt worden war – die räumliche Trennung von Arbeit und Privatleben –, wurde auf diese Weise gesamtgesellschaftlich nachvollzogen und als eine Normalität etabliert, die aber nur eine Generation weiter durch eine zunehmende Entdifferenzierung von Arbeit und Freizeit im Zuge der Verbreitung von Heimcomputern und Laptops sich wieder aufzulösen begann. Wir sehen also im Laufe von nur wenigen Generationen den Aufstieg politischer Klassen, der mit einer zunehmenden Trennung von Arbeits- und Lebensräumen, von Arbeits- und Freizeit und von öffentlichen und privaten Sphären des Alltagslebens einhergeht. Auch aus dieser Perspektive erschließt sich, dass die Entstehung moderner, liberaler und demokratischer Gesellschaften ohne eine Differenzierung öffentlicher und privater Sphären gar nicht zu denken ist. Deshalb hat Jürgen Habermas seine Rekonstruktion der Entwicklung der bürgerlichen Gesellschaften »Strukturwandel der Öffentlichkeit« genannt: »Die Bürgerlichen der liberalen Ära leben ihr privates Leben prototypisch in Beruf und Familie; der Bereich des Warenverkehrs und der gesellschaftlichen Arbeit war ebenso Privatsphäre wie das unmittelbar von ökonomischen Faktoren entlastete ›Haus‹. Diese beiden, damals gleichsinnig strukturierten Sphären, entwickeln sich nun gegenläufig: ›und zwar kann man sagen, dass die Familien immer ›privater‹, Arbeits- und Organisationswelt immer ›öffentlicher‹ werden‹.«[203]

Wie ist das zu verstehen? Die zunehmende Etablierung politischer Macht des Bürgertums basiert auf dessen wachsender wirtschaftlicher Macht, erworben durch Fernhandel, Manufaktur- und Fabrikwesen, Großhandel etc. Diese Sphäre des Warenverkehrs kann sich nur frei entfalten, wenn sie von obrigkeitlichen Einflüssen freigehalten wird – das ist die Kernvorstellung einer liberalen Wirtschaft. In diesem Sinn ist auch das merkantile Leben Teil des Privatlebens – es steht im Gegensatz zur Öffentlichkeit in der damaligen Bedeutung von Regierung, Hof und Administration. Erst von dieser Privatheit aus entwickelt sich eine Basis, das Handeln der herrschenden Öffentlichkeit (die noch die Öffentlichkeit der Herrscher ist) zu kritisieren, zunächst in Gestalt literarischer Gesellschaften, Clubs und Zeitschriften, die sukzessive so etwas wie die politische Sphäre einer kommentierenden, kritischen Öffentlichkeit ausbilden, prototypisch in dem Sinn, in dem man heute die Rolle der »vierten Gewalt« der Medien verstehen würde. Diese kritische Öffentlichkeit übt zunehmend eine Kontrolle des staatlichen Handelns aus und dient zugleich der Herausbildung des politischen Selbst- und Rollenverständnisses des Bürgertums.

Da die freie wirtschaftliche Betätigung aber gerade die Voraussetzung für die Teilhabe an dieser »kritischen« Öffentlichkeit ist, fällt sie zunächst noch in den Bereich des Privaten. Erst mit der weiteren Entwicklung der Industriegesellschaft beginnt sich der Umfang des privaten Bereiches so auf Familie, Freizeit und Häuslichkeit zu verengen, wie wir es heute kennen. Dieser private Bereich ist nunmehr weder durchdrungen von wirtschaftlichen Zwecksetzungen noch von Zugängen für die Öffentlichkeit, wie es etwa noch der Salon im bürgerlichen Haushalt als Übergangszone von privat und öffentlich gewesen war. Das hat mit der Entstehung einer breiten industriegeprägten Arbeitswelt und den zugehörigen Administrationen zu tun: »Verglichen mit dem typischen Privatunternehmen des 19. Jahrhunderts verselbständigt sich die Berufssphäre als ein quasi-öffentlicher Bereich gegenüber einer auf die Familie zusammengeschrumpften Privatsphäre: Heute bezeichnet die berufsfreie Zeit geradezu das Reservat des Privaten, während mit der Berufsarbeit der ›Dienst‹ beginnt. Als eine Entprivatisierung der Berufssphäre stellt sich dieser Vorgang allerdings nur aus der historischen Perspektive der Privateigentümer dar, umgekehrt als eine Privatisierung erscheint er den Arbeitern und Angestellten, und zwar in dem Maße, in dem sie nicht mehr ausschließlich und ungeregelt einem patriarchalischen Regiment (…) unterworfen sind.«[204]

Was dem aus höchsten theoretischen Höhen blickenden Soziologen hier entgeht, ist, dass sich solche soziologisch analysierbaren Differenzierungen den Individuen keineswegs als »Vorgänge darstellen«, sondern einfach gelebtes Leben sind, das nach Strukturen verläuft, die zwar sozial hergestellt sind, sich aber nicht als »gemachte«, sondern als »gegebene« zeigen. Daher ist es die selbstverständliche Erfahrung moderner Menschen, dass es eine Trennung privater und öffentlicher Sphären gibt, und genauso selbstverständlich war es bis vor nicht allzu langer Zeit, dass in diesen Sphären jeweils auch unterschiedliche Verhaltensregeln und Normen Gültigkeit beanspruchen konnten. Während die öffentliche Sphäre – wenigstens idealtypisch – durch unterschiedslose Zugänglichkeit, Transparenz, Debattierbarkeit und politische Gestaltbarkeit gekennzeichnet ist, ist die private Sphäre umgekehrt durch selektive Zugänglichkeit nur für Zugehörige, Intransparenz nach außen, »Nichtbeachtbarkeit« (Raymond Geuss) und Politikferne charakterisiert.

Als eine solche arkane Sphäre, in der Menschen tun und lassen können, was sie wollen, ohne dass eine Öffentlichkeit davon auch nur Kenntnis gewinnen könnte, bildet Privatheit jenen Seinsbereich, in dem sich Subjektivitäten bilden und entfalten, Persönlichkeiten entwickeln und Standpunkte einnehmen lassen, die es einem erlauben, als freier Bürger zugleich politisches Subjekt zu sein und Einfluss auf den öffentlichen Bereich, die res publica zu nehmen. Die Existenz einer Privatsphäre bildet in diesem Sinn die Voraussetzung für die Existenz einer demokratischen Öffentlichkeit, die politisch mitgestaltbar ist. »Darüber hinaus ist eine Kategorie des Privaten das Intime, und viele Theoretiker sind zu der Überzeugung gelangt, dass es Formen der Selbstbejahung gibt, die für Menschen notwendig sind und die sie nur dann entwickeln können, wenn sie angemessene Beziehungen der Intimität zu anderen unterhalten; solche Beziehungen sind Grundelemente des guten Lebens für den Menschen.«[205]

Solche Beziehungen, können wir ergänzen, sind darüber hinaus die Voraussetzung, dass abweichendes Handeln möglich ist, wie wir es oben beschrieben haben. Ohne die Intimität privater Beziehungen, ohne den unzugänglichen Raum der intimen Konspiration kann es nur schwer Widerstand oder verbotene Hilfe geben, Transparenz und Konformität sind nahezu unausweichlich.

Kommen wir an dieser Stelle noch einmal auf die Geschichte von Cioma Schönhaus zurück. Der entzog sich im Frühjahr 1942 der Deportation und lebte als sogenanntes U-Boot, also als untergetauchter Jude, bis zum Sommer 1943 in Berlin. Sein Überlebenstrick bestand darin, dass er alles anders machte, als man es von jemandem erwarten würde, der »im Untergrund« existiert. Denn Schönhaus lebte extrem auffällig: Er kaufte sich ein Segelboot und fuhr damit bei schönem Wetter werktags auf dem Wannsee, ließ sich einen weißen Anzug schneidern und verkehrte in den Restaurants und Bars, die bevorzugt von den höheren NS-Parteichargen frequentiert wurden. Schönhaus pflegte Liebschaften mit »arischen« Offiziersgattinnen, deren Männer an der Front waren. Sein Geld verdiente er mit dem Fälschen von Pässen und anderen Dokumenten. Als er schließlich doch selbst ins Visier der Gestapo geriet und steckbrieflich gesucht wurde, fuhr er mit dem Fahrrad als Sommerfrischler getarnt bis zur Schweizer Grenze und überquerte diese mit viel Glück. Er überlebte den Holocaust. Die Pointe seiner Geschichte liegt darin, dass Schönhaus den Rahmen der Öffentlichkeit nutzt, um geheim zu leben. Schönhaus spielt Konformität, indem er sich so verhält, als sei er nicht verfolgt und als führe er eine durch und durch integrierte Existenz. Er überlebt, weil er die Bedingungen der öffentlichen Existenz »unterlebt«.[206] Allerdings bietet selbst die totalitäre Gesellschaft des »Dritten Reiches« hinlänglich soziale Nischen, die man strategisch nutzen und in seinem Sinn auslegen und auswerten kann. Nichts anderes haben, auf je eigene Weise, Battel, Liedtke, Dold und Kaufmann gemacht. Man kann sagen: Eine Gesellschaft, die Privatheit vorsieht, riskiert immer auch ihre eigene Unterwanderung. Eine Gesellschaft, die nur in Öffentlichkeit und Transparenz besteht, macht Abweichung und Unterwanderung schwer vorstellbar – das wussten übrigens auch schon die Autoren der klassischen Staatsutopien, mit denen wir uns zu Beginn dieses Buches beschäftigt hatten.

Schönhaus' Überleben verdankt sich der Tatsache, dass man wenig über ihn wusste und er dieses Wenige manipulieren konnte. Anders gesagt: Sein Verhalten war nicht transparent und daher nicht steuerbar. Dabei war Schönhaus' Untergrundexistenz keineswegs eine individuelle Angelegenheit; unter anderem war auch er Teil des erwähnten Hilfenetzwerks von Franz Kaufmann.

In Zeiten von Facebook, Google und NSA wäre Schönhaus praktisch chancenlos gewesen. Das Hilfenetzwerk von Franz Kaufmann hätte es nicht gegeben, und kaum ein Verfolgter wäre gerettet worden. Die Macht der Gestapo fand ihre Grenze dort, wo es eine Privatheit gab, die man im Rahmen von Vertrauensbeziehungen sichern konnte. Heute dagegen wissen Verfolgungsbehörden alles über alle. Im Unterschied zu totalitären Gesellschaften, wie wir sie kannten, müssen die Geheimdienste auch nicht mehr mühsam und gegen Widerstände herausfinden, was sie über die Bürger wissen wollen, sondern brauchen es nur noch von den reich bestellten Feldern der Informationsindustrie und der sozialen Netzwerke zu ernten. Das bedeutet: Schönhaus würde heute nicht mehr entkommen.

Eine kurze Geschichte der Demokratie

Man muss es vielleicht heute wieder erwähnen, dass zu den Grundrechten im Grundgesetz der Bundesrepublik Deutschland das Brief- und Postgeheimnis sowie die Unverletzlichkeit der Wohnung zählen. Die Erklärung der Menschenrechte sieht in Artikel 12 vor, dass niemand willkürlichen Eingriffen in sein Privatleben, seine Familie, seine Wohnung und seinen Schriftverkehr ausgesetzt werden darf. Diese Artikel wurden nach dem Zweiten Weltkrieg exakt aufgrund der Erfahrung formuliert, dass die Zerstörung des Privaten ein Wesenszug totalitärer Gesellschaften ist. In demokratischen Rechtsstaaten ist die Unverletzlichkeit der privaten Sphäre eine Conditio sine qua non; dazu gehört auch, wie im sogenannten »Volkszählungsurteil« von 1983 ausgeführt, die »informationelle Selbstbestimmung«, also das alleinige Verfügungsrecht über die Daten, die die eigene Person betreffen. De facto werden alle diese Rechte heute durch die invasiven Strategien der Informationsindustrie genauso wie der behördlichen Überwachung gebrochen, aber gerade darum müssen wir daran erinnern, dass die Entstehung des demokratischen Rechtsstaates ein langer, diskontinuierlicher und unabgeschlossener Prozess war und dass Demokratie ein chronisch gefährdeter zivilisatorischer Standard ist, den es stets aufs Neue zu sichern und zu verteidigen gilt.

Das ist alles andere als trivial, sind doch menschliche Überlebensgemeinschaften über die längsten Phasen ihres Bestehens weder demokratisch noch rechtsstaatlich verfasst gewesen. Die erste uns bekannte Demokratie war vor rund 2500 Jahren die athenische Demokratia. Diese bestand etwa zwei Jahrhunderte lang und stellte eine direkte, unmittelbare Form der Herrschaft des Volkes dar, das hier freilich als Gesamtheit aller männlichen Bürger definiert war. Diese Definition umfasste etwa 30000 männliche »Vollbürger« von insgesamt rund 200000 Einwohnerinnen und Einwohnern – ausgenommen von der demokratischen Herrschaft blieben Frauen, Fremde und Sklaven.

Die relativ geringe Zahl der Vollbürger erlaubte ihnen eine Form direkter Beteiligung an allen Angelegenheiten des Staates, die stark von repräsentativen Formen der Demokratie abweicht. So kamen zu den jährlichen Volksversammlungen rund 6000 Bürger zusammen, jeder mit Rede- und Abstimmungsrecht. Darüber hinaus wurden 6000 Bürger durch Los zu Richtern bestimmt und 1100 durch Los zu Amtsträgern ernannt. Nur etwa 100 Männer wurden aufgrund notwendiger Spezialkenntnisse für die Amtsausübung erwählt – das betraf etwa den Städtebau, die Finanzverwaltung und militärisch-strategische Fragen.[207] Die Losverfahren für die anderen gehen darauf zurück, dass jeder Bürger als grundsätzlich befähigt betrachtet wurde, ein Amt auszuüben. »Die Demokratie Athens zeichnete sich durch ein Maß an Bürgerbeteiligung aus, das seitdem kaum wieder erreicht worden ist.«[208]

Man könnte auch sagen: nie wieder, denn eine solche Form der Demokratie setzt eine relativ kleine Zahl von Vollbürgern voraus. Das Problem, wie politische Beteiligung bei größeren Zahlen von Staatsbürgern zu realisieren ist, beschäftigte die frühen Demokratietheoretiker wie Jean-Jacques Rousseau und John Stuart Mill ebenso wie gegenwärtige Diskussionen über Elemente direkter Demokratie in der Verfahrenslogik repräsentativer Demokratien. Dass eine Lösung der Problematik der großen Zahl nicht in der Addition kleinerer basisdemokratischer Einheiten bestehen könnte, wie es Rousseau vorschwebte, sondern im Modus der repräsentativen Demokratie liegen würde, wie sie zum ersten Mal in der amerikanischen Verfassung von 1787/88 realisiert wurde, scheint nur in der Rückschau, nach mehr als zwei Jahrhunderten Erfahrung, selbstverständlich.

Denn die Delegation der eigenen Stimme an einen Vertreter

muss in den Rahmen einer republikanischen Ordnung eingebunden sein, die den Schutz des Individuums vor etwaigen
Beschlüssen durch ein System von »checks and balances« ge-
währleistet. Die Autonomie des Individuums wird durch ein
freiheitliches Gemeinwesen sichergestellt, das dem Prinzip der
Gewaltenteilung folgt.[209] Unter anderen staatlichen Ordnungs-
vorstellungen ist persönliche Autonomie weder vorstellbar
noch wünschenswert. Genau deshalb taucht die Unverletzlichkeit der Privatsphäre in allen demokratischen Verfassungen seither auf.

Wir haben an der Differenzierung in private und öffentliche
Sphäre bereits gesehen, wie langwierig und prekär solche Entwicklungen sind; dasselbe Bild zeigt der lange, mühsame und
von Rückschritten keineswegs freie Weg der Verbreitung von
Demokratien: Eine erste Demokratisierungswelle zeigt sich in
den etwa 100 Jahren zwischen 1820 und 1920, in denen 29 Demokratien etabliert werden. Deren Zahl wird durch Diktaturen in Deutschland, Italien, Spanien etc. wieder rückläufig, um
nach dem Zweiten Weltkrieg in eine zweite Welle der Demokratisierung einzumünden. Heute lassen sich weltweit mehr als
100 Demokratien identifizieren.[210] Diese muss man freilich nach
unterschiedlichen Graden der Verwirklichung demokratischer
Prinzipien differenzieren –, wozu etwa die Garantie grundlegen-
der »Menschen- und Bürgerrechte, das Recht auf Meinungs-
freiheit, Versammlungsfreiheit, Pressefreiheit« zählen. Dazu sind
rechtsstaatliche Sicherungen wie die erwähnten Grundrechte
essentiell, darüber hinaus die »politische Unabhängigkeit und
Neutralität der Justiz und die Teilung der Gewalten, von Legis-
lative, Exekutive und Rechtsprechung, genauso wie ein freies
Mediensystem und eine pluralistische Öffentlichkeit«.[211] Dies
alles ist in weniger als 50 Ländern weltweit realisiert und unterliegt – wie Rebellionen, Putsche, Invasionen etc. bis heute zeigen – einer prinzipiellen Gefährdung.

Dass Demokratien »höchst voraussetzungsvolle Formen politischer Ordnung sind«, wie Hans Vorländer schreibt, zeigt ein kurzer Blick in die Geschichte: Bürgerliche Grundrechte wie die Unverletzlichkeit der Privatsphäre sind durch reale oder angenommene kollektive Sicherheitsbedürfnisse chronisch gefährdet. Dabei ist die Existenz einer von staatlichem oder wirtschaftsmonopolistischem Eingriff freien Zivilgesellschaft für die Demokratie unabdingbar: Es muss soziale Räume der freien und privaten Assoziation gerade auch darum geben, um staatlichen und monopolistischen Interessen Einhalt gebieten und Grenzen setzen zu können – in Form etwa von Versammlungen, Protesten, Petitionen, Aufrufen, Schriften usw., die unter der Voraussetzung totaler Transparenz nicht realisierbar sind. Kurz: Erodiert der Schutz der Grundrechte, steht die Demokratie selbst in Frage.

Da nun aber der demokratische Rechtsstaat der Garant dafür ist, dass Ermöglichungsräume für autonomes Verhalten überhaupt existieren, diese aber demokratietheoretisch wiederum die Voraussetzung eines freiheitlich verfassten Staates bilden, steht und fällt mit den Grundrechten auch die persönliche Autonomie. Das heißt: Demokratie und totale Transparenz sind absolute Widersprüche, man kann nur das eine oder das andere haben.

TEIL IV

AUTONOMIE HEUTE

DIE BÜRDE DER FREIHEIT

»Wir haben einen anderen Begriff der Freiheit als die Engländer und Amerikaner. Ich bin sehr stolz, Deutscher zu sein, ich vermisse ihre Freiheit nicht. Deutsche Freiheit ist die innerliche Freiheit, Unabhängigkeit von allem Materiellen, dem Vaterland Dienste erweisen zu können. (...) Die amerikanische, demokratische Freiheit ist nichts als Willkür.«

Oberleutnant zur See Heinrich Russ, 28.3.1942

Autonomie und Freiheit sind, wir haben es gesehen, seit der Aufklärung zentrale Werte, die in das Selbstverständnis moderner, demokratischer Staaten ebenso tief eingelassen sind wie in die Selbstbilder der in ihnen lebenden Individuen. Wir haben auch zeigen können, dass Autonomie weder eine anthropologische Konstante ist, noch unabhängig von kulturellen, sozialen und situativen Bedingungen in Erscheinung tritt. Mehr noch: In historischer Perspektive konnten wir sehen, dass es kulturelle Rahmenbedingungen gibt, die Autonomie zu einer wünschbaren und auch erwartbaren Eigenschaft machen. Diese Eigenschaft müssen die Bürgerinnen und Bürger eines modernen Staates an den Tag legen, wenn sie beispielsweise wählen gehen, politisch argumentieren, kurz: wenn sie sich als Teil eines politischen Gemeinwesens verstehen wollen. Zusammengefasst kann man sagen, dass freiheitliche Verfassungen und Gemeinwesen in diesem Sinn autonome, oder besser: autonomiefähige Individuen brauchen, um funktionieren zu können. Freiheit setzt Autonomie voraus und umgekehrt.

Nicht zufällig beginnt der Mythos der Aufklärung mit der

biblischen Schöpfungsgeschichte: Eva emanzipiert sich gegenüber dem göttlichen Gebot und isst den Apfel vom Baum der Erkenntnis – am Beginn der Freiheit steht Autonomie als Ungehorsam. Die ungeheure ordnungssprengende Kraft des Willens zur Freiheit findet also bereits alttestamentarisch ihren radikalen Ausdruck, und die folgenden Jahrtausende lassen sich mit einigem Recht als eine permanente, konfliktreiche, von Niederlagen und Rückschritten gekennzeichnete Erweiterung von persönlichen Handlungsspielräumen beschreiben, denen gesellschaftlich mehr und mehr Raum gegeben wird.

Aber Autonomie und Freiheit setzen, wie schon in diesem allerersten mythischen Akt des Ungehorsams, eine radikale Trennung voraus: Der Verstoß gegen das göttliche Gebot bedeutet die Vertreibung aus dem Paradies, also die Trennung des Naturwesens Mensch von der Natur. Und damit zugleich die Trennung vom anderen, dem er jetzt nicht mehr natural und ohne Bewusstsein einfach zugehört, sondern dem er als einem anderen gegenübertritt. Individuum zu sein bedeutet in diesem Sinn: getrennt sein. Auch das thematisiert der Mythos: »Der Mensch, der die Natur transzendiert, der sich von ihr und einem anderen menschlichen Wesen entfremdet, findet sich nackt und schämt sich. Er ist allein und frei, aber machtlos und voller Angst. (…) ›Freiheit von‹ ist nicht das Gleiche wie positive Freiheit, nämlich ›Freiheit zu‹.«[212]

Diese Unterscheidung ist konstitutiv für Autonomie und Freiheit: Sie sind nicht einfach nur ein Gewinn für die Individuen wie für die Gesellschaft, sondern sie »kosten« auch etwas, sind mit Leiden am Verlust des Aufgehobenseins verbunden, bedeuten chronische Orientierungs- und Entscheidungsnotwendigkeit und bewusste Überwindung von Trennungen. Freiheit und Autonomie sind deshalb immer auch Zumutungen, und daher ist es kein Zufall, dass Gesellschaften immer Räume angeboten haben, sich von dieser Zumutung zu entlasten: durch

Rituale, Rausch, Massenereignisse, die es dem Individuum erlauben, wenigstens zeitweilig der Zumutung der Freiheit zu entrinnen und emotional mit einem Kollektiv zu verschmelzen.

Diese »negative« Seite der Freiheit gerät schnell aus dem Blick, wenn man aus westlicher Perspektive unverständliche Phänomene der willentlichen und sogar freudigen Unterordnung unter andere, die Hingabe an religiöse Regeln, ja, im Extrem die radikale Selbstaufgabe im Akt des Selbstmordattentats betrachtet. Islamistische Fundamentalisten betrachten Freiheit genauso wenig als etwas Erstrebenswertes wie Individualität, und als Apologeten eines Kollektivs, das sich Regeln unterwirft, die es nicht selbst aufgestellt hat, interessiert sie der Unterschied zwischen Leben und Tod nicht sonderlich: All das macht sie in westlichen Augen so fremd und so bedrohlich. Freiheit und Autonomie sind auch in diesem Sinn nichts, was normativ Universalität beanspruchen könnte, und der Befund, dass die totalitären Systeme des 20. Jahrhunderts ebenfalls die Entlastung von den Zumutungen des Freiseins versprachen und nicht zuletzt daraus ihre Attraktivität bezogen, zeigt deutlich, dass Freiheit und Autonomie auch in modernen Gesellschaften keineswegs gesicherte Werte und Haltungen bezeichnen, sondern prekäre.

Hannah Arendt hat das in ihrem Buch über Totalitarismus als die psychologische Grundlage der prinzipiell immer vorhandenen und aktivierbaren Zustimmungsbereitschaft zu totalitären Entwicklungen gesehen: »Wir wissen (…) nicht, aber wir können es ahnen, wie viele Menschen sich in Erkenntnis ihrer wachsenden Unfähigkeit, die Last des Lebens unter modernen Verhältnissen zu ertragen, sich willig einem System unterwerfen würden, das ihnen mit der Selbstbestimmung auch die Verantwortung für das eigene Leben abnimmt.«[213] Arendts Analyse totalitärer Systeme ist vor allem deswegen für uns interessant, weil sie sich auf die von heute aus antiquiert und überwunden scheinenden Totalitarismen des 20. Jahrhunderts bezieht. Die totalitären Systeme jener Zeit verstanden sich als revolutionär und avantgardistisch. Sie traten dezidiert an, die vorhandenen Gesellschaftssysteme zu zerstören und durch ihre eigenen zu ersetzen, die die Welt besser einzurichten versprachen: In der kommunistischen Variante war dies die klassenlose Gesellschaft unter der Diktatur des Proletariats, in der nationalsozialistischen die rassenreine unter der Diktatur des Herrenvolkes.

Beide Varianten stimmen in der radikalen Einfachheit überein, mit der die Welt betrachtet wird: In beiden Fällen gibt es ein bestimmendes Prinzip, das die Entwicklung vorantreibt – die Klassenkämpfe bzw. die Biologie. Und in beiden Fällen legitimiert sich die jeweilige Bewegung daraus, dass sie dem jeweiligen Grundprinzip zur Durchsetzung verhilft, in dem sie geschichtlichen bzw. biologischen Gesetzmäßigkeiten folgt. Beide glaubten die Wissenschaft im zeitgenössischen Verständnis auf ihrer Seite zu haben (»Nationalsozialismus ist angewandte Biologie«, wie Rudolf Hess formulierte), und beide machten sich sofort daran, ihre Theorien in die Wirklichkeit zu übersetzen: Wenn die Theorie vorsieht, dass Klassen »absterben«, dann kann man diejenigen, die der weiteren Entwicklung im Weg stehen, umbringen oder in Gulags verfrachten; wenn sie vorsieht, dass die natürliche Einrichtung der Welt die Stärksten überleben lässt, kann man das beweisen, indem man die Schwächeren umbringt. »Die Bolschewisten lassen angeblich nur die Millionen in Arbeitslagern verrecken, die vorher bereits ›abgestorben‹ waren, während die Nazis nur diejenigen in die Gaskammern schickten, die es nach den ewigen Gesetzen der Natur gar nicht hätte geben dürfen.«[214]

Tatsächlich, so Arendt, ist eines der Bewegungsmerkmale totalitärer Systeme die unmittelbare Übersetzung von Behauptungen in die Realität: »Die Behauptung, dass nur Moskau eine Untergrundbahn habe, ist nur solange eine Lüge, als die Bol-

schewisten nicht die Macht haben, alle anderen Untergrund-
bahnen zu zerstören.«[215] Die psychologische Attraktivität, die in
einer solchen »Propaganda der Tat« liegt, besteht in der Einfachheit der Deutung der Welt: geschlossene Deutungssysteme, die
ein oberstes Prinzip postulieren, und alles andere daraus mit
einer scheinbar zwingenden Folgerichtigkeit ableiten. Wenn man
das Glück hat, nicht zur falschen Klasse oder Rasse zu gehören,
hat das den Vorteil, zugehörig sein zu dürfen und zugleich entlastet von jedem autonomen Zutun zu dieser Zugehörigkeit zu
sein. Es ist die Suspendierung von jener Lebensverantwor-
tung, die die Moderne dem Subjekt auferlegt hat, welche den
Totalitarismus so ungeheuer attraktiv macht und die Demokratie so grundsätzlich gefährdet. Das Aushalten von Ambivalenzen
und Widersprüchen, die Angst vor sozialem Abstieg, die permanente Konfrontation mit Heterogenität, die dauernde Anforderung, sich immer wieder neu entscheiden zu müssen – alles dies
sind Zumutungen der Freiheit, von denen totalitäre Systeme das
Individuum entlasten.

Schon Alexis de Tocqueville hatte die Kraft gesehen, die von
»absoluten Systemen« ausgeht, »die alle Ereignisse der Geschichte von primären großen Ursachen abhängig machen und
sie so in eine Kette der Notwendigkeit binden, die es erlaubt,
die Menschen gleichsam aus der Geschichte des Menschen-
geschlechts zu eliminieren«.[216] Solche Notwendigkeitsketten
werden von politischen und naturwissenschaftlichen Theorien,
von totalitären Institutionen wie von sozialen Gruppen immer
wieder angeboten und entfalten immer wieder Wirksamkeit –
egal, ob es um »Kameradschaft« geht, um radikalen Islamismus
oder um orthodox verstandene wissenschaftliche Deutungssysteme: Stets geht es um geschlossene Erklärungsmodelle, die nur
regelgerecht angewendet werden müssen, um Dinge ohne stö-
rende Reste von Widersprüchlichkeit oder Unschärfe zu erklären. Dieser dringende und tiefe Wunsch nach Eindeutigkeit hat

die säkulare Moderne immer begleitet, und er war immer schon einer ihrer stärksten Gegner.

Hannah Arendt ebenso wie Erich Fromm, deren Überlegungen schon fast ein dreiviertel Jahrhundert alt sind und die moderne »Massengesellschaft« zur Voraussetzung haben, sehen beide die »Heimatlosigkeit« der modernen Individuen als Ursache der Zustimmungsbereitschaft zu totalitären Lösungen: »Die Grunderfahrung menschlichen Zusammenseins, die in totalitärer Herrschaft politisch realisiert wird, ist die Erfahrung der *Verlassenheit*«, heißt es bei Arendt;[217] bei Fromm »überwindet der einzelne sein Gefühl der Ohnmacht gegenüber der überwältigenden Macht der Außenwelt, indem er entweder auf seine individuelle Integrität verzichtet oder indem er andere zerstört, so daß die Welt für ihn nicht länger bedrohlich ist«.[218] Verwandte Überlegungen finden sich zur selben Zeit in der »Einsamen Masse« von David Riesman, im »Autoritären Charakter« von Adorno et al., im »Aufstand der Massen« von Ortega y Gasset und bei vielen anderen kulturkritischen Autorinnen und Autoren. Gleichgültig, wie die jeweilige Perspektive auf die autoritarismusgefährdete Welt begründet und welche Schlussfolgerung jeweils aus ihr gezogen wird: Gemeinsam ist all diesen Analysen ein Bewusstsein dafür, dass Freiheit eine Belastung sein und dass das Versprechen, von ihr entlastet zu werden, eine ungeheure Verführungskraft entfalten kann.

Und genauso sind sie alle von der Erfahrung eines gerade überwundenen oder sich im Sowjetsystem entfaltenden Totalitarismus geprägt, der wider alle bürgerliche Erwartung eine so große psychische Anziehungskraft entfalten konnte: »Je weniger die modernen Massen in dieser Welt noch wirklich zu Hause sein können, desto geneigter werden sie sich zeigen, sich in ein Narrenparadies oder eine Narrenhölle abkommandieren zu lassen, in der alles gekannt, erklärt und von übermenschlichen Gesetzen im vorhinein bestimmt ist.«[219]

EINE ANDERE FORM VON TOTALITARISMUS

Das war der Totalitarismus, wie wir ihn kannten und wie er uns heute nur noch in surreal erscheinenden Formen entgegentritt – im kommunistischen Panoptikum Nordkoreas oder in der terroristischen Gestalt des selbsternannten »Kalifen« Abu Bakr Al Baghdadi. Diese Totalitarismen tragen noch die Insignien des ganz Anderen der Moderne: Uniformen, Machtdemonstrationen, Gewalt, Kollektivierung, Arbeitslager und Tod für Gegner oder solche, die als Gegner definiert werden. All das erscheint nach der wirtschaftlichen Globalisierung wie ein antimodernes Programm, das nur als Reflex auf die Freiheitszumutungen der Moderne zu verstehen ist: in Form eines abgeschotteten Museums einer längst vergangenen politischen Epoche oder eben in Form eines wütenden Antimodernismus, der auch insofern nur negativ als Nicht-Westen und Nicht-gläubig definiert ist, weil ja kein einziger der »Gotteskrieger« angeben könnte, was denn, wenn nicht fossile Rohstoffe für den ungläubigen Teil der Welt, die wirtschaftliche Basis für eine dauerhafte Existenz der kalifistischen Narrenhölle sein soll. Aber davon abgesehen: Hier ist Gegnerschaft zur Moderne und zu all ihren Errungenschaften erkennbar und soll erkennbar sein. Es geht ja gerade um die Abschaffung von Freiheit, Demokratie und Rechtsstaat, um das Ersticken von Autonomie um jeden Preis.

So absonderlich und fremd uns das alles anmutet, so vertraut ist es uns als Art und Weise, in der die Gegner der Freiheit auftreten: Denn auch die totalitären Regime des 20. Jahrhunderts kamen in Aufmärschen, Uniformen, Liturgien, Gewaltmaßnahmen, Kollektivierungen daher; dieses Andere der Moderne ist vertraut. Man könnte sogar sagen: Dagegen hat sich in den demokratischen Gesellschaften der westlichen Moderne ein Sensorium entwickelt. Systemfeindschaften dieser Art werden schnell identifiziert, obwohl die Regierungen oft eine erschreckende Nachlässigkeit im Bekämpfen solcher Feindschaften zeigen – man denke nur an die politische Klasse in Ungarn und Rumänien und die repressive Toleranz, die die EU ihren antidemokratischen Tendenzen gegenüber an den Tag legt.

Was aber, wenn der Totalitarismus gar nicht in Uniform auftritt? Wenn er gar den verfassungsmäßigen Rahmen der freien Gesellschaften nutzt und sich innerhalb dieses Rahmens entfaltet? Der hellsichtigste Theoretiker eines solchen modernen Totalitarismus war der Philosoph Günther Anders, der schon vor einem halben Jahrhundert die Möglichkeiten einer totalitären Ausformung moderner Mediengesellschaften beschrieben hat. Damals gab es lediglich Radio, ein nach heutigen Maßstäben biederes und bildungsbeflissenes Fernsehen, ein ortsgebundenes Telefon und simple Abhörtechnik mit Mikrophonen und »Wanzen« – kurz: einen im Vergleich zu heute geradezu idyllischen Gesellschaftszustand, in dem von allgegenwärtigen Überwachungskameras, mithörenden und -sehenden Smartphones, Google, Facebook, NSA und gesundheitsüberwachenden Uhren und Armbändern noch nichts zu ahnen war.

Anders, der sich primär mit der Möglichkeit der atomaren Selbstvernichtung der Menschheit beschäftigt und in diesem Zusammenhang sehr tiefe technikphilosophische Überlegungen angestellt hat, formuliert: »Jedes Gerät ist bereits seine Verwendung.«[220] Damit wendet er sich gegen die Vorstellung, dass technische Artefakte »moralisch neutral« seien; im Gegenteil würden sie ihre Nutzung und Wirkung immer schon vorgeben – und damit den Einfluss, den sie auf gesellschaftliche Verhältnisse ausüben. Mit diesem an vielen technischen Erfindungen belegbaren Diktum nimmt Anders schon die heute viel zitierte Shoshana Zuboff vorweg, die mit den Überwachungstechnologien selbst einen Wechsel vom liberalen zum kontrollierenden Staat eingeleitet sieht. »Zuboffs Gesetze« lauten:

Erstes Gesetz: Alles, was automatisiert werden kann, wird automatisiert.

Zweites Gesetz: Alles, was in Information verwandelt werden kann (»informated«), wird in Information verwandelt.

Drittes Gesetz: Ohne hindernde Restriktionen und Sanktionen wird jede für Überwachung und Kontrolle nutzbare digitale Anwendung für Überwachung und Kontrolle genutzt, unabhängig davon, wofür sie einmal gedacht war.[221]

Bei Zuboff wie bei Anders geht es also zunächst um das *Potential* einer Technologie, nicht um die Intention, mit der sie eingeführt wird. Anders schreibt schon 1958, dass »Abhör-Apparate totalitär« seien, und zwar unabhängig von ihrem konkreten Einsatz, weil sie ausschließlich dafür geschaffen seien, die Privatheit von Staatsbürgern zu verletzen. Anders spricht von einer »Auslieferung des Menschen an die Welt« als Formel für einen politischen Totalitarismus, »in dem nicht nur alles, was der Einzelne zu tun hat, festgelegt ist, sondern auch alles, was er tut und was in ihm vorgeht, dem Auge der Macht ausgeliefert, also kontrolliert sein soll. In der Tat ist es kein Zufall, daß die totalitären Regierungen aller Schattierungen nach den Instrumenten (die versprachen, ein Maximum an Kontrolle zu gewährleisten) gegriffen haben. Umgekehrt aber gilt auch, daß jede Gesellschaft, die sich darauf einläßt, sich solcher Geräte zu bedienen, die Gewohnheit annimmt und sogar annehmen muß, den Menschen als total auslieferbar, ja als einen, dessen Auslieferung erlaubt ist, zu betrachten, und damit in die Gefahr gerät, in einen auch *politischen* Totalitarismus hineinzurutschen.«[222]

Damit spricht Anders aus, was erst in den folgenden Jahrzehnten sichtbar wurde: dass Technologien, die zur Überwachung verwendet werden *können*, nicht nur tatsächlich zur Überwachung verwendet *werden*, sondern überdies noch eine frappierende expansive Tendenz aufweisen. Wie sich etwa die ursprünglich zur Verkehrsüberwachung installierten Videokameras im öffentlichen Raum etwa zur Beobachtung und Identifizierung von Demonstranten einsetzen ließen und von daher nahelegten, sie auch dort zu installieren, wo es gar keinen Straßenverkehr zu überwachen gab, aber dafür möglicherweise Demonstranten, und wie sie sich, einmal von ihrem ursprünglichen Zweck emanzipiert, in Banken, Zügen, Büros, Autos, Häusern, kurz: überall ausbreiteten, zeigt in aller Klarheit, dass damit nicht nur eine technische Infrastruktur verändert wird, sondern die Sozialform, in die sie eingebettet ist. Denn die ubiquitäre Möglichkeit des Gesehenwerdens führt zu erhöhter Selbstkontrolle, und gerade die öffentlich werdenden Entgleisungen prominenter Menschen wirken disziplinierend aufs Publikum. Während früher ein Versprecher oder ein verbaler oder gestischer Ausrutscher allenfalls zum Gegenstand von Gerüchtekommunikation werden konnte, bleibt er heute für immer abruf- und reproduzierbar. Wir werden darauf später noch näher eingehen.

Hier geht es zunächst darum, dass die Einführung neuer Technologien nicht gesellschaftlich neutral ist, sondern in Machtgeflechte und -interessen eingebettet ist, die eine eigene Entwicklungsdynamik hervorrufen können, die im ursprünglichen Zweck des Technikeinsatzes gar nicht vorgesehen war. Anders formuliert: »Wo Abhörapparate mit Selbstverständlichkeit verwendet werden, da ist die Hauptvoraussetzung für Totalitarismus geschaffen; und damit dieser selbst.«[223] Diese Hauptvoraussetzung besteht in der unsanktionierten Zerstörung von Privatheit, wobei nicht entscheidend ist, dass eine jeweilige Privatsphäre de facto verletzt wird – es genügt die Möglichkeit, dass das jederzeit der Fall sein könnte, um die sozialen Verkehrsformen tiefgreifend zu verändern: »Die unüberprüfbare Möglichkeit des Überprüftseins hat entscheidende Prägekraft. Sie prägt die Bevölkerung als ganze.«[224] Die wichtigsten Aspekte dieser tiefgreifenden Wandlungen sozialer Verkehrsformen durch Überwachungstechnologien sind die Verletzung von Privatheit und die Aufhebung zeitlicher und räumlicher Begrenzungen von Handlungen und Äußerungen. Entscheidend für die Argumentation hier ist, dass bereits die Implementierung der Überwachungstechnologie den Unterschied ums Ganze macht: »Ob sich nämlich der Staat A deshalb der Geräte bedient, weil er totalitär ist; oder ob ein Staat B deshalb totalitär wird, weil er sich der Geräte bedient, das macht keinen Unterschied aus. Das letzte Ergebnis wird dasselbe sein: Schon übermorgen werden die Staaten A und B, sofern sie die Apparate skrupellos verwenden, einander (…) zwillingshaft ähneln.«[225]

Die »zwillingshafte Ähnlichkeit«, so könnte man ergänzen, liegt darin, dass beide Staaten über eine technologische Infrastruktur verfügen, die das invasive Potential hat, Privatheit zu zerstören. In historischer Perspektive war der selbst Diktatoren und ihren Geheimpolizeien schwer zugängliche Raum die private Übereinkunft zur Konspiration. In diesen Raum konnte man nur mit Hilfe von Spitzeln, Abhörgeräten, Wanzen usw. eindringen, und das war schwierig genug. Zudem gab es Grenzen des Eindringens, tote Winkel, in die »der große Bruder« des klassischen Totalitarismus nicht blicken konnte. Der Verfolgte musste sich zeigen, um gesehen zu werden. Diese Möglichkeit zur unsichtbaren Konspiration nennt Anders »Binnen-Transzendenz«: Wenn zwei sich abstimmen, bilden sie einen weißen Fleck auf der Landkarte des totalitären Systems. Daher geht das totalitäre Bestreben schon immer, und heute mehr denn je, darauf aus, diese weißen Flecken aufzuheben: wenn es »seine Individuen erreichen könnte: oder wenn diese von sich aus so ›entgegenkommend‹ wären, ›coram‹, also wandlos und transparent, zu existieren. Kurz: Der totale Staat wäre allein dann perfekt, wenn es ›Diskretheit‹ (…) überhaupt nicht gäbe; von Selbstsein,

›Privatheit‹, ›Intimität‹ im psychologischen Sinne ganz zu schweigen.«[226]

Genau in diesem Sinn hat Robert Ley, Leiter der Deutschen Arbeitsfront zur NS-Zeit, einmal in einer Rede erklärt: »Der einzige Mensch, der in Deutschland noch ein Privatleben führt, ist jemand, der schläft.«[227] Gemessen an den invasiven Möglichkeiten von heute war das eine unrealistische, wunschgesteuerte Einschätzung. Auch die totalitäre Welt des »Dritten Reiches« barg noch viele Elemente der ihr vorangegangenen Zeit, besonders auf der Ebene der gewachsenen und bestehenden Sozialbeziehungen. Systemischer Wandel vollzieht sich stets ungleichzeitig –, während sich auf der Ebene der politischen Institutionen alles radikal verändert, bleiben das Justizwesen oder die Wirtschaft oder der Privatbereich träge, wenn nicht gar resistent; während sich die Philosophen wandeln, bleiben die Ingenieure gleich. Systemische Übergänge vollziehen sich gerade darum schleichend, womöglich sogar unauffällig, weil der Alltag der allermeisten Menschen unverändert zu bleiben scheint. Deshalb fällt es auch heute nicht auf, dass die sozialen Verkehrsformen schon erste Merkmale des Totalitären zeigen, während die Herrschaftsform noch demokratisch ist; im Nationalsozialismus dagegen gab es noch Nischen der Intimität, obwohl die Herrschaft schon totalitär war.

Dem Totalitarismus geht es immer um die Expansion in das Individuum und seine Sozialbeziehungen hinein: »Wo immer Totalitarismus aufkommt, ist der Einzelne das erste ›besetzte‹ Gebiet‹.«[228] Gerade aber diese Veränderung der sozialen Verkehrsformen macht die besetzten Gebiete selbst zu Vollzugsorten totalitärer Praxis: Denn sobald ich weiß, dass ich »wandlos und transparent« bin, jederzeit unter Beobachtung stehe, nie allein bin, und dies alles zur sozialen Normalität wird, verändert sich auch die normative Bewertung von Privatheit und Öffentlichkeit: Das Private ist nun nicht mehr der schützenswerte

Raum der Individuen, in der der Staat nichts zu suchen hat und auch niemand sonst, der nicht ausdrücklich eingeladen ist, sondern das Private wird plötzlich »der Vorwand für die Unterschlagung verbotener Handlungen«.[229] Denn warum sollte man, wenn alles transparent ist, Wert darauf legen, einen arkanen Bereich zu haben, wenn nicht, weil dort Dinge geschehen und Handlungen vollzogen werden, die unentdeckt bleiben sollen? Genau in diesem Sinn hat der notorische Eric Schmidt von Google formuliert, dass man Handlungen, die man vor der Öffentlichkeit verbergen möchte, am besten gar nicht ausführen solle (»If you have something that you don't want anyone to know, maybe you shouldn't be doing it in the first place.«)[230] Es zeigt sich also eine Dialektik von De-Privatisierung und Umcodierung des öffentlichen Raums: Transparenz wird selbst zu einem absoluten Wert, und ihre Absenz zu einem Verdacht, der vom Beweis kaum mehr zu unterscheiden ist.

Ein letzter Aspekt, den man von Günther Anders lernen kann: Ihm scheint das Erschreckendste an dieser Variante des Totalitarismus, dass sie vollkommen ohne Terror auskommt – niemand muss mehr mit Gewalt und Folter gezwungen werden, seine Geheimnisse zu verraten und das Innerste nach außen zu kehren. »Die Terrorlosigkeit beweist, daß die Mächte von heute es sich leisten können, auf Terror zu verzichten. Und das können sie deshalb, weil eben ihr Rohstoff: der Mensch, heute bereits bearbeitet *ist*; weil wir Opfer unserer Opfer, (…) das unserer Privatheit und unserer Autonomie, immer schon gebracht *haben*, ohne dies als Opfer erkannt zu haben. Kurz: weil wir Bespitzelte immer schon, noch ehe wir unter aktueller Bespitzelung stehen, Bundesgenossen der Spitzel sind.«[231]

EIN IRRITIERENDES ERLEBNIS

Vor einiger Zeit sprach einer von uns auf einer Veranstaltung öffentlich über die Gefahren der totalen Überwachung. Auch hier wurde das Beispiel der in Berlin zwischen 1941 und 1945 »untergetauchten« Juden zitiert, die mit Hilfe von höchst komplexen und verletzlichen konspirativen Hilfenetzwerken überleben konnten, und dann ein Vergleich zu heute gezogen: Unter den gegenwärtigen Bedingungen der informationsindustriellen Überwachung hätte keiner der »Untergetauchten« gerettet werden können. Dieser Sachverhalt wurde in die Worte gefasst: »Dagegen war die Überwachung der Nationalsozialisten ein Spaziergang.« Daraufhin erhob sich ein junger Mann im Publikum und rief: »Ich fordere Sie auf, sich zu entschuldigen!« Auf die irritierte Frage, wofür, rief er voller Empörung: »Sie verhöhnen die Opfer des Nationalsozialismus!«

In dieser Episode scheint die ganze Dialektik der Freiheits- und Demokratiebedrohungen auf, wie sie aus dem staatlich-informationsindustriellen Komplex resultieren: Statt über die Potentiale eines gegenwärtigen, in ganz neutral-technoidem Gewand daherkommenden Totalitarismus besorgt zu sein, verließ sich der junge Mann auf die rituelle Macht des nachholenden Widerstands: Um nicht gegen das sein zu müssen, was heute Freiheit und Demokratie bedroht, trat er lieber öffentlich gegen das auf, was vor einem dreiviertel Jahrhundert geschehen war. Solche historisch munitionierte Gegenwartsblindheit erwartet Unheil offenbar nur dann, wenn es in Uniform auftritt.

Dabei war, worauf der bedeutendste Holocaustforscher, Raul Hilberg, schon früh hingewiesen hat, eines der Verhängnisse der deutschen Juden, dass sie eine Verfolgung durch die Nazis in Form von sozialer Ausgrenzung, rechtlicher Beschränkung und von Pogromen erwarteten. Das war nämlich der historische Erfahrungsbestand, den sie in Bezug auf den Antisemitismus hatten. Dass sich eine Ausgrenzungspolitik bis hin zur systematischen Deportation und zur industriellen Massenvernichtung entwickeln könnte, fand in diesem historischen Referenzrahmen keinen Platz, weshalb die Opfer tatsächlich wehrloser waren, als sie es hätten sein können. Ruth Klüger hat auf diesen tragischen Umstand unlängst in einem Interview hingewiesen, in dem sie sagte, sie habe als jüdisches Kind die Gefahr deutlicher gesehen als ihre Eltern: »Ich glaube, ich habe die desperate Situation, in der wir uns befanden, besser eingeschätzt als ältere Leute, die meinten, wir leben doch ›im Herzen Europas‹ und ›so was‹ kann doch nicht passieren. Ich habe diesen abstrakten Glauben an die hohe Kultur und feste Zivilisation immer durchschaut. Ich war realistischer, denn ich hatte keine Vergleichsmöglichkeiten.«[232]

Auf andere Weise hat Sebastian Haffner denselben Sachverhalt thematisiert. In seiner »Geschichte eines Deutschen« schreibt er über seine Reaktion auf die sogenannte Machtergreifung Hitlers am 30. Januar 1933: »Eisiger Schreck. [...] Dann schüttelte ich das ab, versuchte zu lächeln, versuchte nachzudenken, und fand in der Tat viel Grund zur Beruhigung. Am Abend diskutierte ich die Absichten der neuen Regierung mit meinem Vater, und wir waren uns einig darüber, daß sie zwar eine Chance hatte, eine ganze hübsche Menge Unheil anzurichten, aber kaum eine Chance, lange zu regieren.«[233]

Psychologisch gesprochen erlebt Haffner eine kognitive Dissonanz, das unangenehme Abweichen der realen Entwicklung von einer erwünschten Erwartung. Aber er bewältigt diese Dissonanz, indem er das Neue mit historischer Erfahrung abgleicht – und siehe da, so neu und bedrohlich schaut es plötzlich gar nicht mehr aus. Im historischen Rückblick ist immer wieder erstaunlich, wie viel Grund zur Beruhigung es gab, wenn gerade die Freiheit abgeschafft wurde. Erfahrung erweist sich regelmäßig als Falle, wenn tatsächlich neue, präzedenzlose Verhältnisse eintreten.

Eine solche Falle tut sich möglicherweise auf, wenn man die Gefährdung der Freiheit, ja, der sozialen Verfasstheit unserer Lebensbedingungen einzuschätzen versucht, wie sie aus dem informationellen Totalitarismus erwachsen, der ja nicht nur bereits eine totale Transparenz der individuellen Existenzen hergestellt hat, sondern exakt dies als Voraussetzung totaler Steuerbarkeit von Verhalten erkannt hat. Wir interpretieren diese Gefährdung nach historischen Erfahrungen, und da sieht Totalitarismus eben so aus wie bei Stalin, Hitler oder Pol Pot. Und nicht wie bei Steve Jobs, weshalb es nicht der Ironie entbehrt, wie offen die totalitären Maximen auch heute formuliert werden können: »It's not the customer's job to know what they want.« Wenn Eric Schmidt, der Google-Chef, süffisant als Forschungsfrage formuliert, dass man mal herausbekommen solle, »worin Menschen richtig gut sind«, artikuliert sich darin dieselbe Haltung der Verfügung über die Subjekte wie im nachgerade surrealen Vorhaben von Amazon, das Produkt schon mal anzuliefern, auch wenn die Käuferin noch gar nicht wusste, dass sie es dringend haben wollte.

In Zeiten von Facebook, Google und NSA gibt es nichts Privates und daher keine Möglichkeit zur Konspiration mehr. Heute weiß man alles über alle, die jemals als juristische Personen, als Konsumenten, als Nutzer von Kommunikationsmitteln in Erscheinung getreten sind. Konspiration wäre nur dann noch möglich, wenn man es von vornherein darauf angelegt hätte, außerhalb der Normalgesellschaft zu existieren, sich Pseudoexistenzen geschaffen, systematisch Spuren verwischt und die Absicht hätte, nie mehr in das zurückzukehren, was man die Normalität nennt. Mit anderen Worten: Solange man ein ganz gewöhnliches Mitglied der Gesellschaft ist und bleiben möchte, liefert man ein so umfassendes Datenprofil über sich, dass man dieser Gesellschaft nie mehr entkommen könnte, würde die sich, aus welchem Grund auch immer, dazu entschließen, einen zu verfolgen.

SHIFTING BASELINES

»Shifting baselines« – mit dieser Begriffsverbindung wird das Phänomen bezeichnet, dass die menschliche Wahrnehmung sich parallel zur Veränderung von Umweltbedingungen verschiebt. Veränderungen in der sozialen und physischen Umwelt werden nicht absolut wahrgenommen, sondern immer nur relativ zum eigenen Beobachterstandpunkt. Anders gesagt: Die eigene Wahrnehmung justiert sich mit den Wandlungen um einen herum nach. So genügt in der Regel schon der Übergang von einer Generation zur nächsten, um massive Veränderungen in der Umweltwahrnehmung zu finden. Vor einigen Jahren hat eine Forschungsgruppe untersucht, wie kalifornische Fischer Veränderungen in ihren Fischbeständen und Fanggründen im Generationenvergleich wahrnehmen. Drei Generationen von Fischern wurden danach gefragt, wo aus ihrer Sicht welche Fischbestände zurückgegangen seien, welche Arten und Mengen sie hauptsächlich einbrachten und wie groß der mächtigste Fisch war, den sie jemals gefangen hatten. Die jüngste Befragtengruppe war zwischen 15 und 30 Jahren alt, die mittlere 31 bis 54 Jahre, die dritte älter als 54 Jahre. Zwar sagten 84 Prozent aller Befragten, dass es einen Rückgang der Bestände insgesamt gebe, aber die Annahmen darüber, welche Fische wo nicht mehr vorkämen, fielen je nach Generation unterschiedlich aus. So nannten die Fischer der ältesten Gruppe elf Arten, die verschwunden waren, die der mittleren Gruppe sieben, aber die Jüngsten nannten lediglich zwei Fischarten, die in ihren Fanggründen nicht mehr vorkämen.

Analoge Befunde zeigten sich, als es um die Fischgründe und die Größe der Fische ging. Während die älteste Befragtengruppe sich erinnerte, noch in unmittelbarer Küstennähe ausreichend gefangen zu haben, hatte von den jüngsten Befragten niemand mehr auch nur die Idee, dass man in Küstennähe überhaupt etwas fangen könnte, weshalb diese Regionen auch nicht für überfischt gehalten wurden. Im Referenzrahmen der jüngsten Generation *gab es* in der Nähe der Küste überhaupt keine Fische. Hinsichtlich der Frage nach dem Vorkommen bestimmter Arten gaben nur zehn Prozent der Jüngsten an, dass Bestände verschwunden seien, da sie davon ausgingen, die entsprechenden Fische hätte es in ihrer Region niemals gegeben. Dazu passt, dass mit sinkendem Alter auch die Angaben kleiner ausfielen, wenn nach dem größten Fisch gefragt wurde, den man je gefangen hatte.[234]

Solche Untersuchungen sind vor allem für die Umweltpsychologie interessant: Sie erklären, warum die meisten Menschen etwa den Rückgang der Artenvielfalt gelassen sehen: weil sie das Schwinden der Vielfalt von einem gleitenden Referenzpunkt aus betrachten. Aber Shifting baselines betreffen keineswegs nur die Sphäre des Biologischen, sie lassen sich auch im Rahmen sozialer Prozesse beschreiben, etwa in der Veränderung von Verhaltensstandards, Wertepräferenzen, Sprachnormen usw. Besonders instruktive Beispiele für Shifting baselines liefern Untersuchungen zu sozialen Ausgrenzungsprozessen und damit verbundenen normativen Veränderungen unter Bedingungen totalitärer Herrschaft. Für uns besonders interessant sind in unserem Zusammenhang natürlich veränderte Wahrnehmungen von Persönlichkeitsschutzrechten oder Sicherheitserfordernissen, wo die Unterschiede im Vergleich der Debatten um den Datenschutz in den 1980er Jahren und heute schlagend deutlich werden. Eine geplante Volkszählung, die mit Befragern an der Tür vor allem Haushaltsgrößen ermitteln sollte, konnte aufgrund massiven Protests nicht durchgeführt werden – man befürchtete, dass damit der Dystopie vom »Gläsernen Menschen« Tür und Tor geöffnet würde. Heute liefert das Einschalten des Mobiltelefons ein Vielfaches der Daten aus, die man damals standhaft verweigerte. Insgesamt, so zeigen alle Studien zu Shifting baselines, werden die Stabilität und Verlässlichkeit von Einstellungen und Orientierungen erheblich überschätzt.

DIE SICHERUNG DES RECHTSSTAATS

Individuelle, kulturelle, soziale und ökonomische Tendenzen zur Gegenmenschlichkeit, zu Gewalt, Ausgrenzung, sogar zu Pogromen und organisierten Mobs gibt es als Potential immer, deshalb hilft gegen das Abgleiten in den Totalitarismus letztlich nur der Verfassungsstaat mit Gewaltenteilung und Rechtssicherheit. Er ist im Übrigen eine noch sehr junge zivilisatorische Errungenschaft, die für die außerordentliche hohe Sicherheit des Alltagslebens in heutigen Gesellschaften gesorgt hat. Insofern ist es nicht ohne Absurdität, sich mehr Sicherheit durch die Abschaffung des Privaten verschaffen zu wollen – sie führt ja gerade zur Abschaffung des Rechtsstaats und damit zur völligen Schutzlosigkeit des Individuums.

Es wäre aber ein Fehler, den neuen informationellen Totalitarismus nur für potentiell gefährlich zu halten, nämlich für den Fall, dass es durch einen Regimewechsel plötzlich nicht mehr mit rechtstaatlichen Dingen zuginge. Vorher, könnte man denken, sei die Auslöschung von Privatheit allenfalls unschön, aber nicht gefährlich. Dieser Gedanke – wir haben es anhand der Überlegungen von Günther Anders schon diskutiert – ist falsch, denn er geht von der irrigen Vorstellung aus, dass Systemwechsel aussähen wie Systemwechsel, dass sie abrupt und erklärtermaßen stattfänden und darüber hinaus auch heute noch so daherkämen, wie sie das 20. Jahrhundert in Gestalt von Revolutionen, Machtergreifungen, Putschen usw. vorgeführt hat.

Aber Systemwechsel finden dann statt, wenn sich Machtverhältnisse und die für selbstverständlich gehaltenen Regeln des Alltagslebens verändern, die Normen darüber, was als richtig und falsch gelten kann, und die Standards, welche Verfahren des sozialen Umgangs legitim und welche unzulässig sind. Welche Gestalt ein daraus hervorgehendes Regime annimmt, ist dann – wie Anders sagt – eher eine sekundäre Frage: Es kann revolutionär, diktatorisch, autoritär, moderat oder brutal aussehen, womöglich auch demokratisch. Aber in jedem Fall setzt es an bereits veränderten Verhältnissen an, bevor es weitere Veränderungen institutionalisiert und irreversibel macht. Man muss sich das Entstehen von Totalitarismus also als Übergang vorstellen, nicht als Zäsur.

Die Erosion der Grenzen zwischen privater und staatlicher Verfügungsmacht über eine Totalität von Daten markiert selbst schon das veränderte Regime, unter dem Dinge möglich sind, die zuvor undenkbar waren. Freiheit und Selbstbestimmung gehören zum rechtsstaatlichen Subjekt ebenso wie Privatheit und Unverletzlichkeit der Person. Und Freiheit und Selbstbestimmung sind radikal gefährdet, wenn die Informationsindustrie das Verhalten der Menschen ebenso zu steuern begonnen hat wie ihr wirtschaftliches Schicksal.

Solcher Totalitarismus kommt selbst scheinbar ganz unideologisch daher. Es braucht keine Uniformen, wenn die Uniformität informationell sichergestellt ist. Die Erosion der Grenzen zwischen privater und staatlicher Verfügungsmacht bezeichnet schon ein neues Regime. Auf der Deutungsebene spiegelt sich diese Erosion darin, dass die neuen Sozialverhältnisse umgehend naturalisiert werden – etwa in Form der Mitteilung, dass »die digitale Welt nun einmal da ist und wir uns nicht von ihr abwenden können« (wie die EU-Kommissarin für die digitale Agenda, Neelie Kroes, es in der FAZ formuliert hat).

Auch diesem neuen Totalitarismus genügt es völlig, wenn die Menschen tun, was von ihnen gewollt wird. Seine Neuigkeit liegt darin, dass er ohne jeden Zwang, ohne jeden Terror auftritt und gerade deshalb kein Entkommen erlaubt. Seine Ideologie scheint lediglich in der überaus freundlichen Absicht zu bestehen, die Welt immer noch ein bisschen »besser« zu machen, wobei freilich nie definiert wird, worin denn dieses »Bessere« jenseits einer permanenten Ausweitung der Komfortzone bestehen soll. Dieses »Bessere« hat keinen Referenzpunkt jenseits seiner selbst.

GLEICHSCHALTUNG

Grund zur Beunruhigung ist übrigens auch darin zu sehen, dass es ein ungutes Verhältnis zwischen der technischen Modernität der allumfassenden Überwachung und dem Hergebrachten der sozialen Praxis gibt. Auch hier findet sich das Phänomen der Ungleichzeitigkeit. Während auf der Ebene des korrekten Sprachgebrauchs überall Toleranz, Respekt, Inklusion, gar so etwas Absurdes wie eine »Willkommenskultur« herrschen, finden sich auf der Ebene des sozialen Alltags Neid, Eifersucht, Konkurrenz, Missgunst, Hass – also alles das, was unter der Voraussetzung der Ungleichheit von Lebensbedingungen Merkmale von sozialen Wahrnehmungs-, Deutungs- und Verhaltensweisen sind. Menschen sind erstens emotional, zweitens ungleich und drittens möchten sie gern in funktionierenden Beziehungen leben – das genügt als beständiger Quell für antisoziale Gefühle, Einstellungen und gelegentlich auch Handlungen. In einer Welt, die wie die Moderne von Verschiedenheit geprägt ist, kann das auch gar nicht anders sein, und wenn dergleichen antisoziale Gefühlshaushalte zivilisatorisch eingehegt sind, ist auch kaum ein Problem mit ihnen verbunden. Völlig vorurteilsfreie Menschen, das hat Theodor W. Adorno schon in den »Studien zum autoritären Charakter« bemerkt, sind genauso pathologisch wie extrem vorurteilsbeladene.

Deutungsmuster, Stereotype, Schemata und vielleicht sogar gewisse Vorurteile sind, solange sie nicht praktisch menschenfeindlich werden, Orientierungshilfen im Dschungel des modernen Alltags und als solche nichts Böses; im Gegenteil wird man Menschen eher unselbständig machen, wenn man ihnen alle Vorurteile nimmt. Das soziale und politische Problem beginnt dort, wo antisoziale und menschenfeindliche Einstellungen Aktionsfelder in der gesellschaftlichen Praxis finden und begrüßt statt verhindert oder sanktioniert werden. Auch dies war in allen totalitären Gesellschaften der Fall: die Erzeugung von erhöhter Kohäsion unter den Zugehörigen (etwa der nationalsozialistischen »Volksgemeinschaft«, dem »neuen Volk« bei den Roten Khmer usw.) auf Kosten der radikalen und kategorialen Ausgrenzung von Gruppen, die aus Klassen- oder Rassengründen als »nicht zugehörig« definiert werden (das »alte Volk«, die »Gemeinschaftsfremden«, die »Kulacken« etc.).

DER CIRCLE. EIN NARRATIVES SZENARIO

In den letzten Jahren hat eine sozialwissenschaftliche Methode Konjunktur, die sich »Narrative Szenariobildung« nennt. Dahinter verbergen sich Zukunftsgeschichten, die etwa die Mobilität oder die Ernährungsstile des Jahres 2050 beschreiben, als wären sie bereits normaler Alltag. Diese Szenarien dienen dazu, um in einem »backcasting« genannten Verfahren aus der beschriebenen Zukunft zurück in die Gegenwart zu gehen, um erfolgversprechende Verfahren zu identifizieren, die man anwenden muss, um die als wünschenswert betrachteten Entwicklungen einzuleiten. Als ein solches narratives Szenario, freilich nicht im utopischen, sondern im dystopischen Sinn kann man den Roman »Der Circle« von Dave Eggers betrachten, der im vergangenen Jahr erschienen ist. Dieser Roman beschreibt die Vorgehensweise eines Internetunternehmens, das eben »Circle« heißt und hinter dem man unschwer Google erkennen kann. Eggers' Trick besteht darin, die Zukunft nur gerade eben so hinter der Gegenwart anzusetzen, dass die in der Wirklichkeit bereits eingeleiteten Entwicklungen im Roman schon vollendet sind oder kurz vor der Verwirklichung stehen: Da geht es etwa um »truyou«, die digitale Zusammenführung aller zuvor verstreuten Aktivitäten vom Banking über den administrativen Status bis hin zu Buchungen aller Art über eine einzige digitale Kennung – eine Maßnahme, die den Alltag ungeheuer erleichtert, aber die Transparenz des Einzelnen und all seiner Handlungen nahezu perfekt macht. Noch perfekter wird diese durch das Projekt »seechange«, das die Installation von Mikrokameras an jedem Ort der Welt vorsieht, so dass keine einzige Handlung mehr unbeobachtet bleibt. Jeder und jede kann durch »seechange« alles sehen – eine Maßnahme, die nicht nur unbegrenzte Partizipation an den Geschehnissen auf der Welt bedeutet, sondern auch das Ende von unbestraften Verbrechen: Kein Gewaltregime kann, ist »seechange« einmal installiert, noch ungesehen Demonstranten verprügeln, kein Massaker bleibt unentdeckt, kein Täter unbekannt. »Circle« achtet streng darauf, dass Maßnahmen solcher Art Demokratie und Menschenrechte befördern – das gehört zur Mission der beständigen Verbesserung der Welt genauso wie das Servieren veganen Essens in der Kantine, das ökologische Bauen der Verwaltungsgebäude und die konstante Information der »Circler« und ihrer Kundschaft über Unrecht und Katastrophisches, das gleichwohl noch in der Welt geschieht.

Transparenz, lehrt Eggers' narratives Szenario, kann nahezu unbegrenzt gesteigert werden: Politiker beginnen, sich als »transparent« zu erklären, was bedeutet, dass alle ihre Handlungen und Gespräche durch mitgeführte Mikrokameras aufgezeichnet und jederzeit von jedermann eingesehen werden können. Verbrechen wie etwa Kindesentführungen werden unterbunden, indem Kindern Chips in die Knochen implantiert werden, mit denen man ihren Aufenthaltsort sofort ermitteln kann. Kurz: Die Welt des Circle wird friedlicher, ökologischer, sicherer. Dabei verändern sich die Sozialverhältnisse erheblich: Denn jederzeit wird sicht- und bewertbar, was jeder tut, und die zirkuläre Erreichbarkeit von jedem durch alle vermag auch unmittelbar Fehlverhalten zu korrigieren. Eine der gespenstischsten Stellen des Szenarios ist jene, in der die Protagonistin, die junge Circle-Mitarbeiterin Mae Holland, von allen anderen Circle-Mitarbeitern bewertet wird. Das Ergebnis scheint überwältigend: 97 Prozent aller Mitarbeiter des Unternehmens finden Mae »spitze«. Aber Mae überfällt nach der ersten spontanen Freude ein furchtbarer Gedanke: Wenn von 12 318 Beschäftigten im Unternehmen drei Prozent sie nicht »spitze« finden, dann sind das absolut gesehen 368 Personen. Diese 368 offenbar feindseligen Personen beschäftigen Mae in der folgenden Zeit exzessiv: Nicht nur, dass sie ihre Arbeit offenbar nicht schätzen, sie fühlen sich auch noch veranlasst, das durch ein negatives Votum zum Ausdruck zu bringen! »Wofür arbeitete sie eigentlich, wenn 368 Circler nichts von ihr hielten? 368 Leute, die sie anscheinend aktiv hassten, jedenfalls so sehr, dass sie einen Button anklickten – um ihren Abscheu direkt an sie zu senden, damit sie auch ja gleich wußte, was sie empfanden. (…) Scheiße, dachte sie, Scheiße. Sie spürte einen Schmerz in sich, einen Schmerz, der seine schwarzen Schwingen in ihrem Innern ausbreitete.

Und der rührte hauptsächlich von den 368 Leuten, die sie offenbar so sehr hassten, dass sie sie umbringen wollten. (…) Sie hatten sie verletzt, die 368 Stimmen, die sie umbringen wollten. Jeder Einzelne von ihnen wollte sie lieber tot sehen. Wenn sie das doch bloß nicht wüßte.«[235]

Die geringfügige Zahl von Personen, die Mae nicht »spitze« finden, wächst sich, je mehr sie darüber nachdenkt, zu einer sie verfolgenden Masse aus, die ihr absolut feindlich gesonnen ist, bis hin zur Todfeindschaft. Demgegenüber zählt die überwältigende Zustimmung nichts, sie war eben nicht total. In dieser Umcodierung des Sozialen, in dem nicht verborgen bleiben kann, wem man gleichgültig ist oder wer einen gar nicht mag, wird die Neurose systemisch: Wie Mae sich in Vernichtungsängste hineinsteigert, so wird Sozialität grundsätzlich zu etwas, in dem Abweichung radikal bedrohlich wird – und zwar schon deshalb, weil sie jederzeit sicht- und messbar ist. In Eggers' Szenario wird mithin klar, dass totale Transparenz totale Schutzlosigkeit des Individuums bedeutet: So wie jeder alles über jeden wissen kann, so nackt – wandlos und sichtbar – steht jeder eben auch vor allen.

Dabei wird die wachsende Transparenz jeweils als sozialer Fortschritt annonciert – wer wäre nicht gegen die Abschaffung von Korruption, geheimen Machenschaften, Kriminalität, Unrecht, Ungerechtigkeit, Ausschluss? Die partizipatorischen Maximen lauten: »Alles, was passiert, muss bekannt sein.« – »Teilen ist heilen.« – »Geheimnisse sind Lügen.« – »Alles Private ist Diebstahl.« In einem sozialen Universum, in dem alles über alle bekannt ist, macht es natürlich auch keinen Sinn mehr, eigens wählen zu gehen – im Gegenteil funktioniert Demokratie viel besser, wenn alle ihre Voten gleich über Circle abgeben können. Das heißt »DemoVis« und stellt die Vollendung der Partizipationsutopie dar: Der Circle repräsentiert eine geschlossene Welt, in der es vollständige Beteiligung, vollständige Information und vollständige Befriedigung aller Bedürfnisse im politischen Modus der direkten Demokratie gibt. Der Preis dafür ist die Aufgabe jeder Privatheit und damit der Kommunikation eigener Gedanken, jedenfalls dann, wenn sie abweichend sein könnten. Der Preis der vollständigen Partizipation ist, mit anderen Worten, vollständige Zustimmung, eine anästhesierte Sozialität, in der schon die Drohung von Abweichung einer existentiellen Gefahr gleichkommt. Das Spektakuläre an Eggers' Szenario scheint uns, dass es, obwohl als Literatur deklariert, die bislang beste Analyse der Möglichkeiten einer Macht ist, die mit der Herstellung von informationeller Transparenz akkumuliert wird. Dabei ist es nicht ohne Ironie, dass diese Dystopie mit allen Merkmalen der Menschheitsbeglückung daherkommt, die sich die aufgeklärten Bewohnerinnen und Bewohner moderner demokratischer Gesellschaften wünschen würden. Und das Staatswesen, in dem sich der »Circle« ausbreitet, bleibt formell demokratisch. De facto wird es totalitär, ohne dass sich die Staatlichkeit verändert. Und die Autonomie der Bürgerinnen und Bürger dieses Staates verschwindet geräusch- und restlos.

DIE SCHLEICHENDE VERÄNDERUNG SOZIALER STANDARDS

Kurz nach Erscheinen des Romans »The Circle« zog die Realität nach. Es wurde nämlich bekannt, dass Facebook und Apple ihren Mitarbeiterinnen eine Kostenübernahme anbieten, wenn sie ihre Eizellen einfrieren lassen, um sie nach dem Aufbau ihrer Karriere auftauen und befruchten lassen zu können. Diese aus einem unerfindlichen Grund »social freezing« genannte Praxis erlaubt Frauen also eine von der Familienplanung zunächst unbelastete Konzentration auf die eigene Berufsbiographie; den Firmen erlaubt sie, eine von autonomen und kontingenten biographischen Entscheidungen freie Mitarbeiterin zu beschäftigen. Auch hier liegt der Trick in einer schleichenden Veränderung sozialer Standards. Hat sich das »social freezing,« das selbstverständlich unter der Flagge der Emanzipation segelt, erst einmal etabliert, dann muss sich eine Frau rechtfertigen, die sich »schon« mit 27 oder 30, also inmitten ihrer Karriere, für eine Schwangerschaft entscheidet: Sie könnte diesen Zeitpunkt doch wie ihre Geschlechtsgenossinnen praktisch beliebig weit nach hinten verlegen. Argumente, die etwa das Recht auf eine autonome Lebensplanung reklamieren würden oder zum Beispiel für eine größere altersmäßige Nähe zwischen einer jungen Frau und ihrem Kind votieren würden, erscheinen dann als nicht einschlägig, wenn es doch allgemeine Praxis ist, dass Frauen sich erst später »frei« entscheiden, ein Kind zu bekommen.

Jeder Totalitarismus beginnt mit einer zunächst schleichenden Veränderung sozialer Standards; der Einzelne ist, wir hatten es mit Günther Anders schon gesagt, »das erste besetzte Gebiet«. Die klassischen Totalitarismen des Kommunismus und des Faschismus hatten in der Veränderung sozialer Standards ein zentrales programmatisches Element – schließlich ging es im Nationalsozialismus um eine praktische Politik der radikalen Ausgrenzung, die sich konkret in die Spaltung der Gesellschaft in Zugehörige und Ausgeschlossene übersetzte. Auch innerhalb der imaginierten und durch Gewalt hergestellten »Volksgemeinschaft« wandelten sich die Sozialbeziehungen: Kinder wurden möglichst früh in »Jungvolk« und »Jungschar«, »Hitlerjugend« und »BDM« organisiert und auf diese Weise dem vergleichsweise autonomen Rahmen der Familie entzogen; die Para-Militarisierung der Gesellschaft durch unterschiedlichste Parteigliederungen und -organisationen, vom nationalsozialistischen

Kraftfahrerkorps bis »Kraft durch Freude«, überführte auch die Erwachsenen sukzessive von freien in gesteuerte Sozial- und Freizeitgestaltungen. Der Historiker Peter Longerich hat das als einen Strukturwandel beschrieben, der das Verhältnis von Öffentlichkeit und Privatheit radikal veränderte: Wenn der Begriff Öffentlichkeit, schreibt Longerich, »in Bezug auf den Nationalsozialismus benutzt wird, dann ist damit die durch das Regime inszenierte, kontrollierte und manipulierte Öffentlichkeit gemeint, mithin der Resonanzboden für seine Propaganda. Öffentlichkeit im Nationalsozialismus ist demnach der Raum, in dem die durch das Regime propagierten Leitbilder und Deutungsmuster reproduziert wurden (…). In diesem Sinn fand unter dem NS-Regime tatsächlich ein weitreichender ›Strukturwandel der Öffentlichkeit‹ statt.«[236] Und, so könnte man ergänzen, auch des Privaten, denn sowohl die Abschaffung der Pressefreiheit als auch die gefühlte Omnipräsenz geheimpolizeilicher Überwachung transformierten die intimen Sozialbeziehungen in zwei Richtungen: so, dass Konformität gelebt oder in der »wandlosen« Existenz unter Beobachtung mindestens demonstriert wurde, und so, dass politische Debatten, Ängste, Befürchtungen etc. in den engsten Raum unkontrollierter Intimität verlegt wurden. Zusammen mit der Schaffung einer kategorialen, also individuell unüberschreitbaren Grenze zu denen, die der »Volksgemeinschaft« nie angehören können – den »rassisch minderwertigen«, »gemeinschaftsfremden« und »asozialen Elementen«, wird hier in verblüffend kurzer Zeit Sozialität ganz neu sortiert und formatiert – die biographischen Spuren in den betroffenen Generationen sind vielfältig beschrieben worden.[237]

Der Stalinismus zerstörte die Sozialität durch die willkürlich wechselnde Definition dessen, wer gerade als »gut« bzw. »schlecht« galt, als konform oder kriminell. Solche Willkür zerstört die Basis jeder Sozialität: Vertrauen.[238] Im Stalinismus war

Unberechenbarkeit das zentrale Herrschaftsmittel – niemand konnte wissen, welcher Verwandte oder Kollege als Nächstes »entfernt« oder getötet oder verbannt wurde. Dementsprechend konnte niemand aus seinem eigenen Verhalten heraus sicher sein, dass er sich nichts hatte zuschulden kommen lassen. Tatsächlich war es konstitutiv für das System der Schauprozesse, dass sich Menschen für Dinge schuldig sprechen mussten, die sie entweder nie getan hatten oder die noch konform waren, als sie sie taten. Jörg Baberowski fasst diesen Strukturwandel des Sozialen so zusammen: Im Bestreben der Bolschewiki, »die Welt auf den Kopf zu stellen und Feinde aus ihr zu entfernen, wurden die öffentliche und die private Sphäre neu eingerichtet und nach repressiven Prinzipien geordnet. Die Suche nach Feinden, die Erzwingung von blindem Gehorsam und Konformität, die Mobilisierung von Zustimmung und Ressentiments und die Verbreitung von Furcht und Schrecken: das alles wurde zu einem Teil jener politischen Kultur, die stalinistisch genannt werden kann.«[239]

Während im Nationalsozialismus noch Elemente bürgerlicher Öffentlichkeit und auch bürgerlichen Rechts in Geltung bleiben und den Glauben an eine Restlegalität selbst bei Regimekritikern aufrechterhalten, während Denunziation nach wie vor als unerwünschtes Sozialverhalten gilt und selbst die SS noch eine eigene Gerichtsbarkeit unterhält, wird im Stalinismus zivilisatorische Ordnung fast vollständig durch eine Sozialform abgelöst, die durch Willkür, Terror und Gewalt definiert ist. In solch einer Gesellschaft macht es dann auch Sinn, Denunziation für moralisch wünschenswert zu halten: »Der stalinistische Untertan war wachsam, er war ein Denunziant, der, wenn er seine Loyalität unter Beweis stellte, Freunde und Verwandte vergaß. Das Denunziantentum war die Lebensform der bolschewistischen Enthusiasten, der Denunziant wurde in Liedern besungen, und ihm wurden Denkmäler gesetzt.«[240] Tatsächlich stand in Moskau noch bis 1991 das Denkmal eines Denunzianten.

Bei allen Unterschieden: Beide Herrschaftssysteme bauten ihre soziale Macht auf die Destruktion autonomer, unkontrollierter Beziehungen zwischen den Menschen. Man zerstörte den bestehenden sozialen Zusammenhang, setzte die Teile anders wieder zusammen und verwandelte das veränderte soziale Beziehungsgefüge selbst in ein machtvolles Herrschaftsinstrument, in dem potentiell jeder zum Verräter des anderen wurde. Da freie soziale Beziehungen Vertrauen notwendig voraussetzen, ist die Zerstörung von Vertrauen das zentrale Element dieses Herrschaftssystems.

Dasselbe Prinzip war im China der Kulturrevolution wirksam, im Kambodscha der Roten Khmer und auch in den klassischen Staatsutopien: Die ideale Einrichtung der Welt erfordert im ersten Schritt immer die Zerstörung eigensinniger Sozialverhältnisse. Anders gesagt: Es waren immer die funktionierenden Sozialbeziehungen, die autonome Handlungsspielräume schufen, die als gefährlich betrachtet und daher zerstört oder bedrängt wurden.

Noch einmal: So weit wir in die Geschichte zurück- und in andere Kulturen hineinblicken können, ist es die freiheitliche, demokratische, rechtstaatlich verfasste Gesellschaft westlichen Typs, die ihren Mitgliedern die größten individuellen Handlungsspielräume eröffnet – soviel auch hier noch zu verbessern ist. Die Entwicklung dieses Typs von Gesellschaft war kein homogener, kontinuierlicher Prozess; er verlief für unterschiedliche Gruppen und Schichten uneinheitlich und ungleichzeitig; dasselbe gilt für die verschiedenen nationalen Entwicklungen. Und: Die Zivilisierungsschübe, wie sie mit modernen Demokratien eingeleitet wurden und die nicht zuletzt auch zu größerer Freiheit und Egalität von Minderheiten führten, wurden im frühen 20. Jahrhundert radikal unterbrochen – und zwar durch

Gesellschaftstypen, die gänzlich anderen Vorstellungen von Sozialität folgten. Das zeigt: Freiheit ist nicht das, was alle Menschen immer wollen, und dasselbe gilt für Autonomie. Ergebnisse von Zivilisierungsprozessen können rückgängig gemacht werden, Entzivilisierung ist jederzeit möglich.

Damit kommen wir zurück in die Gegenwart und zu einer Phänomenologie des Umbaus von Sozialität, wie wir ihn gerade erleben. Dabei interessieren wir uns an dieser Stelle nicht so sehr für freiheitsfeindliche Regime und Bewegungen, die dem westlichen Zivilisierungsmodell nicht folgen – hier reicht das Spektrum von autokratischen Systemen, die dem kapitalistischen Wirtschaftsprinzip folgen (wie China) über clanregierte Systeme, die politische und rechtliche Macht monopolisieren und bürgerliche Freiheiten gar nicht vorsehen (wie Saudi-Arabien) bis hin zu dezidiert antimodernen, religiös-fundamentalistischen Lokalregimen (wie in Libyen, in Teilen des Iraks und Syriens etc.), die durch ihre Form des Gewaltgebrauchs machtvoll auftreten, bei denen aber unklar ist, wovon sie wirtschaftlich existieren sollen, falls sie, was wir nicht hoffen wollen, siegreich sind. Wir interessieren uns, im Sinne einer Dialektik der Aufklärung, für die Gefährdungen der Freiheit, wie sie sich innerhalb unserer demokratischen und rechtstaatlichen Ordnung entwickeln, und dafür, welche Potentiale zur Einschränkung von Autonomie sie mit sich bringen.

DAS VERSCHWINDEN DES GEHEIMNISSES

»Das Geheimnis, das durch negative oder positive Mittel getragene Verbergen von Wirklichkeiten, ist eine der größten Errungenschaften der Menschheit; gegenüber dem kindischen Zustand, in dem jede Vorstellung sofort ausgesprochen wird, jedes Unternehmen allen Blicken zugängig ist, wird durch das Geheimnis eine ungeheure Erweiterung des Lebens erreicht, weil vielerlei Inhalte desselben bei völliger Publizität überhaupt nicht auftauchen könnten.«

Georg Simmel, 1906

In der Tat: Auch wenn das Geheimnis seit Georg Simmel nur selten Gegenstand wissenschaftlicher Untersuchungen gewesen ist, lässt sich eine geheimnislose moderne Gesellschaft kaum denken. Es gibt Geschäftsgeheimnisse, Betriebsgeheimnisse, ärztliche und anwaltliche Schweigepflichten, vertragliche Verschwiegenheitspflichten und vieles mehr, was die notwendige Existenz von sozialen Räumen bezeichnet, die außenstehenden Personen nicht zugänglich sind. Daneben haben Eltern Geheimnisse vor Kindern und Kinder vor Eltern, Ehepartner vor ihren Partnerinnen, es gibt vielfältige Täuschungen, Camouflagen, Lügen unterschiedlichster Art, Vorspiegelungen, Schauspielerei, Hochstapelei und das Spiel mit Identitäten. Alles das zeigt, dass Menschen in modernen Gesellschaften viele Rollen spielen können und spielen können müssen und dass das Funktionieren sozialer Prozesse davon abhängt, dass diese Rollen auseinandergehalten werden, möglichst wenig interferieren und nicht verwechselt werden.

In modernen, funktional differenzierten Gesellschaften lernen die Menschen, wie sie flexibel zwischen unterschiedlichsten Rollen hin und her wechseln und diese zugleich sorgfältig auseinander halten können. Von einem Vater wird nicht dasselbe Verhalten erwartet wird wie von einem Liebhaber, einem Skatfreund, einem Wissenschaftler, einem Patienten in der Sprechstunde beim Arzt, einem Festredner oder einem Freizeitsportler – alles dieses kann er aber ohne weiteres in einer Person sein. Die unterschiedlichen Rollen und ihre Wissensbestände und Inhalte bleiben jedoch nach Möglichkeit voneinander abgeschottet – ein Chirurg bringt keine Arbeit mit nach Hause. Erving Goffman hat sich, wie erwähnt, zeit seines Lebens damit beschäftigt, wie Menschen in modernen Gesellschaften lernen, ihre multiplen Rollen einzunehmen und den damit verbundenen Anforderungen nachzukommen. Dabei können die Anforderungen der einen Rolle in völligem Widerspruch zu denen einer anderen stehen, ohne dass uns das größere Probleme machen würde. Goffman hat das »Rollendistanz« genannt: Man geht nicht in der jeweiligen Rolle auf, sondern kann gerade aus der einen Rolle heraus kritisch betrachten, was man in der anderen zu tun gezwungen ist. Der Begriff »Rolle«, der ja dem Theater entstammt, zeigt genauso wie der Begriff der Person, der ursprünglich »Maske« bedeutet, an, dass soziales Leben immer eine performative Seite hat und soziale Wirklichkeiten immer vielstimmig und mehrdeutig sind.

Auch wenn moderne Gesellschaften an ihrer Oberfläche transparent und überschaubar erscheinen, hängt ihr Funktionieren immer auch von opaken Vorgängen ab, die gerade darum funktionieren, weil sie »nichtbeachtbar« sind. Das Prinzip der »Nichtbeachtbarkeit«, dass also vieles nicht öffentlich sichtbar ist, ist eine zentrale zivilisatorische Errungenschaft: In vormodernen Verhältnissen, in denen Menschen weder Rollenwechsel noch Rollendistanz zur Verfügung haben, sie direkter Gewalt unterworfen und in unveränderliche Ordnungen eingebunden sind, sind Transparenz und Beachtbarkeit weitaus größer. Geheimnisse beschränken sich in solchen Gesellschaften auf priesterliche oder schamanistische Praktiken, Ehebrüche, Diebstähle und Ähnliches, betreffen aber kaum die sozialen

Verkehrsformen der Menschen untereinander. So gesehen gibt es dort, wo es Privatheit in einem modernen Sinn nicht gibt, auch kaum Geheimnisse, und umgekehrt ist das moderne Verhältnis von Öffentlichkeit und Privatheit ohne die Sozialtechnik des Geheimnisses nicht vorstellbar. Das wird an einem Gedankenexperiment, das wir von Hartmut Böhme zitieren, schlagend deutlich: »Denken wir uns eine Gesellschaft, in der (wie in vielen Utopien) jedes Geheimnis verbannt wäre; denken wir uns ein wissenschaftliches Universum, in welchem es kein Geheimnis mehr gäbe; denken wir uns eine Liebe, in der die Liebenden sich wechselseitig kein Geheimnis wären; denken wir uns die Künste, die nicht mehr über den Zauber und die Magie des Unerklärlichen verfügten; denken wir uns ein Leben in schattenloser Ausleuchtung; denken wir uns die vielen Kulturen ohne ein Verhältnis der Fremdheit zueinander; es wäre ein Himmelreich aus Licht, schlimmer als der furchtbarste Albtraum. Es wäre der absolute Staat. Es wäre die Wüste der Langeweile. Es wäre der augenblickliche Verlust aller Spannkraft. Es wäre eine Welt ohne Liebe, ohne Eros, ohne den Zauber der Attraktion. Es wäre Terror. Es wäre das Wissen als lückenloses Gefängnis.«[241]

Jürgen Habermas wie Georg Simmel haben dargelegt, dass die Kritisierbarkeit und Kontrolle von Herrschaftsinstitutionen – Regierungen, Gerichte, Verwaltungen – von einer immer größeren Transparenz abhängig waren, während umgekehrt die Entstehung und Codifizierung von Persönlichkeitsrechten nur mit der Unzerstörbarkeit der Privatsphäre gedacht werden konnte. »So haben Politik, Verwaltung, Gericht ihre Heimlichkeit und Unzugänglichkeit in demselben Maße verloren, in dem das Individuum die Möglichkeit immer vollständigerer Reserviertheit gewann, in dem das moderne Leben eine Technik der Diskretion, der Sekretierung von Privatangelegenheiten inmitten der großstädtischen Zusammengedrängtheit ausbildete.«[242]

Dabei fällt auf, dass die Forderung nach Transparenz, wie sie etwa die Nichtregierungsorganisation »Transparency international« durchzusetzen versucht, nach wie vor als macht- und herrschaftskritisches Instrument fungiert und Unternehmen ebenso wie Regierungen dazu zwingt, schädliches oder kriminelles Verhalten abzubauen oder ganz zu vermeiden. Das liegt in der Tradition der Demokratisierung von Gesellschaften, während die Herstellung von Transparenz im Bereich des Privaten ein Merkmal von diktatorischen Gesellschaften ist (man kann in diesem Zusammenhang an die richtige Bemerkung des glücklosen Kanzlerkandidaten Peer Steinbrück erinnern, dass »totale Transparenz nur in Diktaturen« vorkomme).

Insofern liegt der medialen Spurensuche, ob es im Leben von Politikern private Geheimnisse oder Verfehlungen gäbe, eine antiliberale und antidemokratische Haltung zugrunde, und wie sehr sich die Dinge in dieser Hinsicht seit einigen Jahren verschoben haben, kann man daran ablesen, dass es inzwischen als einerseits skandalisierbar und andererseits als politikfähig gelten kann, wenn jemand in einem *abgehörten* Telefongespräch eine als unpassend empfundene Bemerkung macht. So geschah es der Stellvertreterin des amerikanischen Außenministers, Victoria Nuland, im Februar 2014, die in einem Telefongespräch mit dem US-Botschafter in der Ukraine unter anderem »Fuck the EU« gesagt hatte und sich dafür entschuldigen musste. Wohlgemerkt: Die Öffentlichkeit empfand nicht das Abhören und Veröffentlichen des Telefonats als skandalös, sondern die Äußerung der Politikerin, über die sich unter anderem die deutsche Bundeskanzlerin empörte.

Dass Trennlinien zwischen privat und öffentlich auf merkwürdige Weise durchlässig werden, zeigte sich auch im Zusammenhang der Erkenntnis, dass das Mobiltelefon der Bundeskanzlerin durch die amerikanische Heimatschutzbehörde (NSA) abgehört wurde. Man wird an solchen Spionagepraktiken nur dann etwas überraschend finden, wenn man fälschlicherweise davon ausgeht, dass amerikanische Sicherheitsbehörden die Rechte anderer Nationen anerkennen; interessant war aber der Sprachgebrauch, mit dem das Bundeskanzleramt auf die Abhöraffäre reagierte: »Das Ausspähen von Freunden geht gar nicht«, sagte die Bundeskanzlerin vor dem EU-Gipfel am 24.10.2013,[243] als handele es sich dabei nicht um einen gravierenden diplomatischen Zwischenfall auf der Ebene internationaler Politik, sondern um einen privaten Vertrauensbruch.

Auch der Fall des ehemaligen Bundespräsidenten Wulff bekam vor allem deshalb Brisanz, weil weder er selbst noch die Medien eine klare Trennung zwischen seiner privaten Person und seiner funktionalen Rolle machten. Das Verschwinden dieser Differenz schafft der Medienhysterie ständig neue Anlässe oder Pseudo-Anlässe und ist vielleicht seinerseits ein Zeichen dafür, dass sich die Architektonik der Demokratie zu verändern beginnt. Denn Beispiele fehlender Rollendistanz sind in der Politik erstaunlich verbreitet: Die ehemalige Schleswig-Holsteinische Ministerpräsidentin Heide Simonis etwa fragte öffentlich, was denn aus ihr werden solle, nachdem sie bei der Wahl zur Ministerpräsidentin viermal gescheitert war. Der ehemalige Duisburger Oberbürgermeister Sauerland beharrte auf so obszöne Weise darauf, in seinem Amt zu bleiben, dass er intensiv prüfen ließ, wie er ein Abwahlverfahren gegen sich juristisch verhindern konnte. Auf dem Höhepunkt der Plagiatejagd wegen fragwürdiger Doktorarbeiten sah man Politiker in Talkshows, die unverdrossen Dissertationen verteidigten, von denen sie natürlich wussten, wie sie in Wahrheit zustande gekommen waren. Frappierend war dabei das Fehlen jeglicher Scham über das eigene Fehlverhalten.

Solchen Personen ist offensichtlich der Gedanke fremd, dass sie *als Trägerinnen und Träger der Rolle* von politischen Repräsentanten Anforderungen folgen müssen, die mit ihren privaten Vorlieben, Schwächen und Gewohnheiten nichts zu tun haben. Das jedenfalls fordert das demokratische Gemeinwesen, so wie wir es kannten. Die Pointe liegt bei all dem eigentlich darin, dass niemand moralische Unfehlbarkeit von Amtsträgern erwartet, Demokratie aber voraussetzt, dass ein Amt aufgegeben werden muss, wenn es ersichtlich durch Fehlverhalten beschädigt wird. Man erkennt also wiederum die Notwendigkeit einer Trennung von Privatheit und Öffentlichkeit und die unterschiedliche Bewertung, die Geheimnissen im einen und im anderen Bereich zukommt.

Die Vorstellung, dass eine Politikerin oder ein Politiker »gläsern« in seinen persönlichen genauso wie in seinen professionellen Verhältnissen sein solle, ist genauso totalitär wie die Vorstellung vom gläsernen Bürger. Politiker haben in einer Demokratie dasselbe Recht auf Privatheit wie andere Bürger auch. Im Roman »Der Circle« gibt es, wie bereits erwähnt, die Figur der vollständig transparenten Politikerin, die mit einer ständig mitgeführten und filmenden Kamera jedes ihrer Gespräche der Öffentlichkeit preisgibt. Diese Aufhebung der Trennung von Vorder- und Hinterbühne, die für die Demokratie essentiell ist, erfolgt im Roman gerade im Namen einer Aufklärung, die sich mit Transparenz verwechselt. Transparenz ist aber hier das vollständige Verschwinden der privaten Person und ihre Transformation in ein ausschließlich öffentliches Wesen, dem keinerlei Rollenwechsel und keine Rollendistanz mehr gestattet ist.

Das ist einstweilen noch eine literarische Fiktion, aber die Überwachungs- und Skandalisierungsmöglichkeiten, die die beständige Datenproduktion erst hervorbringt, zeichnet auch in der Wirklichkeit der Gegenwart die Gefährdung der Voraussetzungen für Demokratie an. Dabei spielt – im Unterschied zum Roman – die Absicht, mit der eine soziale oder kommunikative Innovation eingeführt wird und Wirksamkeit entfaltet, nicht die wichtigste Rolle. Oft sind es vielmehr die nichtintendierten oder auch kollateralen Effekte, die tiefgreifende Auswirkungen auf Autonomie- und Freiheitsspielräume haben.

KONFORMISMUS UND CYBERMOBBING

Dies wird besonders deutlich an einer besonders problematischen Erscheinungsform von sozialen Netzwerken: den sogenannten Shitstorms bzw. dem Cybermobbing. Dabei handelt es sich um großenteils spontan und kurzfristig auftretende Aktionen, an denen eine große Zahl von Internetbenutzern sich gegen eine Person oder Institution wendet. Bei Shitstorms geschieht dies, indem man der Person ablehnende oder gar aggressive und bösartige Nachrichten schickt, beim Cybermobbing werden im Allgemeinen verletzende Behauptungen oder Videos über eine Person verbreitet.

Für unser Thema sind diese Phänomene vor allem deshalb wichtig, weil sie einmal mehr die problematischen Seiten von Konformismus und Gruppendynamik illustrieren; gleichzeitig lassen sie auch besonders deutlich die Mechanismen erkennen, die dabei am Werke sind. Wir hatten bereits darauf verwiesen, dass Konformismus besonders dann gefährlich wird, wenn es innerhalb einer Gruppe zu Rückkopplungsprozessen kommt, wenn sich also die konformistischen Reaktionen einzelner Gruppenmitglieder gegenseitig verstärken und damit weit über das hinausgehen, was jedes Gruppenmitglied auf sich alleine gestellt tun würde. Ein besonders eklatantes Beispiel dafür liefert das oben bereits vorgestellte Stanford-Prison-Experiment von Philip Zimbardo, in dem völlig normale junge Männer sich zu Misshandlungen anderer Versuchspersonen hinreißen ließen, weil man ihnen erklärt hatte, sie seien nun Gefängnisaufseher und müssten die als »Gefangene« verkleideten anderen Probanden bewachen: Offensichtlich hatten sie sich gegenseitig in ihrem Verhalten bestärkt. Ein ganz ähnliches Verhalten lässt sich nun in sozialen Netzwerken beobachten: Auch hier bestärken sich Benutzer gegenseitig und gelangen damit oft zu einem Verhalten, vor dem sie ohne die Bestärkung durch andere zurückgeschreckt wären: Ihre Autonomie bleibt dabei offensichtlich auf der Strecke.

Im Internet ist dies besonders leicht, weil man oft unter dem Schutz der Anonymität handelt und die Bestärkung viel schneller und häufig auch von einer viel größeren Zahl von Personen kommt, als dies im alltäglichen Leben der Fall ist, u. a. weil soziale Netzwerke die Kontaktaufnahme massiv erleichtern und beschleunigen. Außerdem wird der Austausch von Informationen, insbesondere von Texten und Bildern, stark vereinfacht, und schließlich sind die Reaktionen der Gruppe für alle Mitglieder sofort erkennbar, z. B. über Klicks, über Kommentare und »Likes«, die automatisch und sofort an alle verschickt werden. Jeder sieht also, was den anderen gefällt und was ihnen missfällt, und er weiß, dass auch die eigenen Reaktionen sofort von den anderen Gruppenmitgliedern bemerkt werden. Die meisten dieser Besonderheiten haben die Betreiber von Facebook, Google+ und Co. mit Absicht eingebaut, um den Austausch unter den Mitgliedern und damit die Benutzung ihrer Plattformen zu intensivieren. Doch gleichzeitig haben sie damit »optimale« Bedingungen für eine maximal starke Rückkopplung mit all ihren negativen Konsequenzen geschaffen. Insofern ist es kein Wunder, dass sich auch die typischen gruppendynamischen Phänomene in sozialen Netzwerken besonders deutlich ausprägen.

Ideen und Trends, die in der Zeit vor dem Internet niemals die Wahrnehmungsschwelle überschritten haben, können sich somit in kürzester Zeit hochschaukeln. Dazu gehören Flashmobs, also kurzfristig organisierte öffentliche Aktionen, die ursprünglich keinen besonderen Zweck verfolgten, wie etwa die Versammlung von 200 Menschen, die 2008 im New Yorker Grand Central Bahnhof für fünf Minuten einfach erstarrten, oder eine Kissenschlacht von mehreren tausend Jugendlichen, die 2009 vor dem Kölner Dom stattfand. Auch wenn sie in Einzelfällen zu Gewaltexzessen geführt haben, sind solche Flashmobs, die mittlerweile auch für politische Demonstrationen eingesetzt werden, völlig harmlos. Ähnliches gilt für sogenannte virale Videos, die sich wie Viren z.B. bei Youtube, aber auch in sozialen Netzwerken oft ohne wirklich erkennbaren Grund in geradezu dramatischer Weise weiterverbreiten, ohne dass dies noch von jemandem kontrolliert werden könnte. Werbeagenturen versuchen diesen Effekt mit großem Aufwand zu erreichen. Manchmal gelingt dies, wie z.B. bei der Kampagne eines eher biederen Lebensmittelhändlers, dem es gelang, mit einem Video des bis dato wenig bekannten Berliner Künstlers Friedrich Liechtenstein großes Aufsehen zu erregen. Auch hier dürfte es eine wichtige Rolle spielen, dass nicht nur Erstellung und Verbreitung der Videos mittlerweile sehr einfach sind, vielmehr ist auch jeder potentielle Zuschauer immer über die Reaktion der Gruppe informiert und trägt durch seine eigenen Klicks gegebenenfalls dazu bei, die Reaktionen der Gruppe noch weiter zu verstärken.

Die überwiegende Mehrzahl dieser Videos ist ebenso harmlos wie die traditionellen Flashmobs; es handelt sich um Gruppenaktivitäten, die eine Art Selbstzweck darstellen, wobei niemand bestimmen oder vorhersagen kann, welches Video sich verbreiten, welcher Flashmob wirklich eine nennenswerte Zahl von Teilnehmern aufbieten wird.

Diese Abwesenheit von Kontrolle wird jedoch dann zu einem Problem, wenn es nicht mehr um harmlose Dinge und Videos geht, sondern um echte oder vermeintliche Skandale, private oder politische. Solche Skandale hat es in der Vergangenheit oft genug gegeben. Zuweilen werden damit schwerwiegende politische Missstände aufgedeckt, in manchen Fällen sind es einfach nur kleinere Vergehen, die plötzlich zu einem Skandal werden, der die gesamte Öffentlichkeit durchschüttelt, aber in vielen Fällen wird auch einfach nur die Privatsphäre normaler Menschen aus mehr oder minder unerfindlichen Gründen ins Licht der Öffentlichkeit gezerrt.

Besondere Bedeutung gewinnen solche Skandale dann, wenn sie von den traditionellen Massenmedien, also Zeitungen, Rundfunk und Fernsehen, aufgegriffen werden. Dies ist hier insofern von Interesse, als Zeitungsverlage und Rundfunkanstalten in ihren Online-Ausgaben mittlerweile ähnliche Techniken einsetzen wie soziale Netzwerke, mit denen sie zudem teilweise direkt verbunden sind. Für die Betreiber dieser Seiten ist dies von großem Vorteil. Sie erhöhen dadurch nicht nur die Besucherzahlen, sondern können auch sofort überprüfen, auf wie viel Interesse ein Artikel bei der Leserschaft trifft. Zudem werden die Nutzer durch die Möglichkeit, Artikel zu kommentieren, stärker eingebunden, schließlich zeigen sie den Betreibern und Redakteuren damit, was die Leser für besonders wichtig halten. Bei großem Interesse lässt sich also die Berichterstattung sofort intensivieren, was die Dynamik sich aufbauender Skandale weiter fördert.

Wichtig ist dabei wiederum, dass diese Dynamik und damit eben auch die Entstehung solcher Skandale von niemandem gesteuert wird – und zwar weder von den Journalisten, die den Skandal entdeckt haben, noch von den Politikern, Prominenten oder ganz gewöhnlichen Menschen, die den Skandal verursacht haben, und auch nicht von den Lesern, die die Berichterstattung über den Skandal verfolgen.

Tatsächlich gibt es eine ganze Reihe von Belegen für derartige echte und vermeintliche Skandale.[244] Soweit Politiker oder andere Prominente betroffen sind, beginnen solche Skandale typischerweise mit irgendeinem echten oder vermeintlichen Fehltritt, über den Presse, Fernsehen und Internetmedien berichten – so wie es ihre Aufgabe ist. In den meisten Fällen wird dann eine Weile über die Sache berichtet, wie über viele andere Dinge auch, die gleichzeitig das Bewusstsein der Öffentlichkeit beschäftigen. Nach einer Weile endet die Berichterstattung, entweder weil alles Wichtige gesagt, der Missetäter zurückgetreten ist oder verurteilt wurde; manchmal erweist sich die Sache auch als unbegründet, was allerdings recht selten passiert. In einigen wenigen Fällen nimmt der Skandal jedoch plötzlich Fahrt auf und verdrängt praktisch alle anderen Nachrichten aus dem öffentlichen Bewusstsein. Die Medien greifen begierig jedes Detail auf, selbst ein Bobby-Car, das einem in Bedrängnis geratenen Bundespräsidenten von einem Autohaus geschenkt worden war, wird da zu einer wichtigen Nachricht, die Kriege und andere Katastrophen aus dem öffentlichen Bewusstsein verdrängen kann. Zudem mag der Missetäter sagen, was er will – es wird alles zu seinem Nachteil ausgelegt: Entweder er leugnet, oder er gesteht ein, was ohnehin schon jeder weiß. Dabei beschränkt sich die Berichterstattung nicht auf die klassischen Medien, also Radio, Fernsehen und Zeitungen, vielmehr schalten sich auch die Betreiber von Blogs und die Mitglieder sozialer Netzwerke ein; in einigen Fällen treten zudem Zeitungsleser als »Leserreporter« auf, die Fotos und zusätzliche Informationen beisteuern – ein prachtliebender Bischof, der sein Bistum mit einem keinen Aufwand scheuenden Bauprojekt um 30 Millionen Euro erleichtert hatte, wurde so selbst bei einer Pilgerreise in einem Billigflieger nach Rom aufgespürt.

Diese z. T. hysterischen Reaktionen sind umso bedenklicher, als die öffentliche Berichterstattung mehr und mehr den Charakter der eigentlichen Strafe annimmt. Während die juristische Ahndung an einen mit großer Sorgfalt durchgeführten Gerichtsprozess gebunden ist, in dem man bis zum Erweis des Ge-

genteils als unschuldig gilt und nur bestraft werden kann, wenn alle vernünftigen Zweifel an der eigenen Schuld ausgeräumt sind, schlägt die öffentliche Empörung völlig willkürlich zu, und sie vermag dabei ganze Existenzen zu vernichten, bevor irgendein Beweis geführt, geschweige denn die Zweifel an der Schuld ausgeräumt worden sind. Die bereits angesprochenen Vorwürfe gegen den ehemaligen Bundespräsidenten führten nicht nur dazu, dass der Beschuldigte selbst Amt und Ehefrau verlor, auch einige der Mitbeschuldigten, unter anderem ein Filmproduzent und ein Eventmanager, verloren ihre Existenz. In dem Gerichtsverfahren ging es dann nur noch um den Vorwurf, einer der Freunde des Präsidenten habe diesem circa 720 Euro für Hotel- und Restaurantbesuche erstattet. Die Vorwürfe ließen sich jedoch trotz intensiver Ermittlungen der Staatsanwaltschaft nicht bestätigen – der Expräsident und sein Freund wurden in dem Verfahren freigesprochen und erhielten eine Entschädigung für die stattgefundenen Hausdurchsuchungen. Die berufliche Existenz beider war zu diesem Zeitpunkt jedoch aufgrund der öffentlichen Verurteilung längst zerstört.

Immerhin waren die Betroffenen in den bislang genannten Fällen vergleichsweise mächtig und bekannt, sowohl der Bischof wie auch der Bundespräsident hatten sich freiwillig in die Öffentlichkeit begeben, außerdem gab es in beiden Fällen den Verdacht substantieller Verfehlungen – auch wenn der sich nur in einem dieser Fälle letztlich beweisen ließ. Es gibt jedoch eine ganze Reihe von Beispielen dafür, dass auch völlig unauffällige Privatpersonen, bei denen noch nicht einmal der Verdacht einer Verfehlung besteht, in das Räderwerk der Skandalisierungsmaschinerie geraten können.

So erlangte z. B. eine Fünfzehnjährige unfreiwillige Berühmtheit im Internet, weil sie beim Sex auf einer Motorhaube fotografiert worden war und die Fotos den Weg ins Internet gefunden hatten. In einem anderen Fall schickte eine Angestellte im amerikanischen Kongress eine private E-Mail mit detaillierten Berichten über ihr Sexualleben versehentlich an einen allgemeinen Verteiler. Auch hier ließen sich einige Empfänger der Nachricht die Gelegenheit nicht entgehen, die Betroffene bloßzustellen, indem sie die Nachricht an öffentliche Webseiten weiterleiteten.

Auch dabei dürfte die Mühelosigkeit der Verbreitung eine wichtige Rolle gespielt haben, allerdings erklärt sie noch nicht, warum sich überhaupt so viele Menschen dafür entschieden haben, gerade *diese* Fotos und gerade *diese* E-Mail weiterzuleiten. Am Anfang dürften viele dieser Entscheidungen mehr oder minder zufällig gefallen sein. Außerdem wurde das Interesse in beiden Fällen sicherlich dadurch stimuliert, dass es um Sex ging, doch das erklärt nicht viel: Sexfotos und entsprechende E-Mails sind im Internet in riesigen Mengen zu finden. Will man erklären, warum plötzlich eine sehr große Zahl von Nutzern auf ein *bestimmtes* Foto oder eine *bestimmte* E-Mail reagiert und damit aus einer Bosheit einen Skandal macht, dann braucht man eine zusätzliche Erklärung. Wir glauben, dass Konformismus hier eine wichtige Rolle spielt. Wenn bestimmte Inhalte erst einmal ein großes Maß an Aufmerksamkeit gefunden haben, dann kann offenbar eine Kettenreaktion in Gang kommen: Plötzlich interessieren sich auch andere Nutzer dafür, die damit das Aufsehen weiter vergrößern und damit wiederum neue Nutzer aufmerksam machen und so weiter. Wichtig für das Zustandekommen dieser Kettenreaktion ist, dass erstens die Nutzer ein konformes Verhalten zeigen, sich also – zumindest von einem bestimmten Punkt an – von dem Verhalten anderer Nutzer leiten lassen; zweitens ist es wichtig, dass das Verhalten anderer Nutzer erkennbar ist – eben über die üblichen Angaben, wie oft eine bestimmte Nachricht angeklickt oder ein bestimmtes Video »geliked« worden ist, später – wenn der Skandal selbst zum Thema geworden ist – durch entsprechende Berichte in Medien und auf Blogs. Auch soziale Netzwerke unterstützen durch die bereits beschriebenen Rückkopplungsprozesse dieses Verhalten.

Weitere Beispiele wären leicht zu finden, aber auch so sollte der entscheidende Punkt hinreichend klar sein: Offensichtlich haben wir es hier mit einer Eigendynamik sozialer Prozesse zu tun, die praktisch jeder individuellen Kontrolle entzogen ist. Konformismus sorgt dabei dafür, dass eine einmal im Gang befindliche Kampagne immer mehr Anhänger findet. Verhängnisvoll ist dies für die Opfer vermeintlicher Skandale, deren Privatleben ans Licht der Öffentlichkeit gezogen wird; offenkundig wird deren Autonomie damit nicht weniger schwerwiegend beeinträchtigt als andere wichtige Persönlichkeitsrechte. In einem geringeren Maße gilt dies aber auch für die Nutzer, die sich an den Kampagnen beteiligen. Auch deren Autonomie wird durch die Konformitätszwänge beeinträchtigt, die von solchen Kampagnen ausgehen – selbst wenn man die Beteiligten sicherlich nicht von der Verantwortung für ihr Handeln freisprechen wird.

SELBSTÜBERWACHUNG

Im Oktober 2014 diskutierte Wirtschaftsminister Sigmar Gabriel in Berlin öffentlich mit dem Vorstand und scherzhaft »Außenminister« von Google genannten Eric Schmidt. Schmidt eröffnete den Abend mit einem irritierenden Vortrag: Den etwa 100 geladenen Gästen erklärte er darin das Internet, erwähnte, dass es eine Menge Firmen gebe, die mit dem Internet Geschäfte machen, und dass es eine Reihe von sozialen Innovationen gegeben habe, die das Leben der Verbraucher einfacher und billiger gemacht hätten – zum Beispiel die Zimmerbörse »Airbnb« und die Taxikonkurrenz »Uber«. Googles Mission sei es ebenfalls, das Leben einfacher und die Menschen glücklicher zu machen. Das Sammeln von Daten interessiere Google dabei nicht primär, und das Unternehmen sei immer und überall gesetzestreu im Umgang mit jenen Daten, die nun gewissermaßen unabsichtlich mal anfielen, wenn die Google-Algorithmen sich eifrig bemühten, anonymisierte Nutzerprofile für die Werbekunden bereitzustellen.

Das war interessant. Wer Eric Schmidts Einlassungen zum Datensammeln und zum Datenschutz in Interviews oder Zusammenkünften mit Kollegen aus derselben Branche kannte, musste verblüfft sein, wie sich der CEO des nach Börsenwert wertvollsten Unternehmens der Welt hier darstellte – als Chef eines bescheidenen gesetzestreuen Unternehmens, das auf ein paar Werbeeinkünfte spekuliert. Schmidt hielt diese Position auch in der anschließenden überwiegend kritischen Diskussion durch, die von seiner Seite her etwas schematisch, aber ausgesprochen defensiv ablief. Was ging hier vor?

Die Antwort ist einfach: Schmidt, der als wichtigster Repräsentant eines solch gigantischen Wirtschaftsunternehmens sich gelegentlich der Öffentlichkeit stellen muss, schätzt die datenschutzsensible deutsche Öffentlichkeit ungefähr so ein, wie der belgische, deutsche oder britische Handelsunternehmer, der im 19. Jahrhundert in den Dschungel reiste, um den Eingeborenen freundlich zu erklären, dass man nichts Böses im Schilde führe. Zum Beweis habe man hübsche Perlen dabei, die man bereit sei, gegen irgendetwas zu tauschen, das für die Eingeborenen ohnedies wertlos sei.

Dieser Habitus ist insofern bemerkenswert, als man ja im fortgeschrittenen Kapitalismus erwartet, dass Unternehmen ihr Geschäftsmodell und ihre Unternehmensziele erklären. Es könnte aber sein, dass Internetunternehmen vom Typ Google sich längst jenseits solcher Erwartungen bewegen und daran interessiert sind, die Welt nach ihren wirtschaftlichen Vorstellungen einzurichten, nicht aber daran, ihr das auch noch zu erklären.

Denn die Aussage, man sei an Daten nur insoweit interessiert, als sie notwendig seien, zielgruppengenaue Werbung zu ermöglichen, widerspricht ja der Einkaufspolitik des Unternehmens genauso wie seinen eigenen Erfindungen. Von Google Street View bis zur Brille Google Glass über den Kauf von »Nest« und »Jawbone« bis hin zu diversen Medizintechnologie-Firmen macht Google nichts anderes, als seine Möglichkeiten der Datenerhebung und -vernetzung beständig zu erweitern.

Die Rhetorik, dass es dem Unternehmen dabei vor allem um die Erhöhung von Komfort, Klima- und Umweltschutz sowie Gesundheit ginge, trifft auf ein großes gesellschaftliches Bereitschaftspotential. Die Versprechen, dass das »Internet der Dinge« Häuser energieeffizient und klimafreundlich oder die von Jawbone entwickelten Armbänder zur Überwachung von Körperfunktionen die Menschen gesünder machen, scheinen ja zunächst freundlich und harmlos. Zumal sie mit einer Komfortsteigerung einhergehen und den Menschen allerlei lästige Alltagsdinge abnehmen.

Nest etwa, ein Unternehmen, das Thermostate entwickelt und für 3,2 Milliarden Dollar von Google gekauft wurde, arbeitet intensiv an einem Smart Home, in dem die einzelnen technischen Elemente des Hauses miteinander kommunizieren, die Gewohnheiten der Bewohner »lernen« und die Gerätefunktionen daran anpassen. Der Kühlschrank weiß dann, wann die Milch voraussichtlich verbraucht sein wird, und gibt automatisch die Bestellung für neue auf, während Heizung und Klimaanlage die Informationen der Wettervorhersage mit den Anwesenheitszeiten der Hausbewohner und ihren Gesundheitsdaten verbinden und die Raumtemperatur entsprechend regulieren. Google Now, ein Programm für Smartphones, überwacht den Aufenthaltsort der Bewohner permanent und übermittelt die Daten ans smarte Zuhause, das die Jalousien also länger geschlossen hält, wenn der Hausherr nach der Arbeit noch auf einen Sprung ins Bordell geht.

Natürlich dient der Aufwand vor allem dazu, Strom zu sparen. »Das sei«, so ein Bericht in der Frankfurter Allgemeinen Sonntagszeitung, »schon das Ziel des Thermostats gewesen, das im Netz die Wettervorhersage kontrollieren und die Raumtemperatur nach den Außenbedingungen regeln kann. Mit der Vernetzung der Dinge reiche das ›Bewusstsein‹ des Temperaturreglers noch weiter. Nest arbeitet jetzt zum Beispiel mit Mercedes zusammen und lässt deren Autos direkt mit der Heizung kommunizieren. So kann der Wagen melden, dass man wegfährt, dass nicht mehr geheizt werden muss, und angeben, wann man sich dem Haus wieder nähert. Die Geräte sind so programmiert, dass sie aufzeichnen und auswerten, wer sie wie, wann und wo benutzt.«[245]

Man könnte sagen: Nachdem sich über die vergangenen Jahrzehnte die Möglichkeiten der Überwachung der öffentlichen Existenz der Menschen mittels Kameras, Telefondaten, Kontobewegungen, Social Networks etc. stetig erweitert haben, greifen Smart Homes, Cars und Watches direkt auf die private Existenz zu. Während »Google mit Google-Earth bereits seit Jahren öffentliche Plätze und Straßen überwachen und somit wissen konnte, wann Menschen Häuser verlassen, kann jetzt zusätzlich geprüft werden, wann welche Menschen welche Häuser verlassen – und was sie in ihnen getan haben«.[246]

Oder nehmen wir das Geld, jenes Abstraktum, das die Beziehungen zwischen den Menschen vor Tausenden von Jahren revolutioniert hat, indem es etwas Gleiches zwischen alle Güter und Dienstleistungen geschoben hat, das sie bei allen Unterschieden verrechenbar macht. Und zugleich für die Handelnden *nicht zurechenbar* macht: Denn wann, wo, für welchen Zweck jemand sein Geld ausgibt, ist nicht zurückzuverfolgen,

solange es sich um Bargeld handelt. Um diesen Missstand zu beseitigen, hat man bei Apple die Bezahlung per Smartphone entwickelt – ein Schritt, dem weitere folgen werden, bis das Bargeld
abgeschafft ist und jeder Kaufakt in Echtzeit schon die Rechenschaft erstattet, wo man wann wofür »Geld« ausgegeben hat.
Das wird die Anschaffung ethisch fragwürdiger Dienstleistungen und Dinge genauso kontrollieren wie das Gesundheitsverhalten durch die besorgte Frage des smarten Barschranks, warum der Single Malt so schnell ausgetrunken wurde, wo doch das
Jawbone-Armband ohnehin schon einen erhöhten Leberwert
meldet.

Auf der Beschreibungsebene können wir hier von einer tech-
nisierten Erhöhung des Selbstzwangniveaus sprechen. Gerade
da, wo der »Geist stark, aber das Fleisch schwach« ist, wie etwa
bei selbstschädigendem Konsum von Alkohol, unterstützt die
digitale Kontrolle die Durchsetzung des Selbstzwangs. Ein besonders bemerkenswertes Moment dieser Erhöhung des Selbstzwangniveaus liegt in der begleitenden Veränderung von Sozial-
verhältnissen, die als normal und erwartbar betrachtet werden:
Wenn die meisten Menschen in Smart Homes leben, ihren Kör-
perstatus kontrollieren und ihre Konsumbedürfnisse befriedi-
gen lassen, bevor sie selbst wissen, dass sie sie schon haben – was
ist dann mit denen, die das nicht machen? Gelten »Smartness«-
Verweigerer als Klima- und Umweltfeinde und um ihre Gesundheit datenmäßig Unbekümmerte als asozial?

Die verblüffende Bereitschaft, die Unterminierung des Privaten zuzulassen, wird durch ein argumentatives Quartett beför-
dert, das Komfort, Sicherheit, Gesundheit und Umweltschutz
ins Feld führt und damit exakt die Bedürfnisse, die auf der Skala
der Bewohnerinnen und Bewohner reicher Gesellschaften weit
oben rangieren. Das zeigt sich etwa auch daran, dass die Befürworter und Vorreiter ökologischen Bauens und Wohnens ganz
fraglos die verfügbaren Technologien in Anspruch nehmen – so

etwa beim Haus B10, einem Projekt von E-Lab, das ein Tochter-
unternehmen des Stuttgarter Institute of Sustainability ist. In
diesem Haus, das mehr Energie erzeugt als verbraucht, steuert
das Smartphone des Bewohners über Sensoren die energetische
Totalüberwachung. Auch dieses Haus erscheint vor allem deshalb sinnvoll, weil es ökologisch optimiert ist; selbst die Hy-
draulik, die aus Gründen der Sicherheit die Terrasse nachts oder
bei Abwesenheit vollständig hochklappt, so dass das Haus ver-
schlossen ist wie eine Auster, wird mit Bio-Öl gefüllt.

Wie einseitig die utopische Phantasie bei all dem ist, erschließt sich daraus, dass natürlich auch B10 eine Garage hat, in
der selbstverständlich das Elektroauto steht und aufgeladen
wird. Modernisiert wird mithin die Technik, nicht aber die kulturelle Praxis – offenbar wird auch die schöne neue Wohnwelt
suburban mit automobilem Pendlerverkehr gedacht. Da trifft es
sich gut, dass die einschlägige Industrie intensiv am autonomen
Automobil arbeitet, das einen ohne eigenes Zutun an ein vorge-
gebenes Ziel bringt. Google, Audi, Mercedes Benz – alle haben
sie solche Fahrzeuge in der Erprobung, wobei die Voraussetzung für ihr Funktionieren das Monitoring aller Bewegungsda-
ten aller Verkehrsteilnehmer ist. Wozu das gut sein soll, wo sowohl der öffentliche Verkehr als auch das Taxi bereits erfunden
sind, erschließt sich nicht. De facto hat man es mit einer weiteren Transformation von Selbst- in Fremdsteuerung zu tun. In
dieser Perspektive kommt man direkt zu versicherungstechni-
schen Fragen und kann eine neue Seite im Universum der neuen
Selbstzwänge aufschlagen.

VERSICHERUNGEN: VERTRÄGE AUF VERHALTEN

Autoversicherungen bieten vermehrt Policen an, die die individuelle Fahrweise, die durch ein eingebautes Feature registriert und überwacht wird, zur Grundlage für den berechneten Tarif nimmt. Das klingt gerecht: Defensive Fahrer werden belohnt, aggressive bestraft. In der Krankenversicherung hat die italienische Generali Ende 2014 dasselbe Prinzip erstmals auf das Gesundheitsverhalten übertragen und bietet ihren Kunden Preisnachlässe an, wenn sie ihre Körperdaten regelmäßig per App übermitteln.[247] Die Versicherungen entfernen sich damit weiter vom Solidarprinzip der Gemeinschaft der Versicherten. Dieses Prinzip lässt sogenannte Free Rider zu, Menschen also, die größere Schäden verursachen als der Durchschnitt, diesen aber für das eigene Fehlverhalten mitbezahlen lässt. Will man dieses Prinzip aufgeben, dann ist auch dafür ein Preis zu zahlen: Der defensive Autofahrer muss sich für eine niedrigere Police kontrollieren und disziplinieren lassen, denn er wird ja peinlich darauf achten, sich ordnungsgemäß zu verhalten, da seine Versicherung alles sieht. Dasselbe gilt für den Krankenversicherten, der sich gewiss nicht beim Rauchen, Trinken oder faul Herumhängen ertappen lassen möchte. Bleiben wir noch kurz bei dem Argument, dass Menschen, die sich nicht um ihre Sicherheit, Gesundheit, Risikominimierung kümmern, die Allgemeinheit belasten, die ja schließlich die negativen Folgen solchen Verhaltens solidarisch zu finanzieren hat: Der Chefökonom von Google, Hal Varian, sieht genau vor diesem Hintergrund in der Individualisierung von Risiko und Kontrolle einen Gerechtigkeitsfortschritt: Im Zusammenhang der Diskontierung guten Verhaltens beim Autofahren sagt er: »Das heißt: Jetzt können die Leute einen Vertrag auf ihr Verhalten abschließen. Das ging vorher nicht. Stellen Sie sich vor, jemand hat ein Alkoholproblem. Die Polizei kann sagen: Wenn Sie diesen Alkoholtester im Auto installieren, können Sie weiterfahren, aber wenn Sie das nicht tun, behalten wir den Führerschein. Ist das eine gute Sache?«[248]

Wir denken: nein. Zum einen werden dadurch weitere individuelle Freiräume aufgegeben: Die Versicherungen – und vermutlich nicht nur sie – erfahren, wann, wo und wie wir gefahren sind. Zweitens ist das Solidarprinzip gegenüber der rein individuellen Zurechnung und Haftung für Verhalten ein zivilisatorischer Fortschritt, der exakt darauf beruht, dass ungleiche Lebensbedingungen Menschen ungleiche Verhaltensmöglichkeiten offerieren. Warum soll jemand, der beruflich höheren gesundheitlichen Belastungen ausgesetzt ist oder mehr Auto fahren muss, höhere Beiträge zahlen und umgekehrt diejenigen subventionieren, die ohnehin gesünder und risikoärmer arbeiten dürfen? Schließlich führt drittens die Individualisierung von Versicherungstarifen auch zu einer Entpolitisierung von Verursachungen: So führt in dieser Sicht nicht etwa ein marodes Gesundheitssystem zu hohen Krankheitskosten, sondern individuelles Fehlverhalten. Die Aufhebung des Solidarprinzips zugunsten individualisierter Zurechnung von Folgen verdeckt ungleiche Voraussetzungen und macht vor der kontrollierenden Verhaltensmessung alle gleich. »Die Gefahr einer datengetriebenen Gesellschaft«, schreibt Harald Staun in diesem Sinn, »ist aber, dass sie auf die (…) Konsequenz hinausläuft: dass man das Verhalten der Menschen so designt, dass sie innerhalb der Systeme besser funktionieren«.[249] Die Systeme selbst unterliegen nicht der Betrachtung.

Zur Begründung für eine solche Erhöhung des Fremdsteuerungs- und Selbstzwangniveaus sollen neben vormodernen Gerechtigkeitsvorstellungen auch finanzielle bzw. sicherheitstechnische Vorteile herhalten. Wenn sie vor der Wahl stehen, ob sie zugunsten höherer Sicherheit auf Freiheit verzichten wollen oder nicht, ziehen die meisten Menschen Sicherheit vor. Der Vorschlag des österreichischen Philosophen Robert Pfaller, dass Fluggesellschaften immer zwei parallele Flüge anbieten sollten – einen mit und einen ohne Sicherheitskontrolle –, würde sich kaum rechnen: denn wo man ein (unterstelltes) Risiko vermindern kann, wird niemand den »freien« Flug vorziehen. Freilich gerät – Shifting baselines – bei der Erhöhung des Sicherheitsniveaus das Ausmaß an Freiheitsverlust leicht aus dem Blick: Vor fünfzig Jahren wäre es Fluggästen gewiss ziemlich seltsam erschienen, wenn sie mit rutschender, weil gürtelloser Hose in Schlangen von Menschen auf Strümpfen hätten stehen müssen, die gerade den Inhalt ihrer durchsichtigen Kulturbeutel vor aller Augen in Schalen ausgebreitet hätten.

Heute gilt so etwas als ganz normal, und es ist nur eine Frage der Zeit, wann die Körperscanner überall eingeführt werden, die gegenwärtig vor allem in den USA und in England zur Kontrolle von Fluggästen verwendet werden. Übrigens folgt die Verallgemeinerung neuer Sicherheitstechnik demselben Prinzip, das uns bei allen Strukturänderungen des Sozialen begegnet ist: An den amerikanischen Flughäfen kann man es ablehnen, sich von Körperscannern auf verborgenen Sprengstoff durchleuchten zu lassen, wird dann aber einer »extended patdown« unterzogen, einer ausführlichen und intensiven Untersuchung per Hand.[250] Wiederum schlägt Komforterhöhung Privatheit, und wiederum wird gleichsam automatisch die soziale Umkehrung der Ausgangssituation vollzogen: Diejenigen, die die Nutzung des Körperscanners vermeiden, sind die Abweichler und werden auch so behandelt.

Wenn man die Veränderung der einschlägigen Sozialformen aus der Distanz mehrerer Jahrzehnte betrachtet, wird noch etwas anderes sichtbar: dass Menschen in modernen Gesellschaften viel weitgehender zu Objekten fürsorglicher Entscheidungen über sie selbst geworden sind als zuvor. Sinnfällig wird das am zu Berühmtheit gelangten »Veggie Day«, an den Empfehlungen zur Früherkennung von allerlei Krankheiten, deren Nutzen in vielen Fällen mehr als umstritten ist, oder, ethisch am problematischsten, bei der vorgeburtlichen Diagnostik, die ja im Zweifelsfall eine Entscheidung über die Verhinderung eines Lebens impliziert, das standardisierten Gesundheitsvorstellungen nicht entspricht. Uns geht es dabei nicht um eine moralische Bewertung, sondern um die Beschreibung, wie medizinisch begründete Maßnahmen die autonome Entscheidungsfähigkeit zugunsten von Expertenvoten zurückdrängen.

So wird Patienten etwa bei der Diagnose einer Krebserkrankung der jeweilige Therapievorschlag statistisch begründet, obwohl die meisten Menschen von Statistik nicht das Geringste verstehen. Daher stimmen sie etwa einer postoperativen radiologischen Behandlung mit erheblichen Nebenfolgen zu, wenn damit das Risiko, dass der Tumor zurückkehrt, um sagen wir: 20 Prozent vermindert wird. Aus der Sicht einer um ihr Leben fürchtenden Patientin ist das ohne weiteres nachvollziehbar; allerdings bedeutet dieser Wert, dass die schädigende Behandlung in 80 Prozent aller Fälle sinnlos ist. Auch hier wird ein autonomer Entscheidungsspielraum durch die Suggestion wissenschaftlicher Entscheidungskriterien eingeschränkt.

Eine neue Spielform solcher Einflussnahmen auf individuelle Entscheidungen ist das sogenannte »Nudging« (»Anstupsen«), also die mehr oder minder subtile Steuerung individuellen Verhaltens durch äußere Anreize. Ein Beispiel für einen solchen »libertären Paternalismus« per »Nudging« wäre etwa die Umkehrung der Optionen in Entscheidungsprozessen – wenn ich mich als Organspender explizit und aktiv erklären muss, fällt die Spendebereitschaft erheblich niedriger aus, als wenn ich mich als Organspender explizit und aktiv *abmelden* muss. In England hat man die Bereitschaft zum Begleichen von Steuerschulden angeblich durch die individualisierte Mitteilung erhöht, dass die Nachbarn ihre Steuererklärung schon abgegeben hätten. Nicht zufällig entfalten solche paternalistischen Strategien große Faszination in der real existierenden Politik. In England hat man bei der Regierung schon im Jahr 2010 ein »Behavioral Insights Team« installiert, informell auch »Nudge-Unit« genannt, und auch die deutsche Bundesregierung hat unlängst Stellen für entsprechende Psychologen ausgewiesen. So etwas mag man im Einzelnen nicht überdramatisieren, es fällt jedoch in den Formenkreis der Abgabe von Selbststeuerung zugunsten von Fremdsteuerung durch expertokratische Manipulationen, die von nirgendwo außer durch rationalistische Scheinevidenzen legitimiert sind.

Bei all dem gerät überdies aus dem Blick, dass Menschen sich innerhalb objektiver Verhältnisse bewegen, weshalb man mit Nudging Menschen unter Druck setzen kann, sich gesünder zu ernähren, zugleich aber davon absehen kann, welche Verantwortung der Gesellschaft für die ungesunde Ernährung ihrer Mitglieder zukommt. Dabei ist nicht nur die Frage von Bedeutung, wer denn die »Anstupser« legitimiert: »Was die Sozialphysiker völlig ausklammern, sind vor allem die eigenen Voraussetzungen und Ziele. In welche Richtung ein Staat seine Bürger schubsen sollte, welche Werte und Interessen er fördern oder aufgeben sollte, das lässt sich eben nicht aus Daten auslesen, die ja selbst nur Beobachtungen von Routinen sind, Aussagen über Reaktionen auf schon vorhandene Systeme.«[251] Im Übrigen: Wenn »Nudging« technisch funktioniert, bleibt es ja eine gesellschaftliche und keineswegs eine technische Frage, für welche Zwecke es eingesetzt wird. Wenn es auf der Grundlage bekannter sozialpsychologischer Befunde operiert, ist ja völlig klar, dass man Menschen auch zu ausgrenzendem oder aggressivem Verhalten »nudgen« kann. Den Einsatz behavioraler Manipulationen durch totalitäre Staaten würde man umstandslos verurteilen – warum also sollen sie in demokratischen Gesellschaften legitim sein?

Und hier schließt sich denn auch der Kreis zu Big Data und den damit gegebenen Möglichkeiten der Verhaltenskontrolle, denn selbstverständlich basiert auch der libertäre Paternalismus auf Daten zu erwartbarem Verhalten und auf der im Kern ganz und gar unliberalen Vorstellung, dass Menschen geholfen werden muss, damit sie das Richtige tun. Anders gesagt: Paternalistische Strategien haben in Demokratien nichts zu suchen, sofern sie auf Erwachsene angewendet werden. Uns erscheinen sie als eine eher harmlos aussehende Variante der Fremdsteuerung und somit als Kontrolltechnik, die Konformität manipulativ herzustellen sucht.

TEIL V

EINE VERTEIDIGUNG DER AUTONOMIE

DIALEKTIK DER AUTONOMIE

Wir haben in diesem Buch zu zeigen versucht, wie sich die Spielräume für autonomes Handeln im Verlauf des Zivilisationsprozesses zusehends ausgeweitet haben. Moderne, demokratische und freiheitlich verfasste Gesellschaften sind ohne die Vorstellung, dass Menschen autonom entscheidungsfähig sind, nicht denkbar. Gleichzeitig haben wir darauf hingewiesen, dass wir zivilisatorische Standards, die einmal erreicht worden sind, nicht einfach als unveränderlich voraussetzen können. Bis in die jüngste Vergangenheit finden sich immer wieder Prozesse des Zivilisationsverlustes, die auch die gewonnenen Autonomie- und Freiheitsspielräume massiv einschränken können. Und: Autonomie und Freiheit erscheinen nicht allen Menschen unter allen Bedingungen als willkommen; sie können auch als Belastung und Zumutung wahrgenommen werden, da sie Entscheidungszwänge auferlegen, denen viele nur allzu gern entkommen würden.

Konformismus, Sozialität, Lernen

Doch warum hat Konformismus dann einen so schlechten Ruf? Immerhin sind Menschen konstitutiv kooperative Lebewesen: Die Sozialanthropologie, die neurowissenschaftliche Entwicklungsbiologie und die Sozialpsychologie legen hiervon vielfältig Zeugnis ab. Menschen kommen im Singular nicht vor, sondern nur in Beziehungsgeflechten mit anderen, und ein menschliches Gehirn entwickelt sich nicht allein, sondern organisiert sich in seiner synaptischen Architektur nach den sozialen und kulturellen Kontexten, die sich über die Beziehungen vermitteln, deren

Teil es ist. Das nennt man »erfahrungsabhängige Gehirnentwicklung«,[252] und in ihr liegt nicht nur die fundamentale Bezogenheit von Menschen auf andere begründet, sondern eben auch das Faktum, dass Menschen füreinander immer auch Informationsträger für angemessenes Verhalten sind.

Es ist schlicht ökonomisch, diese Informationen, die explizit und implizit, didaktisch und habituell, absichtlich oder unabsichtlich gegeben und wahrgenommen werden, für eigene Entscheidungen zu nutzen: Wir können und wir müssen voneinander lernen! Und Lernen scheint immer auch etwas mit Nachahmung und Anpassung zu tun zu haben. In den allermeisten Fällen bemerken wir es (bislang) nicht einmal, wenn wir uns an andere angepasst haben, statt uns autonom zu entscheiden. Wahrscheinlich ist diese konstitutive Sozialität des Menschen die Bedingung für die phantastische kulturelle Lernfähigkeit unserer Gattung. Michael Tomasello hat hier von einem kulturellen »Wagenhebereffekt« gesprochen: Bei Menschen setzen die neu hinzukommenden Generationen immer in der Entwicklungsumgebung an, die die vorangegangenen ihnen bereitgestellt haben – das kulturelle Wissen und die bis dahin entwickelten Lebensformen bieten die Basis für Weiterentwicklungen. Nicht-menschliche Lebensformen dagegen werden mit jeder Generation praktisch immer wieder auf die Anfangsbedingungen zurückgeworfen, weil sie nicht in der Lage sind, Gelerntes intergenerationell zu tradieren.

Sozialität ohne Konformismus

Ein gewisses Maß an Konformismus ist also schon dadurch gegeben, dass wir in jenes Wissens- und Verhaltensuniversum eintreten, das durch unsere Vorfahren und Mitmenschen geschaffen worden ist. Ein vollständig autonomes Subjekt stünde in diesem Sinn auf verlorenem Posten, müsste es doch seine

Welt praktisch aufs Neue erfinden. Konformismus gehört aber nicht nur deshalb zu unserem Verhaltensrepertoire, weil sich die menschliche Lebensform kulturell entwickelt und Menschen konstitutiv soziale Wesen sind. Konformität bietet sozialen Lebewesen einen echten Überlebensvorteil – schon Fischschwärme liefern dafür ein hervorragendes Beispiel. Doch so nützlich der Konformismus auch sein mag – das Leben in einem Fischschwarm dürfte den wenigsten von uns wirklich attraktiv erscheinen. Eine der großen Errungenschaften moderner Zivilisationen besteht ja gerade darin, dass sie ihren Mitgliedern die Vorteile eines sicheren und funktionierenden Zusammenlebens bieten und dennoch auf allzu weitreichende Forderungen nach Konformität und Anpassung verzichten können. Sie können das deshalb, weil der zivilisatorische Prozess das grundsätzlich bestehende Spannungsverhältnis zwischen Konformität und Autonomie immer weiter zugunsten individueller Autonomie und gesellschaftlicher Freiheit gelöst hat. In früheren Gesellschaftsformationen und in nichtdemokratischen Gesellschaften heute ist die Spannung zwischen Konformität und Autonomie weit intensiver. Üblicherweise siegt dann der Zwang zur Konformität über Freiheit und Autonomie, wozu eben auch Zwang und Gewalt, also Unsicherheit und Gefährdung der Einzelnen gehören. Deshalb sehen wir in den historisch gewonnenen Handlungsspielräumen in freien, demokratischen Rechtsstaaten eine zentrale zivilisatorische Errungenschaft. Denn wo das Maß an Freiheit und Autonomie gewachsen ist, haben sich auch Bildungsniveau, Gleichheitsvorstellungen, Rechtssysteme, Gesundheits- und Sozialfürsorge und politische Teilhabe am weitesten entwickelt.

Prognosen

Die Entwicklung und Verbreitung demokratischer Ordnungen schien dabei lange Zeit einem Muster zu folgen, in dem politische und ökonomische Liberalisierung eng voneinander abhingen. Nach dem Systemzusammenbruch des Ostblocks konnte es deshalb so aussehen, als stehe der endgültige Siegeszug des westlichen Gesellschaftsmodells unmittelbar bevor. Autoren wie Francis Fukuyama riefen daher gleich schon mal das »Ende der Geschichte« aus. Die Idee vom Ende der Geschichte ist ungefähr so alt wie das historische Denken selbst, und sie hat sich immer wieder als falsch erwiesen. Hegel, einer der bedeutendsten Geschichtsphilosophen überhaupt, sah das Ende der Geschichte bereits am Beginn des 19. Jahrhunderts gekommen. Fukuyama und Hegel irrten genauso wie die Wirtschaftspropheten, die kurz vor dem Platzen der Internetblase das Ende aller ökonomischen Krisen verkündet hatten. Was als historische oder ökonomische Analyse daherkommt, dokumentiert in Wirklichkeit einfach die Grenzen unseres historischen Vorstellungsvermögens, verbunden mit einer gehörigen Portion Wunschdenken, die gewohnte Welt solle möglichst erhalten bleiben.

Fundamentale Irrtümer sind dabei unvermeidlich – die Geschichte hat den Geschichtspropheten im Allgemeinen genauso wenig Verständnis entgegenbracht wie diese ihr. Im Falle Fukuyamas hat die Entwicklung seither nur zu deutlich gezeigt, wie falsch die Annahme war, der wirtschaftlichen Liberalisierung werde die politische auf dem Fuße folgen. Kapitalismus geht auch ohne Demokratie. Dies zeigt der rasante Aufstieg Chinas genauso wie die Verwandlung Russlands in eine autokratische Oligarchie. Und dass mit der Globalisierung des Kapitalismus sich vielerorts extreme religiöse Fundamentalismen entwickeln würden, die in nicht wenigen Ländern sogar regierungsamtlich wurden, war in der Euphorie über den historischen Sieg des einen Systems über das andere ebenfalls nicht erwartet worden.

Immerhin trafen sich im Juni 2000 Vertreter »von 106 Ländern in Warschau, um in einer Deklaration der *Community of Democracies* feierlich zu erklären, dass sie die demokratischen Prinzipien zu respektieren und zu bewahren beabsichtigen.«[253] Die das erklärten, waren freilich nicht alles Vertreter von Demokratien, und in den 14 Jahren seither haben sich nicht nur damals unterzeichnende Staaten wie Rumänien oder Ungarn immer weiter von demokratischen Standards entfernt; andere, wie Nigeria und Mali, haben seither an Staatlichkeit und damit an der Grundvoraussetzung für demokratisches Regieren eingebüßt.

Rückblicke

Angesichts solcher Entwicklungen muss man sich vor Augen halten, dass wir heute in den entwickelten Demokratien nicht nur in der freiesten, sondern auch in der sichersten Form von Gesellschaft leben, die die Geschichte kennt. So hat z. B. Steven Pinker in einer umfangreichen Studie gezeigt, dass in den demokratischen Ländern die Zahlen von Gewaltopfern bei weitem am niedrigsten liegen.[254] Selbst im durch die beiden Weltkriege und zahlreiche andere, zum Teil äußerst brutale Gewaltkonflikte geprägten 20. Jahrhundert hat die relative Zahl von Opfern gegenüber früheren Zeiten deutlich abgenommen – sie liegt Pinker zufolge bei etwa drei Prozent aller Todesfälle im selben Zeitraum, für die wenigen Jahre des 21. Jahrhunderts konstatiert er ein weiteres Absinken auf etwa ein Prozent.[255] Die damit verbundene Zurückdrängung von Gewalt aus dem öffentlichen Bewusstsein hat weitreichende kulturelle Konsequenzen – wie sie bereits von Elias analysiert wurden. Auch wenn die Medien jeden Abend das Gegenteil eines sinkenden

Gewaltniveaus suggerieren, zeigt doch die in reichen Demokratien rasant gestiegene Lebenserwartung (die etwa einer Verdoppelung in einem Zeitraum von nur 100 Jahren entspricht), dass Freiheit und Sicherheit keineswegs Gegensätze sind, sondern einander gegenseitig voraussetzen und stärken. Schon allein deshalb sollte man allen Politikern und Vertretern von Sicherheitsorganen, die Freiheitsrechte zugunsten von angeblich größerer Sicherheit einzuschränken beabsichtigen, entschiedenen Widerstand entgegensetzen.

Werfen wir zur Illustration noch einen Blick zurück in die Geschichte: Europa bestand im 15. Jahrhundert aus etwa 5000 unabhängigen politischen Einheiten in Form von Fürstentümern und anderen Machtbereichen des Adels[256] – und jeder Fürst oder Baron hatte die rechtliche Verfügung über das Wohl und Wehe seiner Landsleute. Welches Maß an direkter Gewalt, also auch an beständiger Gefährdung der eigenen Sicherheit, das bedeutete, lässt sich an vielen Zeitzeugnissen ebenso ablesen wie an der seinerzeit niedrigen durchschnittlichen Lebenserwartung. Die meisten Bewohner solcher kleinräumigen Herrschaftsbereiche waren der Willkür der Herren nicht anders ausgeliefert, als es heute noch in nach Herrschaftsclans organisierten Gesellschaften der Fall ist – hier fehlten und fehlen das Prinzip der Gewaltenteilung, das Rechtsstaatsprinzip ebenso wie die parlamentarische Repräsentation des Volkes und eine unabhängige Presse und Gerichtsbarkeit. Hinzu kam, dass diese Staaten ständig durch äußere Konflikte und – mangels eines auch nur halbwegs funktionierenden Gesundheitssystems – von Seuchen bedroht waren. Man könnte die Aufzählung existentieller Bedrohungen früherer Generationen noch eine Weile fortsetzen. Halten wir stattdessen fest, dass unsere Vorfahren verglichen mit uns in einer extremen Lebensunsicherheit mit äußerst geringen individuellen Freiheitsspielräumen lebten. Und wir müssen an dieser Stelle nicht ausführen, dass die Etablierung von Rechtsstaaten mit demokratischen und freiheitlichen Verfassungen weder historischer Zufall noch historische Zwangsläufigkeit war, sondern ein mühevoll und unter großen Opfern erkämpfter und immer fragiler Zustand.

Unwahrscheinlichkeit der Gegenwart

Man muss sich diese Hintergründe vergegenwärtigen, um zu erkennen, dass das Maß an Autonomie, Freiheit und auch Sicherheit, das die Mitglieder moderner demokratischer Rechtsstaaten genießen, historisch nicht nur einzigartig, sondern auch geradezu unwahrscheinlich ist. Von den 200 000 Jahren Geschichte des Homo sapiens sind es, die athenische Demokratie eingerechnet, insgesamt bloß 400 bis 500 Jahre, in denen Demokratien geherrscht haben, und auch das jeweils nur in einem kleinen Teil der Welt. Das macht insgesamt 0,25 Prozent der Menschheitsgeschichte aus, in denen Demokratie zumindest für einen kleinen Teil der auf der Erde lebenden Menschen herrschte: Vielleicht kann man sich daran die Kostbarkeit des zivilisatorischen Standards klarmachen, den wir in der Gegenwart genießen, bei all den gravierenden Mängeln, die die heutigen Gesellschaften westlichen Zuschnitts immer noch haben. Und dieser Standard bedeutet eben die individuelle Erwartbarkeit von Ausbildung, sozialer Sicherheit, Rechtssicherheit, körperlicher Unversehrtheit und Unverletzlichkeit von Person und Eigentum – solche Güter stehen deshalb in Verfassungen, weil sie *nicht* selbstverständlich sind.

Wenn in Ländern wie Nordamerika, Großbritannien, Frankreich oder der Schweiz schon viele Generationen nichts anderes als Demokratie erlebt haben, wenn man selbst in Gesellschaften wie der deutschen, die sehr spät auf den Pfad einer demokratischen, rechtsstaatlichen Entwicklung eingeschwenkt sind, inzwischen auf mehrere Jahrzehnte demokratischer Entwicklung zurückblicken kann, dann mag das zu der Annahme verleiten, wir befänden uns in einem halbwegs stabilen Zustand der zivilisatorischen Entwicklung. Langfristig angelegte Betrachtungen von Geschichtsverläufen zeigen jedoch, wie verfehlt diese Annahme ist: Gesellschaften und Ordnungen sind im Allgemeinen nicht stabil. Ein Blick auf die auf Youtube zu findende Animation »Europe in the last 1000 years«[257] ist hilfreich, um sich die Fragilität scheinbar fester staatlicher Gefüge vor Augen zu führen. Auch dass weder die weltgeschichtliche Zäsur von 1989 noch die Rückkehr in den Kalten Krieg von 2014 von irgendjemandem vorhergesehen wurden, sollte eine etwas demütigere Form der Geschichtsbetrachtung nahelegen. Tatsächlich neigen wir nach wie vor bei unseren Prognosen dazu, ebenso wie Hegel und Fukuyama gegenwärtige Zustände und Entwicklungen einfach in die Zukunft fortzuschreiben – als Wirtschaftswissenschaftler kann man damit zu Regierungsaufträgen kommen, von denen die Wahrsager früherer Zeiten niemals zu träumen gewagt hätten. Doch die Geschichte hat sich noch nie von unserer Unfähigkeit beeindrucken lassen, uns Alternativen zum gegenwärtigen Zustand vorzustellen.

Immerhin können wir aus den Fehlern der Vergangenheit zumindest ein wenig lernen – nicht, um doch noch gute Propheten zu werden, sondern um unseren Blick für die Möglichkeit unerwarteter Entwicklungen zu schärfen. Genauso wie sich unsere Vorfahren vor zwei oder drei Generationen unser Leben in einem reichen, freien und demokratischen Land wie der Bundesrepublik kaum hätten vorstellen können, genauso müssen wir damit rechnen, dass das Leben unserer Nachfahren in ein oder zwei Jahrhunderten unsere Vorstellungskraft sprengt – im Positiven wie im Negativen. Tatsächlich zeigen die Geschichtsbrüche, über die wir in diesem Buch gesprochen haben, dass Zivilisierung kein linearer Prozess ist: Einmal erreichte Fortschritte können auch wieder verspielt werden – man muss dazu nur an die Geschichte des Römischen Reiches denken, dessen Ende nach neueren Hypothesen übrigens durch einen Klimawandel besiegelt wurde.[258] Wir müssen also mit der Möglichkeit rechnen, dass auch das heute erreichte Maß an Freiheit und Autonomie wieder verloren gehen kann.

Warum Autonomie eine bewahrenswerte Errungenschaft ist

Doch warum ist es überhaupt so wichtig, Autonomie zu verteidigen? Warum handelt es sich hier wirklich um eine wichtige zivilisatorische Errungenschaft? Immerhin hatten wir ja immer wieder darauf hingewiesen, dass Konformismus durchaus nützlich sein kann. Nützlich schon, und das in einem gewissen Maß. Doch zum einen würde ein Verlust der Freiheitsspielräume, wie wir sie heute genießen, für die meisten mit einem substantiellen Verlust an Lebensqualität verbunden sein. Es ist aus heutiger Sicht schwer vorstellbar, dass die wichtigen Entscheidungen über den eigenen Lebensweg wieder von Eltern, Sippen oder gar dem Staat getroffen werden sollen. Und was wäre, wenn man sich seinen Partner nicht mehr selbst aussuchen könnte, sondern lebenslang mit jemandem zusammenleben müsste, den andere ausgewählt haben – am Ende noch ein Computeralgorithmus? Die Liste ließe sich problemlos verlängern, doch es geht nicht allein um die subjektive Lebensqualität.

Freiheitsspielräume sind auch unverzichtbar, um Unrecht zu beseitigen, falsche Entwicklungen zu korrigieren, neue Pfade zu begehen und die Prioritäten staatlichen Handelns zu ändern – nichts anderes haben soziale Bewegungen – die Arbeiterbewegung, die Bürgerrechtsbewegung, die Frauenbewegung, die Schwulenbewegung – jeweils erreicht. Demokratische Gesellschaften bauen, mit anderen Worten, auf die Autonomiespielräume ihrer Mitglieder, ohne die sie nicht wandlungs- und mo-

dernisierungsfähig wären. Ohne den Protest gegen die Volkszählung von 1983 gäbe es in Deutschland nicht das Recht auf
informationelle Selbstbestimmung, und ohne die Anti-Atom-
kraft-Bewegung gäbe es keine Energiewende –, um nur zwei
Beispiele von vielen zu nennen, die auf den Gestaltungsbedarf
moderner Gesellschaften durch ihre Mitglieder verweisen. Und
gegenwärtig entwickelt sich in diesem wie in vielen anderen
europäischen Ländern eine wachstumskritische soziale Bewegung, die Fragen, Prioritäten und Gestaltungsmöglichkeiten
eines guten Lebens jenseits von Hyperkonsum und Natur-
zerstörung propagiert, getragen von Menschen, die genau jene
Handlungsspielräume nutzen, die ihnen dieser Typ von Gesellschaft offeriert.[259]

Aus all diesen Gründen sind wir alles andere als pessimis-
tisch, was die Fortentwicklung unserer Gesellschaft in Richtung
Freiheit und Autonomie angeht: Individuum und Gesellschaft
sind gleichermaßen auf diese Errungenschaften angewiesen.
Aber deshalb ist es auch so wichtig, sich die Gefährdungen dieser Errungenschaften bewusstzumachen und ihre Verteidigung
selbst in die Hand zu nehmen. Die Verteidigung der Autonomie
kann man nicht delegieren; Autonomie *besteht* in diesem Sinn
in ihrer gelebten und praktizierten Verteidigung.

Über die Gefährdungen von Autonomie und Freiheit heute
haben wir ausführlich gesprochen. Vielleicht bedarf es hier nur
noch des Hinweises, dass die Kostbarkeit solcher zivilisatorischen Standards für diejenigen nur schwer erkennbar ist, die
schon mit ihnen aufgewachsen sind. Gerade dann kann es passieren, dass man Freiheit und Autonomie als selbstverständlich
betrachtet und sich nicht weiter um ihre Sicherung kümmert.
Vermutlich erklärt sich auch hieraus die bemerkenswerte Sorg-
losigkeit von Politik und Zivilgesellschaft gegenüber der Staatsferne und Überwachungsmacht von modernen Internetkonzer-
nen wie Google, Facebook etc. Auch das oft junge Führungsper-

sonal dieser Konzerne scheint sich eher an ökonomischen und weniger an sozialen Werten zu orientieren; die vor allem in der Nachkriegszeit in Deutschland proklamierte soziale Verpflichtung des Eigentums tritt daher in den Hintergrund zugunsten einer umso stärkeren Fokussierung auf Wettbewerb, Konkurrenz und individuellen Erfolg.

Insofern möchten wir an dieser Stelle darauf hinweisen, wie mager die Verlockungen sind, mit denen diese Konzerne uns dazu bringen wollen, Autonomie, Freiheit und letztlich auch unsere Privatheit aufzugeben, die – wie wir gesehen hatten – eine Grundbedingung von Autonomie und Freiheit ist. Google und Facebook versprechen ein wenig Bequemlichkeit und die allseitige und jederzeitige Verfügbarkeit von Informationen. Abgesehen davon, dass das Problem moderner Menschen eher darin besteht, zu viel zu wissen und zu viel haben zu können, so dass sie massive Orientierungsprobleme entwickeln – ist das Leben noch nicht bequem genug? Wollen wir mit all den Smart Homes, mit autonomen Fahrzeugen und frei Haus gelieferten Dingen die Fremdsteuerung, von der wir uns in einem mühsamen historischen Prozess befreit haben, wieder aufleben lassen? Entsteht dadurch nicht so etwas wie eine feindliche Übernahme unserer eigenen Entscheidungsfähigkeit, die das Leben nur bequem, aber damit auch reibungslos und erfahrungslos macht? Worin besteht denn die Offerte all der smarten Verführer mit ihren Apps, Gadgets, Innovationen und Updates, die uns unsere Autonomie abhandeln wollen?

Vielleicht hilft hier ein etwas anachronistischer Blick auf ein bekanntes Volksmärchen: des Kaisers neue Kleider. Wie bei den meisten Märchen weiß man nur noch, wie es ausgeht – in diesem Fall, dass ein Kaiser nackt auftritt, alle seine imaginären Kleider bewundern und nur ein Kind sagt: »Aber der hat ja gar nichts an!« Doch warum bewundern alle Erwachsenen seine imaginären Kleider? Weil die Geschichte so geht: Es gab diesen luxusverliebten Kaiser, der an nichts mehr interessiert war als an aufwendigen, modischen Kleidern und dafür seine Staatsgeschäfte vernachlässigte. Das machten sich zwei, heute würde man sagen: smarte Betrüger zunutze, die behaupteten, die feinsten, erlesensten, tragbarsten Kleider überhaupt liefern zu können – passgenau, bequem und extrem elegant. Das fand der Kaiser vielversprechend und engagierte die beiden, richtete ihnen eine Manufaktur mit Webstühlen ein und freute sich auf die neuen, einzigartigen Kleider. Die beiden legten los, hatten aber zuvor auf eine besondere Eigenschaft ihrer Produkte hingewiesen: Jeder würde sofort die ganz einzigartige Qualität und Auserlesenheit von Schnitt und Stoff erkennen – die einzige Ausnahme würde machen, wer dumm oder unfähig ist, sein Amt auszuüben. Er würde die neuen Kleider nicht sehen können. Das Ergebnis: Jeder, der die angeblichen Meisterschneider bei der Arbeit besuchte, um den Fortgang zu begutachten, erschrak darüber, dass er nichts sah. Und um seine vermeintliche Dummheit und Unfähigkeit nicht zu verraten, ließ er sich nichts anmerken, sondern lobte stattdessen die außerordentliche Qualität der neuen Kleider. So ging es schließlich auch dem Kaiser selbst, der selbstverständlich verbergen wollte, dass er rein gar nichts sah, als ihm die neuen Kleider angemessen wurden. Und da inzwischen alle Mitglieder des Hofes allen anderen versichert hatten, wie prächtig die neuen Kleider seien, durchbrach niemand die kollektive Selbstsuggestion. Bis auf das Kind, das von der Suggestion nicht erfasst worden war.

Der Trick der beiden Betrüger bestand in der Herstellung einer Gemeinschaft der Wissenden und der Diskreditierung der Unwissenden – ein Herrschaftsmechanismus, der zu einem kollektiven Wahn wird. Seine Entlarvung kann nur um den Preis der Selbstentblößung stattfinden, deshalb tun alle mit. Ein kulturelles Wahnsystem basiert darauf, dass sich alle wechselseitig darin versichern, dass sie in ihrer Wahrnehmung übereinstimmen. Es bedarf der Naivität des Nicht-Eingeweihten, um den Wahn zu brechen. Das Märchen endet damit, dass das ganze Volk plötzlich ruft, dass der Kaiser nackt sei, metaphorisch gesprochen: seine Herrschaft also nur von ihrer Zustimmung abhängig war.

»Aber der hat ja gar nichts an« – dieser Einspruch, der mit der eigenen autonomen Erkenntnis den kollektiven Wahn durchbricht, ist auch am Platz, wenn es darum geht, die Verlockungen von Google und Facebook gegen die Werte aufzuwiegen, die auf dem Spiel stehen: gegen Autonomie und Freiheit. Was nützt der unbegrenzte Zugang zu Informationen, wenn zugleich jeder jede Information über mich haben kann? Was nützen alle kommunikativen Möglichkeiten, wenn keiner mehr Geheimnisse hat, die er mit niemandem oder mit nur ganz wenigen teilt? Was nützt Transparenz im Politischen, wenn niemand sich mehr mit einer Gruppe von Vertrauten organisieren kann, um gemeinsam Widerstand gegen politische Fehlentwicklungen zu leisten? Schließlich: Was nützt es, autonome Entscheidungsfähigkeit an so etwas Dummes wie einen Kühlschrank oder ein Auto abzugeben, wenn man niemanden mehr vor Gewalt und Verfolgung schützen kann? Es geht gegenwärtig um etwas, nämlich um den Erhalt eines mühsam erworbenen zivilisatorischen Standards. Man sollte ihn sich nicht für Tand abkaufen lassen, für Dinge, die das Leben unwesentlich bequemer, aber sicher nicht besser machen.

Doch wo fängt der Wahn an – wo hört die Erkenntnis auf? Beim Schreiben dieses Buches waren wir – natürlich – nicht immer einer Meinung: Einer von uns, Harald Welzer, sieht die Entwicklung ein wenig negativer, Michael Pauen findet einiges begrüßenswert und manches weniger dramatisch. Günther Anders erscheint dem einen genial vorausblickend, dem anderen überbewertet und pathetisch. Aber wenn man Autonomie für wünschenswert hält, dann lebt sie ja gerade darin, dass es Differenz gibt und man sie aushalten kann, mehr noch: für existentiell hält. Denn ohne Differenz, Reibung, Widerspruch, Unvereinbarkeit von Sachverhalten und Deutungen gibt es ja überhaupt weder wissenschaftliche Erkenntnis noch politisches Bewusstsein – wie gezeigt, wird das ja auch durch die empirischen Erkenntnisse über Gruppenentscheidungen bestätigt. Eine allumfassende Konsenskultur, in der jede und jeder widerspruchsfrei versorgt ist und dasselbe hört, sieht und denkt, ist das Gegenteil von einer Kultur der Freiheit, in der möglichst viele in der Lage sind, ihr Leben möglichst weitgehend selbst zu bestimmen.

Schließen wir daher ab mit einem Beispiel von »Der hat ja gar nichts an!«: Eine zentrale Eigenschaft, die modernen Verhältnissen immer und überall attestiert wird, ist Komplexität. Alles hänge mit allem zusammen, Vernetzungen seien ungeheuerlich, Machtverhältnisse undurchschaubar, die Technik übermächtig, und die Globalisierung habe die wechselseitigen Abhängigkeiten noch um mehrere Potenzen erhöht. Und deshalb sei es so schwierig, in all dieser Komplexität noch handlungs- und entscheidungsfähig, mithin autonom zu bleiben. Stimmt das? Hat die Komplexitätsbehauptung »etwas an«?

Schaut man genauer hin, wie sich innerhalb weniger Jahrzehnte die symbolischen Praktiken, die Wirtschaftsformen, die Kommunikationsmittel, die Geschäfte, die Haustypen, die Einkaufsstraßen, die Cafés, die Zahlungsmittel, kurz: die kulturellen Erscheinungsformen weltweit angeglichen haben, dann kann man nicht mehr ernsthaft von einer Erhöhung von Komplexität sprechen. In Wirklichkeit haben wir es hier mit deren radikaler Reduktion zu tun. Mit dem Verschwinden »fremder« kultureller Praktiken, gesprochener Sprachen, gebrauchter Währungen, lokaler Erzeugnisse verschwindet Differenz – übrig bleibt ein uniformer Standard. Große Hotelketten offerieren überall auf der Welt dasselbe Hotelzimmer, jede Innenstadt ist von Starbucks, H & M, Esprit, Apple und Nike möbliert. Alle Smartphones nötigen ihre Benutzer unterschiedslos, in das von ihnen definierte Universum einzutauchen; öffentliche Kommunikation, vom Zufallsgespräch bis zum Flirt, verschwindet, weil alle sich ihre nötigen »Informationen« nicht mehr aus der sie umgebenden sozialen Welt holen, sondern aus der technischen, die sie mit sich herumtragen. Komplexität, so hat es der große Anthropologe Claude Lévi-Strauss in seinem Buch »Traurige Tropen« formuliert, hängt ab von dem Informationsgefälle, das es zwischen den Menschen gibt. »Jedes ausgetauschte Wort, jede gedruckte Zeile stellt eine Verbindung zwischen zwei Partnern her und nivelliert die Beziehung, die vorher durch ein Informationsgefälle, also durch größere Organisation gekennzeichnet war. Statt Anthropologie sollte es ›Entropologie‹ heißen, der Name einer Disziplin, die sich damit beschäftigt, den Prozeß der Desintegration in seinen ausgeprägtesten Erscheinungsformen zu untersuchen.«[260]

In der Tat: Wenn man sich die Unterschiedslosigkeit der Artefakte, die die Welt überschwemmen, und der Formen, in denen sie angepriesen und gehandelt werden, anschaut, kommt man nicht umhin, so etwas wie einen Prozess sozialer Entropie zu konstatieren. Sein Fortschritt besteht in der Aufhebung von Differenz, sein Ergebnis in der Verringerung von Komplexität. Und damit in der Vereinfachung des Denkens, was gleichbedeutend ist mit dem Verlust von Widerstandsfähigkeit. Man sollte sich dagegen verteidigen, dümmer und ohnmächtiger sein zu sollen, als man sein könnte.

WIE MAN AUTONOMIE VERTEIDIGT

Norbert Elias hat in seiner Theorie des Zivilisationsprozesses nachgezeichnet, wie Fremdzwänge und direkte Gewaltverhältnisse im Lauf der Jahrhunderte durch Selbstzwänge und Gewaltmonopole abgelöst wurden. Dabei kommt es niemals zu einer vollständigen Transformation; immer bleiben vorangegangene Entwicklungsniveaus erhalten, wenn andere schon neben sie getreten sind – so hält sich in den westlichen Gesellschaften trotz der Monopolisierung der Gewalt durch den Staat und seine Exekutivorgane bis heute private Gewalt z. B. gegen Frauen und Kinder. Und während viele Gesellschaften durch rechtsstaatliche Ordnungen nach innen wie nach außen sicherer geworden sind, als man es sich noch vor hundert Jahren hätte vorstellen können, existieren andere, in denen Willkür, Unrecht und schiere Gewalt herrschen. Kurz: Der Zivilisierungsprozess ist uneinheitlich und ungleichzeitig, und das zeigt sich innerhalb einzelner Gesellschaften ebenso wie im Außenverhältnis unterschiedlicher Gesellschaften. Außerdem gibt es Prozesse der Entzivilisierung. Auch wenn der »Prozess der Zivilisation« mit einem hoffnungsvollen Ausblick schließt: Elias' Theorie ist keine optimistische Stufenfolge hin zu einer naturnotwendig immer friedlicheren und freieren Welt. Erreichte Standards sind immer gefährdet, weil die Welt sich permanent verändert: durch technische Entwicklungen, politische Modernisierungen und Brüche, Revolutionen, Machtergreifungen, Umweltkatastrophen, Emanzipationsprozesse und nicht zuletzt durch Ängste, Abwehrreaktionen und Gewaltspiralen unterschiedlichster Art. Was einem weiteren Zivilisierungsschritt auf der globalen Ebene fehlt und bis auf weiteres fehlen wird, ist ein zwischenstaatliches Gewaltmonopol, und deshalb wird es auch weiterhin erklärte und vor allem unerklärte Kriege geben, auch wenn hier, falls Steven Pinker recht hat, einiges an zivilisatorischem Fortschritt schon erreicht ist.

Wenn aber erreichte Zivilisierungsniveaus nie sicher und stabil sind, sondern immer durch politische Gestaltung gestützt und bewahrt werden müssen, dann bieten Gesellschaften, die ihren Mitgliedern in hohem Maße Autonomie erlauben, dafür die besten Voraussetzungen: denn freie Menschen sind auch frei, ihre Freiheit gegen Angriffe und Gefährdungen zu verteidigen. Dieser Satz ist nicht so banal, wie er klingt: Denn unfreie Menschen können auch gezwungen werden, genau jenes System zu verteidigen, das ihre Unfreiheit stabilisiert.

Insofern stehen unsere Chancen im Prinzip gar nicht so schlecht, die Demokratie und das ihr zugrunde liegende Verhältnis von Öffentlichkeit und Privatheit zu sichern. Dazu müssen wir zunächst erkennen, dass die kostbare, unwahrscheinliche und über sehr lange Zeiträume erkämpfte Form von Staatlichkeit, Freiheit und Sicherheit, in der wir zu leben das Privileg haben, vorerst die größten individuellen Handlungsspielräume offeriert, die Menschen jemals in der Geschichte gehabt haben. Wir haben gesehen, dass es exakt die freien Gesellschaften sind, die ihren Mitgliedern die größte Sicherheit – vor Gewalt, Zwang, schädlichen Lebens- und Arbeitsbedingungen usw. – bieten, weshalb man jedem Sicherheitspolitiker und -anbieter energisch widersprechen sollte, der Sicherheit gegen Freiheit ausspielt. Wir sehen die größte Gefahr für unsere Autonomie auch nicht darin, dass fanatisierte Sicherheitsbeamte im Auftrag von Regierungen Gesetze brechen, Menschen abhören und ihre Daten sammeln, um ihren präventiven Sicherheits- und Machtphantasien zu huldigen. Das ist zweifellos eine sehr ernstzunehmende Gefahr, und wie weit sie schon vorangeschritten ist, davon hat uns Edward Snowden einen tiefen Eindruck gegeben. Viel schwerwiegender ist aber die Veränderung der Sozialität, die durch die Bereitstellung, Erfassung und Algorithmisierung aller Daten geschieht, die unser privates Leben betreffen. Wir haben an vielen Beispielen gesehen, wie diese unauffälligen, durch Komfortzuwächse attraktiv erscheinenden und sehr schnell von fast allen geteilten Wandlungen in den kommunikativen Standards unsere sozialen und politischen Standards verändern. Politische Standards? Ja, ganz zweifellos: denn derjenige, dessen sportliche Aktivitäten, Pulsfrequenzen, Alkoholkonsummengen und Autofahrgewohnheiten überwacht und, vor allem, bewertet werden, wird ja ein unfreierer Mensch. Zugunsten eines vermeintlich günstigeren Versicherungstarifs tauscht er Verhaltensspielräume, und dieser Preis ist auch dann hoch, wenn man denkt, man würde ja ohnehin gesund leben und vorsichtig fahren. Denn in dem Augenblick, in dem die Definition dafür nicht mehr von einer Solidargemeinschaft, sondern von Versicherungsmathematikern festgelegt wird, haben Sie Souveränität abgegeben, sind also politisch ohnmächtiger geworden, als Sie es sein müssten.

Deshalb ist die Verteidigungsregel

Nr. 1: Verkaufen Sie niemals persönliche Souveränität für monetäre Vorteile.

Über das Verhältnis von Freiheit und Sicherheit haben wir das Nötige schon gesagt, deshalb genügt als Verteidigungsregel

Nr. 2: Folgen Sie nie Politikerinnen und Politikern, die Ihnen mehr Sicherheit auf Kosten von Freiheit versprechen. Sie sind entweder schlecht informiert oder böswillig.

Entwickeln Sie ein Sensorium dafür, dass es Unternehmen und Behörden gibt, die ein rein egoistisches Interesse an Ihren Daten haben – sie verwenden sie nicht, um Ihr Leben angenehmer zu gestalten oder Verwaltungsabläufe einfacher zu machen. Dass beides nicht geschieht, erleben Sie daran, dass Sie permanent mit neuen Angeboten und ungefragten Updates auf der einen Seite und immer absonderlicheren Verwaltungsabläufen konfrontiert sind, die Ihnen Be- und nicht Entlastung auferlegen. Was die Bürokratie angeht, wissen wir seit Max Weber, dass sie eine prinzipiell unbegrenzte Expansionstendenz hat; sie kann sich nicht selbst abschaffen oder begrenzen, das kann nur der politische Souverän. Und die Unternehmen, die alles, was sie über Sie wissen können, abschöpfen, um Ihnen desto besser Bedürfnisse aufzuschwatzen, die zu ihren Produkten passen, sind nur zu bremsen, wenn Sie ihnen diese Daten so weit wie möglich verweigern. Daher lautet die Regel

Nr. 3: Üben Sie digitale Askese, wo immer es geht.

Ihr Leben hängt nicht davon ab, Dinge online zu bestellen oder zu buchen; im Gegenteil erhalten Sie Arbeitsplätze und reduzieren Mobilität und Verpackungsmüll, wenn Sie offline kaufen und ordern. Darüber hinaus gilt für Ihre Kommunikation über das Internet Regel

Nr. 4: Soziale Netzwerke (wie immer sie heißen) sind keine sozialen Netzwerke, sondern Produktionsstätten von informationeller Macht über Sie. Wenn Sie an solchen Netzwerken teilnehmen, dann überlegen Sie sich gut, was Sie dort veröffentlichen – es sind nicht nur Ihre Freunde, die mitlesen. Und lassen Sie sich nie von den periodisch um sich greifenden Hysterien anstecken. Damit zusammen hängt Regel

Nr. 5: Glauben Sie niemals, dass der annoncierte Vorteil einer technischen Innovation ein Vorteil für Sie ist.

Sicher, es mag angenehm sein, in sein vorgeheiztes Haus zu kommen, wo der DHL-Bote schon steht, um Ihnen die von Ihrem smarten Kühlschrank bestellte Milch zu liefern, aber waren Sie derjenige, der die Temperatur und die Sorte gewählt hat? Jede Entscheidungsmöglichkeit, die Sie für eine vermeintliche Komforterhöhung abgeben, schränkt Ihre persönliche Autonomie ein – Ihr Handlungsspielraum wird systematisch und dynamisch zugunsten anderer begrenzt, die für Sie denken und handeln. In diesem Zusammenhang ist es übrigens sinnvoll, sich daran zu erinnern, wie viele Fehler und Defekte an Geräten, Programmen, Dienstleistungen Sie schon erlebt haben. Das erste

Tesla-Auto ist schon von chinesischen Studenten gehackt worden, und man kann das mit Ihrem smarten Home ganz genauso machen. Aber meist ist das gar nicht nötig, weil das alles sowieso nicht zuverlässig funktioniert. Deshalb lautet die Verteidigungsregel

Nr. 6: Don't believe the hype.

Es gibt erheblich Wichtigeres im Leben als Dinge, die einem Entscheidungen abnehmen. Zum Beispiel zu üben, Wichtiges von Unwichtigem zu unterscheiden und die Folgen von Entscheidungen zu antizipieren. Gerade das ist es, was politisches Denken in demokratischen Gemeinwesen ausmacht: Demokratie ist die Abwägung von Alternativen und das Kämpfen für die jeweils bessere Alternative. Es ist nicht Gruppendenken, Anpassung, Sachzwang, Alternativlosigkeit. Demokratie ist keine Angelegenheit von Konformität, sondern eine der Konfliktbereitschaft autonomer Individuen. Deshalb lautet Regel

Nr. 7: Treten Sie für Ihr eigenes Urteil ein.

Hilfreich ist dabei, wenn Sie mit Freundeskreisen und beruflichen Teams zu tun haben, die heterogen zusammengesetzt sind. Wie wir an den unterschiedlichsten Beispielen zeigen konnten, sinkt die Wahrscheinlichkeit, dass man zu autonomen Urteilen kommen kann, mit der Homogenität der Meinungen, mit denen man es zu tun bekommt. Da es hier zu Gruppendenken und Selbstverstärkungsprozessen kommen kann, die falsche Urteile wahrscheinlicher machen, sollten Gruppen nach Möglichkeit wenig hierarchisch aufgebaut und heterogen zusammengesetzt sein. Daraus ergibt sich Regel

Nr. 8: Suchen Sie bei der Urteilsbildung systematisch nicht nach mit Ihren übereinstimmenden, sondern abweichenden Auffassungen.

Aus demselben Grund ist es oft sinnvoll, Expertenmeinungen zu misstrauen – Experten sind Menschen, die Kenntnisse und Erfahrungen für einen Gegenstandsbereich gesammelt haben.

Wenn sich dieser Gegenstandsbereich wandelt oder unter neue Voraussetzungen gerät, kann Erfahrung genauso hinderlich sein wie Expertenwissen. Expertenwissen begrenzt auch Denkmöglichkeiten, wenn es um Widerstand und Gegenwehr geht. So wird Kritikern der Massenüberwachung oft entgegengehalten, dass »das Internet ja nun mal da sei«, weshalb es individuelle Möglichkeiten, sich ihm zu entziehen, nicht gebe. Menschen, die – wie etwa Hans-Magnus Enzensberger – einfach dafür votieren, keine E-Mails und keine Mobiltelefone zu verwenden, um sich der Überwachung zu entziehen, wird dann von Expertenseite Naivität attestiert, obwohl es sich dabei zwar nicht um ein hinreichendes, wohl aber um ein hilfreiches Mittel handelt, seine informationelle Selbstbestimmung zu sichern. Vermeiden Sie in jedem Fall, weiteren Expansionen des Zugriffs auf Ihre informationelle Selbstbestimmung zuzustimmen, indem Sie Ihre eigene Handlungsweise verändern. Stimmen Sie in diesem Sinn niemals zu, dass Bargeld abgeschafft wird. Unterstützen und fordern Sie eine Politik, die Expansionen der Fremdbestimmung solcher Art verhindert. Daraus folgt Regel

Nr. 9: Artikulieren Sie Ihren politischen Anspruch auf Selbstbestimmung.

Es hilft alles nichts. Wenn Sie nicht selbst auf Ihre Autonomie bestehen, wird es niemand für Sie tun. Das ist der Kern des Programms der Aufklärung, und dies ist der Sinn aller historischen Kämpfe, die zu Demokratie und Rechtsstaat geführt haben. Ohne Autonomie der Individuen sind diese nicht denkbar, aber ohne ihre Garantien ist Autonomie nicht denkbar. Daraus folgt Regel

Nr. 10: Es geht um etwas. Nämlich um das Eintreten für eine Gesellschaftsform, die garantiert, dass man für sie eintreten kann.

Schließlich: Wenn Sie alle diese Regeln unwidersprochen beherzigen, könnte Sie das in Verdacht bringen, konformistisch zu sein. Streichen Sie also diejenigen, bei denen Sie skeptisch sind, und fügen Sie andere hinzu. Denn so lautet Regel

Nr. 11: Demokratie bedarf der ständigen Übung in Autonomie.

DANKSAGUNG

Wir haben für dieses Buch auf vielfältige Unterstützung bauen können. Zwei Forschungsprojekte, auf die wir uns hier beziehen, sind auf großzügige Weise von der Volkswagenstiftung gefördert worden – das war das Projekt »Autonomie. Handlungsspielräume des Selbst«, das auf sehr freundliche und kompetente Weise von Frau Dr. Vera Szöllösi-Brenig begleitet wurde, und das Projekt »Proziales Verhalten unter extremen Bedingungen«, betreut von Dr. Wolfgang Levermann, auf dessen Rat und Unterstützung wir immer zugreifen konnten. Inhaltlich haben wir sehr profitiert von unserem Projektpartner Prof. Dr. Christoph Herrmann, der die neurowissenschaftlichen Projektteile geleitet hat, und vor allem von Prof. Dr. Ali Wacker, der die Autonomieskala entwickelt hat.

Daneben haben wir vielfältige Anregungen, Hinweise und Gedanken von unseren Mitarbeiterinnen und Mitarbeitern Dr. Claudia Nievels, Sebastian Wessels, Dr. Christian Gudehus, David Keller, Dajana Siwek, Dr. Sina Trautmann-Lengsfeld, Dr. Jan Prause-Stamm, Dr. Daniel Friedrich, Laura Schlingloff, Susanne Beer, Dr. Marten Düring, Dr. Elissa Mailänder-Koslow bekommen. Und wie immer war es ein Vergnügen, mit dem S. Fischer Verlag, namentlich mit Dr. Alexander Roesler, Nina Sillem und Heidi Borhau, zusammenzuarbeiten. Ihnen allen ganz herzlichen Dank.

Berlin, im Dezember 2014
Michael Pauen und Harald Welzer

ANMERKUNGEN

1 Markus Wehner, FAZ, 9.3.2014.

2 http://www.dw.de/triton-soll-flüchtlinge-retten/a-18059536.

3 Siehe dazu auch die Abschlussbemerkung dieses Buches.

4 Allerdings könnte man argumentieren, dass ich unter Zwang in jedem Falle heteronom handle, z. B. weil der Zwang gegen meinen Wunsch nach körperlicher Unversehrtheit verstößt.

5 Diese Darstellung ist bewusst vereinfacht. Selbst wenn man sich entschließt, mit dem Rauchen aufzuhören, entschließt man sich nicht bewusst dazu, den Wunsch zu rauchen aufzugeben. Aber natürlich ist das im Allgemeinen eine Konsequenz dieses Entschlusses. Wer mit dem Rauchen aufhören will, will im Allgemeinen auch die Lust am Rauchen loswerden. Etwas Ähnliches dürfte für jemanden gelten, der seinen Alkoholkonsum reduzieren möchte: Er nimmt sich vermutlich nicht bewusst vor, den Wunsch loszuwerden, aber das gehört im Allgemeinen dazu. Und sofern ihm dies gelingt, erfüllt er das hier zur Diskussion stehende Kriterium. Dabei ist es allerdings nicht nötig, dass der Wunsch völlig verschwindet; er darf nur nicht mehr handlungswirksam werden.

6 Zweifellos verläuft die »Entscheidung« für eine neue Präferenz anders als die für ein neues Auto. Meistens entstehen Wünsche oder Überzeugungen zunächst einmal unmerklich – bis wir plötzlich feststellen, dass sich unsere Meinung gewandelt hat oder ein Wunsch dazugekommen ist. Vermutlich vollzieht sich schon dieser Entstehungsprozess nicht unabhängig von unseren anderen Wünschen und Überzeugungen. Doch wenn wir die Kontrolle über unsere eigenen Präferenzen behalten wollen, dann müssen wir fordern, dass wir irgendwann die Möglichkeit haben, die Präferenz abzulegen, uns also gegen sie zu entscheiden. Genau diese Entscheidung steht hier zur Diskussion.

7 Damasio, Antonio R., *Descartes' Error: Emotion, Reason, and the Human Brain*, New York 1994; Damasio, H. / Grabowski, T. / Frank, R. / Galaburda, A. M. / Damasio, A. R., »The return of Phi-

neas Gage: clues about the brain from the skull of a famous patient«, in: *Science* 264 (1994), S. 1102–5.

8 Es gibt allerdings einen Begriff, der in bestimmten Fällen eine ähnliche Funktion hat, nämlich den der Willensschwäche bzw. Willensstärke. Wer willensschwach ist, der ist nicht imstande, seinen besten Gründen entsprechend zu handeln; wer Willensstärke besitzt, vermag dies. Viele Theorien der Willensfreiheit kommen jedoch ganz ohne den Begriff der Willensschwäche aus; dort, wo er eine Rolle spielt, wird er häufig nur negativ, als Willensschwäche, benutzt. Insgesamt hat der Begriff der Willensschwäche daher eine eher untergeordnete Bedeutung in der Willensdebatte. Doch selbst wenn man diesen Unterschied nicht anerkennt, bleiben die beiden anderen Differenzen.

9 Pauen, Michael, *Illusion Freiheit? Mögliche und unmögliche Konsequenzen der Hirnforschung*, Frankfurt/M. 2004; Kane, Robert (Hg.), *The Oxford Handbook of Free Will*, Oxford, New York 2002.

10 Vgl. Mackay, Charles, *Extraordinary popular delusions and the madness of crowds*, Seven Treasures Publications 2008.

11 Elias, Norbert, *Über den Prozeß der Zivilisation. Soziogenetische und psychogenetische Untersuchungen*, 2 Bde., Bern ²1969.

12 Ebd., S. 88 ff.

13 Ebd., S. 89.

14 Ebd., S. LXI.

15 Ebd., S. LXVII.

16 Elias, Norbert, *Die Gesellschaft der Individuen*, Frankfurt/M. 1987 (1939), S. 42.

17 https://www.youtube.com/watch?v=Govj6R-USBM.

18 Elias, *Die Gesellschaft* (wie Anm. 16), S. 43.

19 Hölscher, Lucian, *Die Entdeckung der Zukunft* (= Europäische Geschichte), Frankfurt/M. 1999.

20 Ebd.

21 Dies bedeutet nicht, dass es überhaupt keine Beispiele innerhalb der Antike gäbe: Augustinus' »Confessiones«, das Vorbild für Rousseaus »Confessions«, sind der beste Beleg dafür. Doch haben sie eine Ausnahmestellung in der Antike, ihre Vorbilder sind nicht in der literarischen Tradition, sondern in manichäischen Beichtritualen zu finden, denen sich Augustinus, selbst ehemaliger Manichäer, ursprünglich wohl unterworfen hatte.

22 Wang, Qi, »Being American, being Asian: The bicultural self and autobiographical memory in Asian Americans«, in: *Cognition* 107 (2008), S. 743–751.

23 Kohli, Martin, »Normalbiographie und Individualität: Zur institutionellen Dynamik des gegenwärtigen Lebenslaufregimes«, in: Brose, Hanns-Georg / Hildenbrand, Bruno (Hg.), *Vom Ende des Individuums zur Individualität ohne Ende*, Opladen 1988, S. 33–53.

24 Imhof, Arthur E., *Die Verlorenen Welten. Alltagsbewältigung durch unsere Vorfahren – Und weshalb wir uns heute so schwer damit tun*, München 1984; Brose, Hanns-Georg / Hildenbrand, Bruno: »Biographisierung von Erleben und Handeln«, in: Dies. (Hg.), *Vom Ende des Individuums* (wie Anm. 23), S. 11–30; Kohli, *Normalbiographie* (wie Anm. 23).

25 Lüdtke, Alf: »›Deutsche Qualitätsarbeit‹ – ihre Bedeutung für das Mitmachen von Arbeitern und Unternehmern im Nationalsozialismus«, in: Assmann, Aleida / Hiddemann, Frank / Schwarzenberger, Eckhard (Hg.), *Firma Topf & Söhne: Hersteller der Öfen für Auschwitz: ein Fabrikgelände als Erinnerungsort?*, Frankfurt/M. 2002, S. 123–138.

26 Luhmann, Niklas, »Copierte Existenz und Karriere. Zur Herstellung von Individualität«, in: Beck, Ulrich / Beck-Gernsheim, Elisabeth (Hg.), *Riskante Freiheiten. Individualisierung in modernen Gesellschaften*, Frankfurt/M. 1994, S. 191–200.

27 Kohli, *Normalbiographie* (wie Anm. 23), S. 35.

28 Brose / Hildenbrand, *Biographisierung* (wie Anm. 24), S. 13.

29 Markowitsch, Hans-J. / Welzer, Harald, *Das autobiographische Gedächtnis. Hirnorganische Grundlagen und biosoziale Entwicklung*, Stuttgart 2005; Habermas, Tilmann / Diel, Verena / Welzer, Harald, »Lifespan trends of autobiographical remembering: episodicity and search for meaning«, in: *Conscious Cogn.* 22/3 (2013), S. 1061–73.

30 Wang, *Being American* (wie Anm. 22).

31 Vgl. hierzu auch Voß, G. Günther / Pongratz, Hans J. (Hg.), *Subjektorientierte Soziologie. Karl Martin Bolte zum siebzigsten Geburtstag*, Opladen 1997.

32 Beck, Ulrich (Hg.), *Jenseits von Stand und Klasse*, Frankfurt/M. 1994, S. 44.

33 Beck, Ulrich, *Risikogesellschaft. Auf dem Weg in eine andere Moderne*, Frankfurt/M. 1986, S. 285.

34 Beck, Ulrich / Beck-Gernsheim, Elisabeth, »Individualisierung in modernen Gesellschaften – Perspektiven und Kontroversen einer subjektorientierten Soziologie«, in: Dies. (Hg.), *Riskante Freiheiten*, Frankfurt/M. 1994, S. 10–39, 21.

35 Ebd.

36 Entwurf für das Bürgerliche Gesetzbuch, z.n. ebd., S. 23.

37 Vgl. ebd., S. 23.

38 Vgl. ebd., S. 24.

39 Sennett, Richard, *The Corrosion of Character. The Personal Consequences of Work in the New Capitalism*, New York 1998.

40 Voß, G. Günther, »Beruf und alltägliche Lebensführung – zwei subjektnahe Instanzen der Vermittlung von Individuum und Gesellschaft«, in: Voß / Pongratz, *Subjektorientierte Soziologie* (wie Anm. 31), S. 201–222.

41 »Ruhmreich aber, begleitet von Lob gehst du [Antigone; M.P. / H.W.] fort zu der Toten Gruft! Nicht schlug dich verzehrendes Siechtum noch empfingst du das Handgeld der Schwerter, sondern folgend eignem Gesetz entschreitest du einzig unter den Sterblichen lebend hinunter zum Hades.« Sophokles, *Antigone. Übersetzungen, Anmerkungen und Nachwort von Kurt Steinmann*, Stuttgart 2013, Vers 817–822.

42 Platon, *Der Staat*, Sämtliche Dialoge Band V, Hamburg 1993, S. 198 f.

43 »Also auch eine Heilkunst, wie wir sie beschrieben, wirst du im Verein mit der geschilderten Richterkunst zu einer festen Einrichtung in der Stadt machen, auf daß sie die an Leib und Seele von Natur Wohlgestalteten sorglich fördern die anderen aber, soweit sie aber der Seele nach von Natur schlecht und unheilbar sind, selbst töten?« Ebd., S. 121.

44 »Den Regenten der Stadt also, wenn überhaupt irgend jemandem, kommt es zu zum Nutzen der Stadt die Unwahrheit zu sagen, kein anderer aber darf sich damit befassen.« Ebd., S. 91.

45 Ebd., S. 130.

46 Campanella, Tommaso, »Der Sonnenstaat«, in: Heinisch, Klaus J. (Hg.), *Der utopische Staat*, Reinbek 1960, S. 134.

47 Pico della Mirandola, Giovanni, *Über die Würde des Menschen. Übers. v. Norbert Baumgarten, hg. u. eingel. v. August Buck*, Hamburg 1990, S. 6.

48 Vgl. Böhm, Winfried, *Geschichte der Pädagogik. Von Platon bis zur Gegenwart*, München 2013.

49 Kant, Immanuel, *Gesammelte Schriften. Hrsg. v. d. Königlich Preußischen Akademie der Wissenschaften (Akademie Ausgabe)*, Berlin 1902 ff., Bd. IX, S. 478 f.

50 Ebd., Bd. IX, S. 480.

51 Ebd., Bd. IV, S. 450.

52 Wir verdanken diesen Punkt einem Hinweis von Richard Brandt.

53 Ebd., Bd. IV, S. 440.

54 Brockes, z. n. Huber, Johannes, *Der Pessimismus*, München 1876, S. 35.

55 »Es ist hier keine Auskunft für den Philosophen, als daß, da er [der Philosoph] bei Menschen und ihrem Spiele im Großen gar keine vernünftige eigene Absicht voraussetzen kann, er versuche, ob er nicht eine Naturabsicht in diesem widersinnigen Gange menschlicher Dinge entdecken könne; aus welcher von Geschöpfen, die ohne eigenen Plan verfahren, dennoch eine Geschichte nach einem bestimmten Plane der Natur möglich sei.« Kant, *Gesammelte Schriften* (wie Anm. 49), Bd. VIII, S. 18.

56 »Alle Kriege sind demnach so viel Versuche (zwar nicht in der Absicht der Menschen, aber doch in der Absicht der Natur), neue Verhältnisse der Staaten zu Stande zu bringen und durch Zerstörung, wenigstens Zerstückelung aller neue Körper zu bilden, die sich aber wieder entweder in sich selbst oder neben einander nicht erhalten können und daher neue, ähnliche Revolutionen erleiden müssen; bis endlich einmal theils durch die bestmögliche Anordnung der bürgerlichen Verfassung innerlich, theils durch eine gemeinschaftliche Verabredung und Gesetzgebung äußerlich ein Zustand errichtet wird, der, einem bürgerlichen gemeinen Wesen ähnlich, so wie ein Automat sich selbst erhalten kann.« Ebd., Bd. VIII, S. 24 f.; vgl. Bd. V, S. 433.

57 Ebd., Bd. VIII, S. 17.

58 Ebd., Bd. VII, S. 432.

59 Ebd., Bd. VIII, S. 20.

60 Kleingeld, Pauline, *Geschichtsphilosophie bei Kant. Rekonstruktion und Analyse*, Leiden (Phil. Diss.) 1994, S. 51.

61 »Wer die Welt vernünftig ansieht, den sieht sie auch vernünftig an, beides ist in Wechselbestimmung.« Hegel, Georg Wilhelm Fried-

rich, *Werke in zwanzig Bänden*. Auf der Grundlage der Werke 1832–1845 neu edierte Ausgabe, Redaktion Eva Moldenhauer und Karl Markus Michel, Frankfurt/M. 1970, Bd. XII, S. 23.

62 Ebd., Bd. XII, S. 28.

63 Ebd., Bd. XII, S. 67 f.

64 Ebd., Bd. XII, S. 67.

65 Ebd., Bd. XII, S. 49.

66 Ebd., Bd. XII, S. 46.

67 Ebd., Bd. XII, S. 45.

68 »Nun ist diese Welt so eingerichtet, wie sie seyn mußte, um mit genauer Noth bestehen zu können: wäre sie aber noch ein wenig schlechter, so könnte sie schon nicht mehr bestehen. Folglich ist eine schlechtere, da sie nicht bestehen könnte, gar nicht möglich, sie selbst also unter den möglichen die schlechteste.« Schopenhauer, Arthur, *Werke in fünf Bänden*. Nach den Ausgaben letzter Hand hg. v. Ludger Lütkehaus, Zürich 1988, Bd. II, S. 678.

69 Stirner, Max, *Der Einzige und sein Eigenthum*, Leipzig 1845, S. 476.

70 Reinhold, Carl Leohnhard, »Ueber die Autonomie als Princip der praktischen Philosophie der Kantischen und der gesammten Philosophie der Fichtisch-Schellingschen Schule«, in: *Beyträge zur leichtern Übersicht des Zustandes der Philosophie beym Anfange des 19. Jahrhunderts*, Bd. II, Hamburg 1801, S. 104–140, 115.

71 Ebd., S. 109.

72 Ebd., S. 117.

73 Schlegel, Friedrich, »Philosophische Vorlesungen. Zweiter Teil«, in: Ders., *Kritische Ausgabe*. Hg. v. Ernst Behler unter Mitwirkung v. Jean-Jacques Anstett u. Hans Eichner, Paderborn 1964, S. 66.

74 Ebd., S. 64.

75 Baader, Franz v., »Ueber Religions- und religiöse Philosophie im Gegensätze der Religionsunphilosophie und der irreligiösen Philosophie«, in: Ders., *Gesammelte Schriften zur philosophischen Erkenntniswissenschaft als speculative Logik*, hg. v. F. Hoffmann, Leipzig 1851, S. 326.

76 »Und darum ist das Dogma nicht die freie Bewegung des Erkenntnissvermögens hemmend, sondern diese begründend und ertheilend.« Ebd., S. 326.

77 Nietzsche, Friedrich, *Werke in drei Bänden*, hg. v. Karl Schlechta, München 1954, Bd. II, S. 1182.

78 Ebd., Bd. III, S. 574.

79 Ebd., Bd. II, S. 730 f.

80 Ebd., Bd. II, S. 730.

81 Ebd., Bd. II, S. 1016.

82 Ders., *Sämtliche Werke. Kritische Studienausgabe*, hg. v. Giorgio Colli und Mazzino Montinari, München 1988, Bd. XII, S. 385.

83 Ebd., Bd. VII, S. 354.

84 Simmel, Georg, *Philosophische Kultur*, Leipzig 1919, S. 224.

85 Ebd., S. 223 f.

86 Ebd., S. 246.

87 Ebd., S. 248.

88 Ebd., S. 229.

89 Ebd., S. 252.

90 Bloch, Ernst, *Briefe 1903–1975*, Frankfurt/M. 1985, S. 66 f. (Brief an Lukács, Ende Oktober 1911).

91 Weber, Marianne, *Max Weber. Ein Lebensbild*, Tübingen 1926, S. 476.

92 Der Paraklet kann für den Messias oder den Heiligen Geist, aber auch für einen gottähnlichen Fürsprecher stehen. Vgl. Galling, Kurt (u. a.) (Hg.), *Die Religion in Geschichte und Gegenwart*, Tübingen 1957 ff., Artikel »Paraklet«.

93 Bloch, *Briefe 1903–1975* (wie Anm. 90), ebd.

94 Bloch, Ernst, »Über das Problem Nietzsches (1906)«, in: *Bloch Almanach* 3 (1983), S. 76–80, 76, 80.

95 Bloch, Ernst, *Geist der Utopie*, Berlin 1923, S. 212.

96 Ebd., S. 5.

97 Ebd.

98 Bloch, Ernst, *Geist der Utopie*, München und Leipzig 1918, S. 410 f.

99 Huysmans, Joris-Karl, *Gegen den Strich. Übersetzt u. hrsg. v. Walter Münz und Myriam Münz*, Stuttgart 1992, S. 52.

100 Ebd., S. 238.

101 »Immortalismus und Interplanetarismus«, Artikel in der Izvestija vom 4. 1. 1922, z. n. Hagemeister, Michael, »›Unser Körper muss unser Werk sein.‹ Beherrschung der Natur und Überwindung des Todes in russischen Projekten des frühen 20. Jahrhunderts«, in: Groys, Boris / Hagemeister, Michael / von der Heiden, Anne (Hg.), *Die neue Menschheit. Biopolitische Utopien in Russland zu Beginn des 20. Jahrhunderts*, Frankfurt/M. 2005, S. 19–67, 25.

102 Vgl. Fedorov, Nikolaj, »Die Frage der Bruderschaft oder der Verwandtschaft, der Ursachen des unbrüderlichen und unverwandtschaftlichen, d. h. des unfriedlichen Weltzustandes und der Mittel zur Wiederherstellung der Verwandtschaft«, in: Groys u. a., *Die Neue Menschheit* (wie Anm. 101), S. 70–126, 76.

103 Muraviev, z.n. Hagemeister, »›Unser Körper muss unser Werk sein‹« (wie Anm. 101), S. 19–67, 51.

104 Vgl. ebd., S. 29.

105 »Unsere dritte Aufgabe ist die Auferweckung der Toten. Unsere Sorge gilt der Unsterblichkeit der Person im Vollbesitz ihrer geistigen und körperlichen Kräfte. Die Auferweckung der Toten ist die Wiederherstellung der Dahingeschiedenen in ebendieser Vollkommenheit.« Aleksandr Svjatogor, z.n. ebd., S. 26.

106 Rozkov, z.n. ebd., S. 32.

107 Muraviev, z.n. ebd., S. 54.

108 Ebd.

109 Ciolkowski, z.n. ebd., S. 61.

110 Dieses Forschungsprojekt wurde von der Volkswagenstiftung im Förderschwerpunkt »Schlüsselthemen der Geisteswissenschaften« äußerst großzügig gefördert.

111 Browning, Christopher, *Ganz normale Männer. Das Reserve-Polizeibataillon 101 und die »Endlösung« in Polen*, Reinbek 1996; Welzer, Harald, *Täter. Wie aus ganz normalen Menschen Massenmörder werden*, Frankfurt/M. 2005; Neitzel, Sönke / Welzer, Harald, *Soldaten. Protokolle vom Kämpfen, Töten und Sterben*, Frankfurt/M. 2011.

112 Das in der Gruppe gezeigte Verhalten ist aber nur ein schwacher Prädikator für das Verhalten außerhalb der Gruppe – d. h. eine Person, die sich in einer spezifischen Gruppensituation konform verhält, kann in einer anderen Situation durchaus zu autonomen Entscheidungen in der Lage sein (Aronson, Elliot, *Sozialpsychologie. Menschliches Verhalten und gesellschaftlicher Einfluß*, Heidelberg 1994, S. 44 ff.).

113 Von diesem autonomen Verhalten im Sinne einer eigenständigen Urteils- und Entscheidungsfindung ist anomisches Verhalten z. B. infolge einer Antisozialen Persönlichkeitsstörung abzugrenzen, das problem- und gruppenunabhängig zu Entscheidungen führt, die nur die Perspektive des Akteurs selbst in Rechnung stellt.

114 Browning, *Ganz normale Männer* (wie Anm. 111), S. 238.

115 Ebd., S. 22.

116 Ebd., S. 228. Browning bezieht dieses Angebot aufgrund einer Zeugenaussage auf ältere Mannschaftsmitglieder, während Goldhagen der Auffassung ist, es habe sich auf alle Personen bezogen (Goldhagen, Daniel Jonah, *Hitlers willige Vollstrecker. Ganz gewöhnliche Deutsche und der Holocaust*, Berlin 1996, S. 256; einig sind sich aber beide Autoren hinsichtlich der Bedeutung, die sie Trapps Aufforderung beimessen).

117 Sherif, Muzafer, *The Psychology of Social Norms*, New York 1936.

118 Browning, *Ganz normale Männer* (wie Anm. 111), S. 241.

119 Baberowski, Jörg, *Verbrannte Erde. Stalins Herrschaft der Gewalt*, München 2012, S. 219.

120 Tajfel, Henri, *Gruppenkonflikt und Vorurteil: Entstehung und Funktion sozialer Stereotype*, Bern 1982.

121 Ebd., S. 76.

122 Siehe Hunt, Morton, *Das Rätsel der Nächstenliebe*, Frankfurt/M., New York 1992, S. 88.

123 Elias, Norbert / Scotson, John, *Etablierte und Außenseiter*, Frankfurt/M. 1990.

124 Neitzel/Welzer, *Soldaten* (wie Anm. 111); Römer, Felix, *Kameraden. Die Wehrmacht von innen*, München 2012.

125 Stouffer, Samuel A. et al., *Studies in Social Psychology in World War II: The American Soldier. Bd. 1, Adjustment During Army Life*, Princeton 1949, S. 108–110, 149–172.

126 Ebd., S. 149.

127 Shils, Edward A. / Janowitz, Morris, »Cohesion and Disintegration in the Wehrmacht in World War II«, in: *Public Opinion Quarterly* 12, (1948), S. 280–315.

128 Vgl. hierzu auch Creveld, Martin van, *Fighting Power. German and U. S. Army Performance, 1939–1945*, Westport/Connecticut 1982.

129 Goffman, Erving, *Stigma. Über Techniken der Bewältigung beschädigter Identität*, Frankfurt/M. 1974.

130 Z. n. Lifton, Robert J., *Ärzte im Dritten Reich*, Stuttgart 1999, S. 58.

131 Z. n. Greiner, Bernd, *Krieg ohne Fronten. Die USA in Vietnam*, Hamburg 2007, S. 249. Maren Tomforde schildert in diesem Zusammenhang auch das Entstehen einer eigenen kollektiven Ein-

satzidentität unter ISAF-Soldaten der Bundeswehr. Durch das Tragen ihrer »rosa« Uniform, der ausgewaschenen, leicht pinkfarbenen Tropenuniform, zeigen Soldaten so zum Beispiel, dass sie dazugehören und grenzen sich gegenüber Nicht-Kontingentangehörigen ab. Während der Auslandseinsätze entstehen demnach neue Zuschreibungen fern von der Bundeswehr-Identität im Heimatland. [Tomforde, Maren, »›Meine rosa Uniform zeigt, dass ich dazu gehöre.‹ Soziokulturelle Dimensionen des Bundeswehr-Einsatzes in Afghanistan«, in: Schuh, Horst / Schwan, Siegfried (Hg.), *Afghanistan – Land ohne Hoffnung? Kriegsfolgen und Perspektiven in einem verwundeten Land*, Brühl 2007 (Beiträge zur inneren Sicherheit, 30), S. 134–159].

132 Reese, Willy Peter, *Mir selber seltsam fremd. Die Unmenschlichkeit des Krieges. Russland 1941–44*, München 2003, S. 136 ff.

133 Goldhagen, *Hitlers willige Vollstrecker* (wie Anm. 116), S. 297.

134 Alle Aussagen bei Browning, *Ganz normale Männer* (wie Anm. 111), S. 99 ff.

135 Ebd.

136 Zusammenfassend Bierhoff, Hans-Werner, *Psychologie prosozialen Verhaltens. Warum wir anderen helfen*, Stuttgart 2009.

137 Oliner, Samuel P. / Oliner, Pearl M., *The Altruistic Personality: Rescuers of Jews in Nazi Europe*, New York 1988.

138 Auch dieses Forschungsprojekt ist von der Volkswagenstiftung im Rahmen der Förderinitiative »Offen für Außergewöhnliches« unter dem Titel »Prosoziales Verhalten unter restriktiven Bedingungen« gefördert worden.

139 Düring, Marten, *Verdeckte soziale Netzwerke im Nationalsozialismus. Berliner Hilfsnetzwerke für verfolgte Juden*, Berlin (im Erscheinen).

140 Jalowicz Simon, Marie, *Untergetaucht. Eine junge Frau überlebt in Berlin 1940–1945*, Frankfurt/M. 2014.

141 Auch in totalitären Gesellschaften funktioniert Integration nicht über Homogenisierung, sondern über Differenz. »Der soziale Integrationsmodus jeder Behörde, jedes Betriebs, jeder Universität besteht in Differenz, nicht in Homogenisierung – überall finden sich Subgruppen, die sich von den anderen abgrenzen. Das zerstört nicht den Zusammenhang des sozialen Aggregats, es begründet ihn.« (Neitzel / Welzer, *Soldaten* (wie Anm. 111), S. 54 ff.

142 Ebd., S. 71 ff.

143 Kühl, Stefan, *Ganz normale Organisationen. Zur Soziologie des Holocaust*, Berlin 2014, S. 217 ff.

144 Die folgende Passage ist eine überarbeitete Fassung eines Abschnitts aus dem Buch »Täter. Wie aus ganz normalen Menschen Massenmörder werden« (Frankfurt/M. 2005).

145 Milgram, Stanley, *Das Milgram-Experiment. Zur Gehorsamsbereitschaft gegenüber Autorität*, Reinbek 1995.

146 Rochat, François / Modigliani, André, »Authority: Obedience, Defiance, and Identification in Experimental and Historical Contexts«, in: Gold, Martin / Douvan, Elisabeth (Hg.), *A New Outline of Social Psychology*, Washington 1997, S. 235 – 247.

147 »Von 20 Versuchspersonen brach eine ab, bevor der Widerspruch auftrat, 18 hörten genau zu dem Zeitpunkt auf, als der Widerspruch zwischen den zwei Autoritäten zum ersten Mal auftrat. Eine weitere Versuchsperson brach das Experiment einen Schritt nach diesem Punkt ab.« Siehe Milgram, *Das Milgram-Experiment* (wie Anm. 145), S. 128.

148 Sherif, *Social Norms* (wie Anm. 117); Aronson, *Sozialpsychologie* (wie Anm. 112).

149 Beide Bedingungen bei Mantell, David, »Das Potential für Gewalt in Deutschland. Eine Replikation und Erweiterung des Milgramschen Experiments«, in: *Der Nervenarzt*, Jg. 5 (1971), S. 254.

150 Milgram, Stanley, »Some Conditions of Obedience and Disobedience to Authority«, in: *Human Relations* 18 (1965), S. 57 – 76, S. 66.

151 Kilham, Wesley / Mann, Leon, »Level of destructive obedience as a function of transmitter and executant roles in the Milgram obedience paradigm«, in: *Journal of Personality and Social Psychology* 29/5 (1974), S. 696 – 702.

152 Bauman, Zygmunt, *Dialektik der Ordnung. Die Moderne und der Holocaust*, Hamburg 1992.

153 Milgram, Stanley, *Obedience to Authority: An Experimental View*, New York 1974, S. 123.

154 Milgram, *Das Milgram-Experiment* (wie Anm. 145), S. 156.

155 Burger, Jerry M., »Replicating Milgram: Would people still obey today?«, in: *American Psychologist* 64/1 (2009), S. 1 – 11; doi:DOI: 10.1037/a0010932.

156 Popitz, Heinrich, *Prozesse der Machtbildung*, Tübingen 1969.

157 Darley, J. / Batson, C. D., »From Jerusalem to Jericho: A study of situational and dispositional variables in helping behaviour«, in: *Journal of Personality and Social Psychology* 27 (1973), S. 100–108.

158 Kroher, Martina, »Should I stay or should I go? Abweichendes Verhalten im Straßenverkehr«, in: *Soziale Welt* 65/2 (2014), S. 201–220.

159 Bahrdt, Hans Paul, »Soziale Rolle«, in: Ders., *Schlüsselbegriffe der Soziologie*, München ²1985, S. 78.

160 Deci, Edward L. / Ryan, Richard M., *Intrinsic motivation and self-determination in human behavior*, New York 1985; Dies., »Die Selbstbestimmungstheorie der Motivation und ihre Bedeutung für die Pädagogik«, in: *Zeitschrift für Pädagogik* 39 (1993), S. 223–238.

161 Ebd., S. 225.

162 Bowlby, John, *Frühe Bindung und kindliche Entwicklung*, München 2001; Brisch, Karl Heinz / Hellbrügge, Theodor (Hg.), *Bindung und Trauma. Risiken und Schutzfaktoren für die Entwicklung von Kindern*, Stuttgart 2003.

163 Sichler, Ralph, *Autonomie in der Arbeitswelt. Psychologie und Gesundheit*, Göttingen 2006; Frey, Michael, *Autonomie und Aneignung in der Arbeit*, Mering 2009.

164 Kohlberg, Lawrence, *Die Psychologie der Moralentwicklung*, Frankfurt/M. 1996.

165 Becker, Peter, *Psychologie der seelischen Gesundheit* (Bd. 1: Theorien, Modelle, Diagnostik), Göttingen 1997; Ders., »Das Trierer Integrierte Persönlichkeitsinventar. Entwicklung des Verfahrens und vergleichende psychometrische Analysen nach dem ordinalen Rasch-Modell und der klassischen Testtheorie«, in: *Diagnostica* 48 (2002), S. 68–79.

166 Becker, *Seelische Gesundheit* (wie Anm. 165), S. 147.

167 Ebd., S. 285.

168 Die Analyse der Skala führte zu einer schlankeren Version der Skala (MAUS-30), die 30 Items zu verschiedenen Subskalen vorsah (Selbstwirksamkeit, Selbstverantwortung, Resilienz, Prüfungsangst, Selbstwertgefühl und Autonomie). Ausführlich wird die Skalenkonstruktion beschrieben in Wacker, Ali, *Working Paper No. 1: Zur Operationalisierung des Autonomiekonstrukts im Rahmen des Teilmoduls »Ist die Persönlichkeitseigenschaft Autonomie handlungsrelevant?«*, unveröffentlichtes Manuskript 2009; Wacker,

Ali / Jaunzeme, Jelena, *Working Paper No. 2: Entwicklung einer multidimensionalen Autonomie-Skala (MAUS) – Itemanalyse und Skalenentwicklung* – Entwurfsfassung, unveröffentlichtes Manuskript 2009.

169 Die neurowissenschaftlichen Untersuchungen wurden vom Oldenburger Team unter der Leitung von Christoph Herrmann durchgeführt.

170 Das erste Dilemma: »In einem Betrieb haben Arbeiter aufgrund einer Reihe scheinbar unbegründeter Entlassungen den Verdacht, dass die Firmenleitung mittels der Telefonanlage ihre Beschäftigten abhört und diese Informationen gegen sie verwendet. Die Firma dementiert diesen Vorwurf entschieden. Die Gewerkschaft möchte erst dann etwas gegen den Betrieb unternehmen, wenn sich Belege für den Verdacht erbringen lassen. Daraufhin brechen zwei Arbeiter in die Räume der Direktion ein und nehmen Datenträger mit, die ein Abhören beweisen.« Das zweite Dilemma: »Eine Frau war krebskrank, und es gab keine Rettungsmöglichkeit mehr für sie. Sie hatte qualvolle Schmerzen und war schon so geschwächt, dass eine größere Dosis eines Schmerzmittels wie Morphin ihr Sterben beschleunigt hätte. In einer Phase relativer Besserung bat sie den Arzt, ihr genügend Morphin zu verabreichen, um sie zu töten. Sie sagte, sie könne die Schmerzen nicht mehr ertragen und würde ja doch in wenigen Wochen sterben. Der Arzt gab ihr eine Überdosis Morphin.«

171 Der Mittelwert betrug 4.70 bei einer Standardabweichung von 2.802.

172 Trautmann-Lengsfeld, Sina / Herrmann, Christoph, »Virtually simulated social pressure influences early visual processing more in low compared to high autonomous participants«, in: *Psychophysiology* 51 (2014), S. 124–135.

173 Dies., »EEG reveals an early influence of social conformity on visual processing in group pressure situations«, in: *Social Neuroscience* 8 (2013), Nr. 1, S. 75–89 (unsere Übersetzung, M. P. / H. W.).

174 Faria, J. J. / Dyer, J. R. G. / Clement, R. O. / Couzin, I. D. / Holt, N. / Ward, A. J. W. / Waters, D. / Krause, J., »A novel method for investigating the collective behaviour of fish: introducing ›Robofish‹«, in: *Behavioral Ecology and Sociobiology* 64/8 (2010), S. 1211–1218; doi:DOI 10.1007/s00265-010-0988-y.

175 Faria, J. J. / Dyer, J. R. G. / Tosh, C. R. / Krause, J., »Leadership and social information use in human crowds«, in: *Animal Behaviour* 79/4 (2010), S. 895–901; doi:DOI 10.1016/j.anbehav.2009.12.039.

176 Vgl. hierzu und zum Folgenden Surowiecki, James, *The wisdom of crowds: why the many are smarter than the few and how collective wisdom shapes business, economies, societies, and nations*, New York 2004.

177 Janis, Irving, »Groupthink«, in: *Psychology Today* 11 (1971), S. 43–46.

178 Z. n. Aronson, *Sozialpsychologie* (wie Anm. 112), S. 39.

179 Eine Fülle von Beispielen liefert Barbara Tuchman, *Die Torheit der Regierenden. Von Troja bis Vietnam*, Frankfurt/M. 2012.

180 Weick, Karl E. / Sutcliffe, Kathleen M., *Das Unerwartete managen. Wie Unternehmen aus Extremsituationen lernen*, Stuttgart 2001.

181 https://tippie.uiowa.edu/iem.

182 Berg, Joyce E. / Forrest D. Nelson / Rietz, Thomas A., »Prediction market accuracy in the long run«, in: *International Journal of Forecasting* 24/2 (2008), S. 285–300; doi:DOI: 10.1016/j.ijforecast.2008.03.007.

183 Beer, Susanne, *Hilfeleistungen für Juden im Nationalsozialismus*, Kap. 6: Der Einfluss von Alter, Klasse und Geschlecht, Dissertation 2015 (im Erscheinen).

184 Haase, Norbert, »Oberleutnant Dr. Albert Battel und Major Max Liedtke. Konfrontation mit der SS im polnischen Przemyśl im Juli 1942«, in: Wette, Wolfram (Hg.), *Zivilcourage. Empörte, Helfer und Retter aus Wehrmacht, Polizei und SS*, Frankfurt/M. 2004, S. 181–208.

185 Seiterich-Kreuzkamp, Thomas, »Der Fall Erwin Dold«, in: Kißener, Michael (Hg.), *Widerstand gegen die Judenverfolgung*, Konstanz 1996, S. 261–283.

186 Hunt, *Das Rätsel der Nächstenliebe* (wie Anm. 122), S. 158.

187 Schönhaus, Cioma, *Der Paßfälscher*, Frankfurt/M. 2005, S. 111.

188 Klemperer, Victor, *Ich will Zeugnis ablegen bis zum letzten*, Berlin 1995, S. 331.

189 Jalowicz Simon, *Untergetaucht* (wie Anm. 140), S. 84.

190 Ebd., S. 83.

191 Longerich, Peter, »*Davon haben wir nichts gewußt!*« Die Deutschen und die Judenverfolgung 1933–1945, München 2007.

192 Jalowicz Simon, *Untergetaucht* (wie Anm. 140), S. 290 ff.

193 Der Fall der jüdischen Ärztin Lilly Jahn etwa, die im Konzentrationslager umkam, während ihr »arischer« Ehemann längst eine
neue Beziehung pflegte, hat darüber ein bedrückendes Zeugnis
abgelegt (Doerry, Martin, *Mein verwundetes Herz*, München 2012).

194 Abke, Stephanie, *Sichtbare Zeichen unsichtbarer Kräfte*, Tübingen
2003.

195 Reemtsma, Jan Philipp, »Nachbarschaft als Gewaltressource«, in:
Mittelweg 36/13 (2004), 5, S. 103–120.

196 Düring, *Verdeckte soziale Netzwerke* (wie Anm. 137).

197 Ebd.

198 Habermas, Jürgen, *Strukturwandel der Öffentlichkeit*, Neuwied
1980, S. 19.

199 Geuss, Raymond, *Privatheit*, Frankfurt/M. 2013, S. 54.

200 Prost, Antoine, »Grenzen und Zonen des Privaten«, in: Ders./Vin-
cent, Gérard (Hg.), *Geschichte des privaten Lebens*, Bd. 5, Frank-
furt/M. 1993, S. 21.

201 Ebd., S. 21.

202 Ebd., S. 38.

203 Habermas, *Strukturwandel* (wie Anm. 198), S. 184; das Zitat im
Zitat stammt von Helmut Schelsky.

204 Ebd., S. 186 ff.

205 Geuss, *Privatheit* (wie Anm. 199), S. 110.

206 Als »Unterleben« von Verhaltensvorgaben definiert Erving Goffman die vordergründige Anpassung an Bedingungen, um diese
zu eigenen Zwecken auszubeuten (Goffman, Erving, *Asyle. Über
die soziale Situation psychiatrischer Patienten und anderer Insassen*, Frankfurt/M. 1973).

207 Vorländer, Hans, *Demokratie. Geschichte, Formen, Theorien*, München 2009, S. 23.

208 Ebd., S. 14.

209 Buchstein, Hubertus, »Gegenwart«, in: Massing, Peter/Breit,
Gotthart/Ders. (Hg.), *Demokratietheorien. Von der Antike bis zur
Gegenwart*, Bonn 2011, S. 202.

210 Vorländer, *Demokratie* (wie Anm. 207), S. 6.

211 Ebd., S. 7.

212 Fromm, Erich, *Die Furcht vor der Freiheit*, München 1990 (1941),
S. 31.

213 Arendt, Hannah, *Elemente und Ursprünge totaler Herrschaft*, München 1986, S. 675 ff.

214 Ebd., S. 551.

215 Ebd., S. 557 ff.

216 Zit. n. Arendt, *Elemente* (wie Anm. 213), S. 552.

217 Ebd., S. 727.

218 Fromm, *Furcht* (wie Anm. 212), S. 127.

219 Arendt, *Elemente* (wie Anm. 213), S. 723 ff.

220 Anders, Günther, *Die Antiquiertheit des Menschen*, München 1980, S. 217.

221 http://www.faz.net/aktuell/feuilleton/the-surveillance-paradigm be-the-friction-our-response-to-the-new-lordsof-the-ring-1224 1996.html?printPagedArticle=true.

222 Anders, *Antiquiertheit* (wie Anm. 220), S. 216.

223 Ebd., S. 221, i. O. kursiv.

224 Ebd., S. 223.

225 Ebd., S. 221.

226 Ebd., S. 219.

227 Zit. n. Arendt, *Elemente* (wie Anm. 213), S. 543.

228 Anders, *Die Antiquiertheit* (wie Anm. 220), S. 220.

229 Ebd., S. 229.

230 Interview mit Maria Bartiromo auf CNBC am 3. Dezember 2009, in: *The Huffington Post*, 7. Dezember 2009.

231 Anders, *Die Antiquiertheit* (wie Anm. 220), S. 249

232 http://www.faz.net/aktuell/feuilleton/bilder-und-zeiten/interview/ fragen-an-zwei-generationen-warum-das-alles-ein-missverstaend nis-sein-musste12676631.html.

233 Haffner, Sebastian, *Geschichte eines Deutschen. Die Erinnerungen 1914–1933*, München 2003, S. 107.

234 Sáenz-Arroyo, A. / Roberts, C. M. et al., »Rapidly shifting environmental baselines among fishers of the Gulf of California«, in: *Proceedings of the Royal Society of London*, Series B-Biological Sciences 272 (2005), S. 1957–1962.

235 Eggers, Dave, *Der Circle*, Köln 2014, S. 464 ff.

236 Longerich, *Davon haben wir nichts gewußt* (wie Anm. 191), S. 24.

237 Bude, Heinz, *Deutsche Karrieren. Lebenskonstruktionen sozialer Aufsteiger aus der Flakhelfer-Generation*, Frankfurt/M. 1987; Wel-

zer, Harald / Moller, Sabine / Tschuggnall, Karoline, »*Opa war kein Nazi.*« *Holocaust und Nationalsozialismus im Familiengedächtnis*, Frankfurt/M. 2002.

238 Reemtsma, Jan Philipp, *Vertrauen und Gewalt: Versuch über eine besondere Konstellation der Moderne*, Hamburg 2008.

239 Baberowski, *Verbrannte Erde* (wie Anm. 119), S. 19.

240 Ebd., S. 165.

241 Böhme, Hartmut, »Das Geheimnis«, in: NZZ, 20./21. 12. 1997, S. 65.

242 Simmel, Georg, »Das Geheimnis. Eine sozialpsychologische Skizze«, in: *Der Tag*, Nr. 626, 10. Dezember 1907.

243 http://de.reuters.com/article/domesticNews/idDE-BEE99N05H20131024.

244 Siehe hierzu im Einzelnen: Pörksen, Bernhard / Detel, Hanne, *Der entfesselte Skandal. Das Ende der Kontrolle im digitalen Zeitalter*, Köln 2012, denen wir auch im Weiteren an einigen Stellen folgen.

245 FAS, 31. 8. 2014, S. 35.

246 Ebd.

247 FAZ, 27. 11. 2014, S. 11.

248 FAS, 24. 8. 2014, S. 17.

249 FAS, 31. 8. 2014, S. 33.

250 www.sueddeutsche.de/wissen/nacktscanner-entwuerdigend-und-gefaehrlich-1.1024256.

251 FAS, 31. 8. 2014, S. 33.

252 Markowitsch / Welzer, *Das autobiographische Gedächtnis* (wie Anm. 29).

253 Vorländer, *Demokratie* (wie Anm. 207), S. 119.

254 Pinker, Steven, *Gewalt. Eine neue Geschichte der Menschheit*, Frankfurt/M. 2011, S. 146.

255 Ebd., S. 95.

256 Ebd., S. 125.

257 https://www.youtube.com/watch?v=bt8nEnblShw.

258 Büntgen, U. / Raible, C. C. / Frank, D. / Helama, S. / Cunningham, L. / Hofer, D. / Nievergelt, D. / Verstege, A. / Timonen, M. / Stenseth, N. C. / Esper, J., »Causes and consequences of past and projected Scandinavian summer temperatures, 500−2100 AD«, in: *PLoS One* 6/9 (2011), e25133; doi:DOI: 10.1371/journal.pone.

0025133. Dort weitere Beispiele für fundamentale soziale und ökonomische Veränderungen, die eng mit klimatischen Veränderungen zusammenhingen.

259 Welzer, Harald / Giesecke, Dana / Tremel, Luise (Hg.), *Futurzwei-Zukunftsalmanach 2015/16*, Frankfurt/M. 2014.

260 Lévi-Strauss, Claude, *Traurige Tropen*, Frankfurt/M. 1982, S. 411.

LITERATUR

Abke, Stephanie, *Sichtbare Zeichen unsichtbarer Kräfte*, Tübingen 2003.

Anders, Günther, *Die Antiquiertheit des Menschen*, München 1980.

Arendt, Hannah, *Elemente und Ursprünge totaler Herrschaft*, München 1986.

Aronson, Elliot, *Sozialpsychologie. Menschliches Verhalten und gesellschaftlicher Einfluß*, Heidelberg 1994.

Baader, Franz v., »Ueber Religions- und religiöse Philosophie im Gegensätze der Religionsunphilosophie und der irreligiösen Philosophie«, in: Ders., *Gesammelte Schriften zur philosophischen Erkenntniswissenschaft als speculative Logik*, hg. v. F. Hoffmann, Leipzig 1851.

Baberowski, Jörg, *Verbrannte Erde. Stalins Herrschaft der Gewalt*, München 2012.

Bahrdt, Hans Paul, »Soziale Rolle«, in: Ders., *Schlüsselbegriffe der Soziologie*, München ²1985.

Bauman, Zygmunt, *Dialektik der Ordnung. Die Moderne und der Holocaust*, Hamburg 1992.

Beck, Ulrich (Hg.), *Jenseits von Stand und Klasse*, Frankfurt/M. 1994.

Beck, Ulrich, *Risikogesellschaft. Auf dem Weg in eine andere Moderne*, Frankfurt/M. 1986.

Beck, Ulrich / Beck-Gernsheim, Elisabeth, »Individualisierung in modernen Gesellschaften – Perspektiven und Kontroversen einer subjektorientierten Soziologie«, in: Dies. (Hg.), *Riskante Freiheiten*, Frankfurt/M. 1994, S. 10–39.

Becker, Peter, »Das Trierer Integrierte Persönlichkeitsinventar. Entwicklung des Verfahrens und vergleichende psychometrische Analysen nach dem ordinalen Rasch-Modell und der klassischen Testtheorie«, in: *Diagnostica* 48 (2002), S. 68–79.

Becker, Peter, *Psychologie der seelischen Gesundheit* (Bd. 1: Theorien, Modelle, Diagnostik), Göttingen 1997.

Beer, Susanne, *Hilfeleistungen für Juden im Nationalsozialismus*, Dissertation 2015 (im Erscheinen).

Berg, Joyce E. / Forrest D. Nelson / Rietz, Thomas A., »Prediction market accuracy in the long run«, in: *International Journal of Forecasting* 24/2 (2008), S. 285–300.

Bierhoff, Hans-Werner, *Psychologie prosozialen Verhaltens. Warum wir anderen helfen*, Stuttgart 2009.

Bloch, Ernst, »Über das Problem Nietzsches (1906)«, in: *Bloch Almanach* 3 (1983), S. 76–80.

Bloch, Ernst, *Briefe 1903–1975*, Frankfurt/M. 1985.

Bloch, Ernst, *Geist der Utopie*, Berlin 1923.

Böhm, Winfried, *Geschichte der Pädagogik. Von Platon bis zur Gegenwart*, München 2013.

Bowlby, John, *Frühe Bindung und kindliche Entwicklung*, München 2001.

Brisch, Karl Heinz / Hellbrügge, Theodor (Hg.), *Bindung und Trauma. Risiken und Schutzfaktoren für die Entwicklung von Kindern*, Stuttgart 2003.

Brose, Hanns-Georg / Hildenbrand, Bruno: »Biographisierung von Erleben und Handeln«, in: Dies. (Hg.), *Vom Ende des Individuums zur Individualität ohne Ende*, Opladen 1998, S. 11–30.

Browning, Christopher, *Ganz normale Männer. Das Reserve-Polizeibataillon 101 und die »Endlösung« in Polen*, Reinbek 1996.

Buchstein, Hubertus, »Gegenwart«, in: Massing, Peter / Breit, Gotthart / Ders. (Hg.), *Demokratietheorien. Von der Antike bis zur Gegenwart*, Bonn 2011.

Bude, Heinz, *Deutsche Karrieren. Lebenskonstruktionen sozialer Aufsteiger aus der Flakhelfer-Generation*, Frankfurt/M. 1987.

Büntgen, Ulf / Raible, Christoph C. / Frank, David, »Causes and consequences of past and projected Scandinavian summer temperatures, 500–2100 AD«, in: *PLoS One* 6/9 (2011).

Burger, Jerry M., »Replicating Milgram: Would people still obey today?«, in: *American Psychologist* 64/1 (2009), S. 1–11.

Campanella, Tommaso, »Der Sonnenstaat«, in: Heinisch, Klaus J. (Hg.), *Der utopische Staat*, Reinbek 1960.

Creveld, Martin van, *Fighting Power. German and U. S. Army Performance, 1939–1945*, Westport/Connecticut 1982.

Damasio, Antonio R., *Descartes' Error: Emotion, Reason, and the Human Brain*, New York 1994.

Damasio, H. / Grabowski, T. / Frank, R. / Galaburda, A. M. / Damasio,

A. R., »The return of Phineas Gage: clues about the brain from the skull of a famous patient«, in: *Science* 264 (1994), S. 1102–1105.

Darley, John M. / Batson, C. Daniel, »From Jerusalem to Jericho: A study of situational and dispositional variables in helping behaviour«, in: *Journal of Personality and Social Psychology* 27 (1973), S. 100–108.

Deci, Edward L. / Ryan, Richard M., »Die Selbstbestimmungstheorie der Motivation und ihre Bedeutung für die Pädagogik«, in: *Zeitschrift für Pädagogik* 39 (1993), S. 223–238.

Deci, Edward L. / Ryan, Richard M., *Intrinsic motivation and self-determination in human behavior*, New York 1985.

Doerry, Martin, *Mein verwundetes Herz*, München 2012.

Düring, Marten, *Verdeckte soziale Netzwerke im Nationalsozialismus. Berliner Hilfsnetzwerke für verfolgte Juden*, Berlin (im Erscheinen).

Eggers, Dave, *Der Circle*, Köln 2014.

Elias, Norbert, *Die Gesellschaft der Individuen*, Frankfurt/M. 1987 (1939).

Elias, Norbert, *Über den Prozeß der Zivilisation. Soziogenetische und psychogenetische Untersuchungen*, 2 Bde., Bern [2]1969.

Elias, Norbert / Scotson, John, *Etablierte und Außenseiter*, Frankfurt/M. 1990.

Faria, J. J. / Dyer, J. R. G. / Clement, R. O. / Couzin, I. D. / Holt, N. / Ward, A. J. W. / Waters, D. / Krause, J., »A novel method for investigating the collective behaviour of fish: introducing ›Robofish‹«, in: *Behavioral Ecology and Sociobiology* 64/8 (2010), S. 1211–1218.

Faria, J. J. / Dyer, J. R. G. / Tosh, C. R. / Krause, J., »Leadership and social information use in human crowds«, in: *Animal Behaviour* 79/4 (2010), S. 895–901.

Fedorov, Nikolaj, »Die Frage der Bruderschaft oder der Verwandtschaft, der Ursachen des unbrüderlichen und unverwandtschaftlichen, d. h. des unfriedlichen Weltzustandes und der Mittel zur Wiederherstellung der Verwandtschaft«, in: Groys, Boris / Hagemeister, Michael / von der Heiden, Anne (2005), S. 70–126.

Frey, Michael, *Autonomie und Aneignung in der Arbeit*, Mering 2009.

Fromm, Erich, *Die Furcht vor der Freiheit*, München 1990 (1941).

Galling, Kurt (u. a.) (Hg.), *Die Religion in Geschichte und Gegenwart*, Tübingen 1957 ff.

Geuss, Raymond, *Privatheit*, Frankfurt/M. 2013.

Goffman, Erving, *Asyle. Über die soziale Situation psychiatrischer Patienten und anderer Insassen*, Frankfurt/M. 1973.

Goffman, Erving, *Stigma. Über Techniken der Bewältigung beschädigter Identität*, Frankfurt/M. 1974.

Goldhagen, Daniel Jonah, *Hitlers willige Vollstrecker. Ganz gewöhnliche Deutsche und der Holocaust*, Berlin 1996.

Greiner, Bernd, *Krieg ohne Fronten. Die USA in Vietnam*, Hamburg 2007.

Groys, Boris / Hagemeister, Michael / von der Heiden, Anne (Hg.), *Die neue Menschheit. Biopolitische Utopien in Russland zu Beginn des 20. Jahrhunderts*, Frankfurt/M. 2005.

Haase, Norbert, »Oberleutnant Dr. Albert Battel und Major Max Liedtke. Konfrontation mit der SS im polnischen Przemyśl im Juli 1942«, in: Wette, Wolfram (Hg.), *Zivilcourage. Empörte, Helfer und Retter aus Wehrmacht, Polizei und SS*, Frankfurt/M. 2004, S. 181–208.

Habermas, Jürgen, *Strukturwandel der Öffentlichkeit*, Neuwied 1980.

Habermas, Tilmann / Diel, Verena / Welzer, Harald, »Lifespan trends of autobiographical remembering: episodicity and search for meaning«, in: *Conscious Cogn.* 22/3 (2013), S. 1061–1073.

Haffner, Sebastian, *Geschichte eines Deutschen. Die Erinnerungen 1914–1933*, München 2003.

Hagemeister, Michael, »›Unser Körper muss unser Werk sein.‹ Beherrschung der Natur und Überwindung des Todes in russischen Projekten des frühen 20. Jahrhunderts«, in: Groys, Boris / Hagemeister, Michael / von der Heiden, Anne (Hg.) (2005), S. 19–67.

Hegel, Georg Wilhelm Friedrich, *Werke in zwanzig Bänden*. Auf der Grundlage der Werke 1832–1845 neu edierte Ausgabe, Redaktion Eva Moldenhauer und Karl Markus Michel, Frankfurt/M. 1970.

Hölscher, Lucian, *Die Entdeckung der Zukunft* (= Europäische Geschichte), Frankfurt/M. 1999.

Huber, Johannes, *Der Pessimismus*, München 1876.

Hunt, Morton, *Das Rätsel der Nächstenliebe*, Frankfurt/M., New York 1992.

Huysmans, Joris-Karl, *Gegen den Strich*. Übersetzt u. hrsg. v. Walter Münz und Myriam Münz, Stuttgart 1992.

Imhof, Arthur E., *Die Verlorenen Welten. Alltagsbewältigung durch unsere Vorfahren – Und weshalb wir uns heute so schwer damit tun*, München 1984.

Jalowicz Simon, Marie, *Untergetaucht. Eine junge Frau überlebt in Berlin 1940–1945*, Frankfurt/M. 2014.

Janis, Irving, »Groupthink«, in: *Psychology Today*, 11 (1971), S. 43–46.

Kane, Robert (Hg.), *The Oxford Handbook of Free Will*, Oxford, New York 2002.

Kant, Immanuel, *Gesammelte Schriften.* Hrsg. v. d. Königlich Preußischen Akademie der Wissenschaften (Akademie Ausgabe), Berlin 1902 ff.

Kilham, Wesley / Mann, Leon, »Level of destructive obedience as a function of transmitter and executant roles in the Milgram obedience paradigm«, in: *Journal of Personality and Social Psychology* 29/5 (1974), S. 696–702.

Kleingeld, Pauline, *Geschichtsphilosophie bei Kant. Rekonstruktion und Analyse*, Leiden (Phil. Diss.) 1994.

Klemperer, Victor, *Ich will Zeugnis ablegen bis zum letzten*, Berlin 1995.

Kohlberg, Lawrence, *Die Psychologie der Moralentwicklung*, Frankfurt/M. 1996.

Kohli, Martin, »Normalbiographie und Individualität: Zur institutionellen Dynamik des gegenwärtigen Lebenslaufregimes«, in: Brose, Hanns-Georg / Hildenbrand, Bruno (Hg.), *Vom Ende des Individuums zur Individualität ohne Ende*, Opladen 1988, S. 33–53.

Kroher, Martina, »Should I stay or should I go? Abweichendes Verhalten im Straßenverkehr«, in: *Soziale Welt* 65/2 (2014), S. 201–220.

Kühl, Stefan, *Ganz normale Organisationen. Zur Soziologie des Holocaust*, Berlin 2014.

Lévi-Strauss, Claude, *Traurige Tropen*, Frankfurt/M. 1982.

Lifton, Robert J., *Ärzte im Dritten Reich*, Stuttgart 1999.

Longerich, Peter, »*Davon haben wir nichts gewußt!« Die Deutschen und die Judenverfolgung 1933–1945*, München 2007.

Lüdtke, Alf: »›Deutsche Qualitätsarbeit‹ – ihre Bedeutung für das Mitmachen von Arbeitern und Unternehmern im Nationalsozialismus«, in: Assmann, Aleida / Hiddemann, Frank / Schwarzenberger, Eckhard (Hg.), *Firma Topf & Söhne: Hersteller der Öfen für Auschwitz: ein Fabrikgelände als Erinnerungsort?*, Frankfurt/M. 2002, S. 123–138.

Luhmann, Niklas, »Copierte Existenz und Karriere. Zur Herstellung von Individualität«, in: Beck, Ulrich / Beck-Gernsheim, Elisabeth (Hg.), *Riskante Freiheiten. Individualisierung in modernen Gesellschaften*, Frankfurt/M. 1994, S. 191–200.

Mackay, Charles, *Extraordinary popular delusions and the madness of crowds*, Seven Treasures Publications 2008.

Mantell, David, »Das Potential für Gewalt in Deutschland. Eine Replikation und Erweiterung des Milgramschen Experiments«, in: *Der Nervenarzt* Jg. 5 (1971), S. 252–257.

Markowitsch, Hans-J. / Welzer, Harald, *Das autobiographische Gedächtnis. Hirnorganische Grundlagen und biosoziale Entwicklung*, Stuttgart 2005.

Milgram, Stanley, »Some Conditions of Obedience and Disobedience to Authority«, in: *Human Relations* 18 (1965), S. 57–76.

Milgram, Stanley, *Das Milgram-Experiment. Zur Gehorsamsbereitschaft gegenüber Autorität*, Reinbek 1995.

Milgram, Stanley, *Obedience to Authority: An Experimental View*, New York 1974.

Neitzel, Sönke / Welzer, Harald, *Soldaten. Protokolle vom Kämpfen, Töten und Sterben*, Frankfurt/M. 2011.

Nietzsche, Friedrich, *Sämtliche Werke. Kritische Studienausgabe*, hg. v. Giorgio Colli und Mazzino Montinari, München 1988.

Nietzsche, Friedrich, *Werke in drei Bänden*, hg. v. Karl Schlechta, München 1954.

Oliner, Samuel P. / Oliner, Pearl M., *The Altruistic Personality: Rescuers of Jews in Nazi Europe*, New York 1988.

Pauen, Michael, *Illusion Freiheit? Mögliche und unmögliche Konsequenzen der Hirnforschung*, Frankfurt/M. 2004.

Pico della Mirandola, Giovanni, *Über die Würde des Menschen*. Übers. v. Norbert Baumgarten, hg. u. eingel. v. August Buck, Hamburg 1990.

Pinker, Steven, *Gewalt. Eine neue Geschichte der Menschheit*, Frankfurt/M. 2011.

Platon, *Der Staat*, Sämtliche Dialoge, Band V, Hamburg 1993.

Popitz, Heinrich, *Prozesse der Machtbildung*, Tübingen 1969.

Prost, Antoine, »Grenzen und Zonen des Privaten«, in: Ders. / Vincent, Gérard (Hg.), *Geschichte des privaten Lebens*, Bd. 5, Frankfurt/M. 1993.

Reemtsma, Jan Philipp, »Nachbarschaft als Gewaltressource«, in: *Mittelweg* 36/13 (2004), 5, S. 103–120.

Reemtsma, Jan Philipp, *Vertrauen und Gewalt: Versuch über eine besondere Konstellation der Moderne*, Hamburg 2008.

Reese, Willy Peter, *Mir selber seltsam fremd. Die Unmenschlichkeit des Krieges. Russland 1941–44*, München 2003.

Reinhold, Carl Leonhard, »Ueber die Autonomie als Princip der praktischen Philosophie der Kantischen und der gesammten Philosophie der Fichtisch-Schellingschen Schule«, in: *Beyträge zur leichtern Übersicht des Zustandes der Philosophie beym Anfange des 19. Jahrhunderts*, Bd. II, Hamburg 1801, S. 104–140.

Rochat, François / Modigliani, André, »Authority: Obedience, Defiance, and Identification in Experimental and Historical Contexts«, in: Gold, Martin / Douvan, Elisabeth (Hg.), *A New Outline of Social Psychology*, Washington 1997, S. 235–247.

Sáenz-Arroyo, A. / Roberts, C. M. et al., »Rapidly shifting environmental baselines among fishers of the Gulf of California«, in: *Proceedings of the Royal Society of London*, Series B-Biological Sciences 272 (2005), S. 1957–1962.

Schlegel, Friedrich, »Philosophische Vorlesungen. Zweiter Teil«, in: Ders., *Kritische Ausgabe*, hg. v. Ernst Behler unter Mitwirkung v. Jean-Jacques Anstett u. Hans Eichner, Paderborn 1964.

Schönhaus, Cioma, *Der Paßfälscher*, Frankfurt/M. 2005.

Schopenhauer, Arthur, *Werke in fünf Bänden*. Nach den Ausgaben letzter Hand hg. v. Ludger Lütkehaus, Zürich 1988.

Seiterich-Kreuzkamp, Thomas, »Der Fall Erwin Dold«, in: Kißener, Michael (Hg.), *Widerstand gegen die Judenverfolgung*, Konstanz 1996, S. 261–283.

Sennett, Richard, *The Corrosion of Character. The Personal Consequences of Work in the New Capitalism*, New York 1998.

Sherif, Muzafer, *The Psychology of Social Norms*, New York 1936.

Shils, Edward A. / Janowitz, Morris, »Cohesion and Disintegration in the Wehrmacht in World War II«, in: *Public Opinion Quarterly* 12, (1948), S. 280–315.

Sichler, Ralph, *Autonomie in der Arbeitswelt. Psychologie und Gesundheit*, Göttingen 2006.

Simmel, Georg, »Das Geheimnis. Eine sozialpsychologische Skizze«, in: *Der Tag*, Nr. 626, 10. Dezember 1907.

Simmel, Georg, *Philosophische Kultur*, Leipzig 1919.

Sophokles, *Antigone*. Übersetzungen, Anmerkungen und Nachwort von Kurt Steinmann, Stuttgart 2013.

Stirner, Max, *Der Einzige und sein Eigenthum*, Leipzig 1845.

Stouffer, Samuel A. et al., *Studies in Social Psychology in World War II: The American Soldier. Bd. 1, Adjustment During Army Life*, Princeton 1949.

Surowiecki, James, *The wisdom of crowds: why the many are smarter than the few and how collective wisdom shapes business, economies, societies, and nations*, New York 2004.

Tajfel, Henri, *Gruppenkonflikt und Vorurteil: Entstehung und Funktion sozialer Stereotypen*, Bern 1982.

Tomforde, Maren, »»Meine rosa Uniform zeigt, dass ich dazu gehöre.‹ Soziokulturelle Dimensionen des Bundeswehr-Einsatzes in Afghanistan«, in: Schuh, Horst / Schwan, Siegfried (Hg.), *Afghanistan – Land ohne Hoffnung? Kriegsfolgen und Perspektiven in einem verwundeten Land*, Brühl 2007 (Beiträge zur inneren Sicherheit, 30), S. 134–159.

Trautmann-Lengsfeld, Sina / Herrmann, Christoph , »EEG reveals an early influence of social conformity on visual processing in group pressure situations«, in: *Social Neuroscience* 8 (2013), Nr. 1, S. 75–89.

Trautmann-Lengsfeld, Sina / Herrmann, Christoph, »Virtually simulated social pressure influences early visual processing more in low compared to high autonomous participants«, in: *Psychophysiology* 51 (2014), S. 124–135.

Tuchman, Barbara, *Die Torheit der Regierenden. Von Troja bis Vietnam*, Frankfurt/M. 2012.

Vorländer, Hans, *Demokratie. Geschichte, Formen, Theorien*, München 2009.

Voß, G. Günther, »Beruf und alltägliche Lebensführung – zwei subjektnahe Instanzen der Vermittlung von Individuum und Gesellschaft«, in: Voß / Pongratz 1997, S. 201–222.

Voß, G. Günther / Pongratz, Hans J. (Hg.), *Subjektorientierte Soziologie. Karl Martin Bolte zum siebzigsten Geburtstag*, Opladen 1997.

Wacker, Ali, *Working Paper No. 1: Zur Operationalisierung des Autonomiekonstrukts im Rahmen des Teilmoduls »Ist die Persönlichkeitseigenschaft Autonomie handlungsrelevant?«*, unveröffentlichtes Manuskript 2009.

Wacker, Ali / Jaunzeme, Jelena, *Working Paper No. 2: Entwicklung einer multidimensionalen Autonomie-Skala (MAUS) – Itemanalyse und Skalenentwicklung* – Entwurfsfassung, unveröffentlichtes Manuskript 2009.

Wang, Qi, »Being American, being Asian: The bicultural self and auto-biographical memory in Asian Americans«, in: *Cognition* 107 (2008) S. 743–751.

Weber, Marianne, *Max Weber. Ein Lebensbild*, Tübingen 1926.

Weick, Karl E. / Sutcliffe, Kathleen M., *Das Unerwartete managen. Wie Unternehmen aus Extremsituationen lernen*, Stuttgart 2001.

Welzer, Harald, *Täter. Wie aus ganz normalen Menschen Massenmörder werden*, Frankfurt/M. 2005.

Welzer, Harald / Giesecke, Dana / Tremel, Luise (Hg.), *Futurzwei-Zukunftsalmanach 2015/16*, Frankfurt/M. 2014.

Welzer, Harald / Moller, Sabine / Tschuggnall, Karoline, »*Opa war kein Nazi.*« *Holocaust und Nationalsozialismus im Familiengedächtnis*, Frankfurt/M. 2002.

NAMEN- UND SACHREGISTER

Harald Welzer
Selbst denken
Eine Anleitung zum Widerstand
Band 19573

Früher war die Zukunft ein Versprechen, heute scheint sie bedrohlich. Die Politik ist phantasiefrei, die Zivilgesellschaft
passiv. Harald Welzer zeigt, welche Rolle man selbst bei der
Gestaltung einer zukunftsfähigen Gesellschaft einnehmen
kann, in der es nicht um Wachstum, sondern um Kultivierung
geht, nicht um Effizienz und Fremdversorgung, sondern um
Achtsamkeit und Freiheit. Nicht um Konsum, sondern um:
Glück.

»Ohne Zweifel das wichtigste Buch des Jahres,
um es mal vorsichtig auszudrücken.«
taz

Das gesamte Programm gibt es unter
www.fischerverlage.de

Harald Welzer
Klimakriege
Wofür im 21. Jahrhundert getötet wird

Band 17863

Kampf um Trinkwasser, Massengewalt, ethnische »Säube-
rungen«, Bürgerkriege und endlose Flüchtlingsströme bestimmen schon jetzt die Gegenwart. Die heutigen Konflikte
drehen sich nicht mehr um Ideologie und Systemkonkurrenz,
sondern um Klassen-, Glaubens- und vor allem Ressourcen-
fragen. Der Autor plädiert für ein neues Denken und zeigt,
was jetzt getan werden müsste, um Menschheitskatastrophen
abzuwenden.

»Ebenso kluge wie gut recherchierte
und blendend geschriebene Bestandsaufnahme
unserer ökologischen Zukunft.«
NZZ am Sonntag

Fischer Taschenbuch Verlag

fi 17863 / 1

Forum für Verantwortung

Perspektiven einer nachhaltigen Entwicklung
Wie sieht die Welt im Jahr 2050 aus?
Herausgegeben von
Harald Welzer und Klaus Wiegandt
Band 18794

International renommierte Ökonomen, Soziologen, Biologen, Architekten, Kultur- und Politikwissenschaftler entwerfen konkrete Utopien, wie eine nachhaltige Welt von morgen aussehen könnte. Beiträge von Hans Diefenbacher, Paul Ekins, Amitai Etzioni, Klaus Hahlbrock, Claudia Kemfert, Claus Leggewie, Dirk Messner, Niko Paech, Stephan Rammler, Gerhard Scherborn, Friedrich von Borries und Paul J. J. Welfens.

»Ein schönes, äußerst vielseitiges Buch [...]
das manchmal wirklich den Leser mit Fakten erschreckt.
Aber eben auch die Kraft für Veränderungen
zu erwecken vermag. Lesenswert.«
Deutschlandfunk

Fischer Taschenbuch Verlag

fi 18794 / 1